甕史

四

［清］王初桐 纂述

陳晓東 整理

文物出版社

奩史卷七十四

東吳王初桐于陽纂述
青浦許寶善穆堂校刊

脂粉門

脂粉

紂作脂粉。《物原》

吳王別宮中有脂粉塘，即香水溪，俗云西施浴處，一云宮人洗粧於此。古樂府云：「安得香水泉，濯郎衣上塵。」《誠齋雜記》

桓帝宮女數千，脂粉之耗，不可勝數。《續漢書》

馮衍妻任悍忌，惟一婢，髮無釵，澤面無脂粉。《妒記》

玄宗封大姨爲韓國夫人，三姨爲虢國夫人，八姨爲秦國夫人，皆月給錢十萬爲脂粉之資。《太真外傳》

脂粉湖，僞漢陳友諒侍姬脂粉費，以此湖魚利供之。《逐鹿記》

光宗女寧德公主，有「玉人」之號。亂後，頓改風姿，僦居草舍，不免饑寒，粉碓脂田，盡爲勢家所奪。〔一〕《霜猿集》

大同婦人好飾，尚脂粉，多美而艷。夫婦同行，不知是夫有是婦也。《逌旃瑣言》

廣東山魈亦有婦女，好施脂粉。客或於彼投宿，稱爲山姑。送與脂粉，其婦即喜。《白醉瑣言》

王子可詞：「鳳奩塵瑩，恨浥臙霜。」臙霜，脂粉也。《中州樂府》

北朝婦人常以夏至日進扇及粉脂囊。《酉陽雜俎》

夏至日，婦人以脂粉囊相贈遺。《遼史》

昇平公主有脂粉磑兩輪。《海録碎事》《舊唐書》：「代宗詔毀水磑，公主磑亦毀。」

李子客有《宣德窰青花脂粉箱記》。《樊榭山房集》

燕脂起自紂。以紅藍花汁凝作之，調飾女面，爲桃紅粧。産於北地，故名燕脂。《中華古今注》

北人採紅藍花作煙支。婦人粧時，用作頰色，鮮明可愛。《北户録》《太平御覽》：「習鑿齒《與燕王書》曰：『紅藍花染緋作燕支，婦人用爲好顔色。』」

〔一〕本條與原文有異。據《霜猿集》載：「劉公（附馬劉幼）少有『玉人』之號，變後，丰姿頓改。公主僦居草舍，不免飢寒。」

三代以降，塗紫草爲臙脂。周以紅花爲之。《續博物志》

燕支，染粉爲婦人色。故匈奴名妻「閼氏」，言可愛如燕支也。匈奴有《燕支山歌》，曰：「失我祁連山，使我六畜不繁息；失我閼氏山，使我婦女無顔色。」《粧臺記》

焉支山多紅藍花，北人採作胭脂。匈奴妻閼氏，音胭脂。錢昭度誤讀「氏」爲「姓氏」之「氏」。《藝苑雌黃》

燕脂，隋時以賜宮人塗之，號爲「桃花粉」。至唐，頗進貢，惟后妃得賜燕脂。清微子《服飾變古録》

䞓赥，婦人面上飾。《類篇》

燕支，俗用「胭脂」或「臙脂」，字不知何義。《竹坡詩話》

燕脂有四種：一種以紅藍花汁染胡粉而成，乃《蘇鶚演義》所謂「燕脂出西方，以染粉爲婦人面色」者也；一種以山燕脂汁染粉而成，乃段公路《北户録》所謂「燕脂粉」者；一種以山榴花汁作成者，鄭虔《胡本草》載之；一種以紫鉚染綿而成者，李珣《藥譜》載之。《本草綱目》

南中婦人多用紫鉚燕脂，俗呼爲「紫梗」。《本草蒙筌》

紫鉚燕脂，謂之「胡燕脂」。《南海藥譜》

石榴花堪作胭脂，睿宗女代國公主常爲之。《北户録》

番婦人常時用蓬子胭脂作粧飾。《燕北録》

落葵子汁紅如燕脂，女子和粉飾面、點唇，謂之「胡燕脂」。《本草衍義》

房孺復妻崔氏性忌，左右婢不得濃粧高髻，月給燕脂一豆、粉一錢。《酉陽雜俎》

王衍宮女施胭脂夾臉，號「醉粧」。《北夢瑣言》

范文正守鄱陽，喜樂籍一幼女。未幾，召還到京，以臙脂寄之，題詩云：「江南有美人，别後常相憶。何以寄相思，贈汝好顏色。」《西溪叢語》

冬至後，貼梅花一枝於窗間。佳人曉粧時，以臙脂日塗一圈。八十一圈既足，變作杏花，即暖回矣。《灤京雜詠》注

鴛鴦井水最清潔，以洗胭脂，其色鮮明。《長沙府志》

胭脂坡，長安妓館坊名。《東坡詩注》

侯官縣有胭脂團，周匝百餘步，膏潤不毛，四時紅蒨。相傳忠懿王郡主梳粧樓在焉，膏潤紅蒨脂粉之餘瀝也。《閩書》

臙脂亭，蓋后妃添粧之所也。《金鰲退食筆記》

傾脂河，相傳西施傾脂水於此。《檇李詩繫》

蔡邕《女誡》：「傅脂則思其心之和。」《太平御覽》

張率詩：「唇凝脂燥黄。」《古詩鏡》

左思《嬌女詩》：「脂膩漫白袖，煙薰染阿錫。」《玉臺新詠》

聶碧窗《哀被虜婦》詩：「到底不知因色誤，馬前猶自買臙脂。」《山房隨筆》

王世貞詞：「鉿匣迸胭脂。」《弇州四部稿》

劉文貞詩：「深愁減盡紅粧興，回施胭脂與後生。」《劉文貞傳》

浙西貢脂盝粧具。《唐會要》

面脂，自魏以來始有之。《廣志》

女人面脂有太真紅玉膏，輕粉、滑石、杏仁去皮等分爲末，蒸過，入腦麝少許，以雞子清調匀。洗面畢，傅之。旬日後，色如紅玉。《閨閣事宜》

茉莉花，女人以合面脂。《南海藥譜》

高麗女子多能詩，一妓洗粧漱頮脂於水，水紅色，遂詠之曰：「疏雨秋兼漏日飛，回潮晚帶斜陽落。」《雞林詩話》

王建《宫詞》：「浴堂門外抄名入，公主家人謝面脂。」

臘日，上藻豆袋及頭膏、面脂、口脂。《盧公家範》

崔氏《報張生書》云：「捧覽來問，撫愛過深。兼惠花勝一合，口脂五寸，致燿首膏唇之飾。雖荷殊恩，誰復爲容？覩物增懷，但積悲嘆。」《會真記》

顧敻詞：「山枕上，私語口脂香。」《花間集》

陸卿子《贈徐夫人》詩：「爲惜口脂時避飲。」《玄芝集》

蛟髓傅面，令婦人好顔色，又主易産。《東方朔别傳》《幽明録》曰：「蛟髓，狀如牛脂，女子用以傅面。」

毛嬙，天下之姣人也，待脂粉香澤而後容。《鹽鐵論》

西施、毛嬙之美麗，用脂澤粉黛，則倍其初。《韓子》

陰太后崩後，明帝伏御床，視太后鏡奩中物，感慟悲涕。令易脂澤粧具，左右皆泣，莫能仰視。《東觀漢記》

晉有皇后脂澤田四十頃。《海録碎事》

王褒《僮約》曰：「當爲婦女求脂澤，販於小市。」《諫議集》

洪武中，歐陽駙馬挾四妓飲酒。事發，官逮妓急。妓分必死，欲毁其貌以覬萬一之免。一老胥曰：「上神聖，慎不可欺。」妓曰：「何如？」胥曰：「若須沐浴極潔，仍以脂粉香澤治面與身，令香遠徹，而肌理妍艷。首飾衣服，盡金寶錦繡，雖私服，不可以寸素間之，務能奪目蕩志則可。」妓從之。比見，上曰：「搒起殺了。」群妓解衣就縛，自外及内，備極華爛，繒采珍具，堆積滿地，照耀左右。至裸體，粧束不減，而膚肉如玉，香聞遠近。上曰：「這小妮子，使我見了也當惑了。」遂叱放之。《稗史彙編》

《史記·淳于髡傳》：「羅襦襟解，微聞香澤。」崔寔《四民月令》有「合香澤法」。梁簡文詩：「八月香油好煎澤。」《丹鉛總録》

后始加大號，婕妤上七回光雄昉髮澤一盎。《飛燕外傳》

南詔婦人不粉黛，以蘇澤髮。《唐書》

酒泉延壽縣南山出泉，注爲溝。水肥如肉汁，取著器中，始黄後黑，如凝脂然，謂爲「石澤」。婦女取以塗髮，一日之沐，輒光鑒十餘日。《玉臺清照》

悦澤面容：白瓜仁、桃花、白楊皮爲末，食後飲服。三十日面白，五十日手足俱白。《肘後方》

茉莉花蒸油取液，作面脂，頭澤長髮，潤燥香肌。《本草綱目》

蔡邕《女誡》：「澤髮則思其心之潤。」《太平御覽》

禹作粉。《墨子》

黄帝鍊成金丹，鍊餘之藥汞紅於赤霞，鉛白於素雪。宫人以汞點唇則唇赤，以鉛傅面則面白，洗之不復落矣。後世效之，以施脂粉。《採蘭雜志》

鉛粉，紂所造。《續事始》《碎事録》：「鉛粉，亦曰粉錫、鮮錫、鉛華、鉛英、鉛霜、鉛丹、鉛粉、塗坯。」

紂燒鉛錫作粉，謂之「胡粉」。《博物志》

婦人傅面之粉，古者以錫爲之。《本草衍義補遺》

周文王時女人始傅粉。《事物紀原》

自三代以鉛爲粉，秦穆公女弄玉有容德，感仙人簫史，爲燒水銀作粉與塗，亦名「飛雲丹」。《中華古今注》

簫史錬飛雪丹，第一轉與弄玉塗之，今之婦女銀膩粉也。《續博物志》

經粉，經赤也，染粉使赤，以著頰也。《釋名》

皜，艷粉也。《謝華啓秀》

婦人夢粉飾，爲懷妊。《夢書》

趙合德事阿陽主家，專事膏沐澡粉。《飛燕外傳》

徐州張尚書，妓女多涉獵，人有借其書者，往往粉指痕印於青編。《粧樓記》

周宣帝令外婦人以墨畫眉，蓋禁中方得施粉。《天中記》

蘭，香草也。漢宫中種之，可著粉中。《毛詩疏》

曹植樂府：「御金裛粉君傍，中有藿納、都梁。」傅玄樂府：「粉加甲煎，名香薰藿，艾納回光。」蓋古之施粉，盡以香調之，故曰「香粉」。《玉臺清照》

作香粉法，惟多著丁香於粉合中，自然芬馥。《齊民要術》

燕支染粉爲婦人面色，謂爲「燕支粉」。崔豹《古今注》

山花生端州，其花用爲臙脂粉。《北户録》

周光禄諸妓，傅面用龍消粉。《傳芳略記》

楊妃塚上生白土，可爲粉，名「貴妃粉」。《筠廊偶筆》

貴妃粉，出馬嵬坡上，土白如粉。婦人面上有黑點者，以此粉洗之即除。《西安府志》

段成式《柔卿解籍》云：「良人爲漬木瓜粉，遮却紅腮交午痕。」《漢上題襟集》

芙蓉粉，傅面作桃花色。《東山草堂邇言》

房陵永清谷中水，取以漬粉，即鮮潔，謂之「粉水」。《述異記》

臨卭有粉井，得其水汰粉則益光。《廣志》

粉水，蕭何夫人於此漬粉，鮮潔異於諸水。《南雍州記》

巴州有清水穴，巴人以此水爲粉，則皓曜鮮芳，因名「粉水」。世謂「江州墮林粉」也。《華陽國志》

范陽縣有粉水，取其水以爲粉，今謂之「粉口」。《荆州記》

清水穴，一名粉水井。巴人以爲粉，則膏膩鮮明。明昇建銀輝館於側，署官掌之，日給數定於宫内，號其官爲「花粉御史」。《雲蕉館紀談》

祝某妻周氏有色，僧惠明密使一嫗常送花粉，甚暱。一日夫出，嫗潛置僧鞋於氏榻。夫歸，見而怒責周氏，去之。周不能解，泣歸父家。惠明蓄髮，托媒娶之。異日，偶露前情，周氏擊大明鼓伸冤，惠明處死。《詩話類編》

土陂，其土白膩，可傅面，婦女率皆用之。《廣西通志》

頓遜國有摩夷花，末之爲粉，大香。《扶南傳》

繪法：染婦女面色臙脂粉襯，薄粉籠，淺檀墨斡。《輟耕録》

金龜子，甲蟲也。行則成雙，婦人收以養粉。《北户録》

金龜子，媚藥也。以之養粉，令人有媚。《本草綱目》

落葵子，紫色，女人以漬粉，傅面爲假色。《名醫别録》

取玉簪花未開者，裝鉛粉在内，以綫縛口。久之，婦女用以傅面，經歲尚香。《花史》

菾菜，揩面去粉，潤澤有光。《本草拾遺》

蔡邕《女誡》曰：「施粉則思其心之鮮。」《太平御覽》

丁六娘《十索》詩：「欲作勝花粧，從郎索紅粉。」《玉臺集》

陳樵《李夫人賦》：「承露華百英之粉。」《賦彙》

王建《宫詞》：「收得丹山紅蕊粉，窗前洗却麝香囊。」

羅隱《詠粉》詩：「粧成麗色惟花妒，落盡啼痕只鏡知。」

顧貞觀詞：「翡翠妍宫粉。」《彈指詞》

多羅，粉器。《太平御覽》　楊慎《花候考》曰：「多羅，奩名，本『脂盝』之訛也。」

魏文帝宫人段巧笑，始以妒錦絲作紫粉拂面。《古今注》

《子夜歌》：「頭亂不敢理，粉拂生黄衣。」《樂苑》

崔國輔詩：「紅綿粉絮裛粧啼。」《唐詩玉臺新詠》

庾信賦：「拭釵梁之粉絮。」注：「粉絮，即俗粉撲，用綿爲之。言釵梁用粉絮拭之，其色光明也。」《庾子山集注》

姚翻詩云：「臨粧欲含涕，羞畏家人知。還將粉中絮，擁淚不教垂。」即今粉撲也。《浩然齋雅談》

陸游詞：「紅棉粉撲玉肌香。」《放翁長短句》

面上粉刺：用桃花、丹砂爲末，每服一錢，空心井水下。一二十日，小便出黑汁，面色瑩白。《聖惠方》

益母莖入面藥，令人光澤，治粉刺。《本草拾遺》

粉滓、面皯：雲母粉、杏仁等分爲末，黃牛乳拌，略蒸，夜塗旦洗。《聖濟録》

《列子》：「周穆王築中天之臺，簡鄭、衛之處子娥媌靡曼者，粉白黛黑以滿之。」《戰國策》：「鄭、周之女，粉白黛黑，立於衢閭，見者以爲神。」屈原《大招》：「粉白黛黑，施芳澤只。」司馬相如：「靚莊刻飾。」郭璞曰：「粉白黛黑也。」《淮南子》：「毛嬙、西施，施芳澤，衣阿錫，粉白黛黑，笑目流眺。」韓退之以黑爲緑，其旨則同。《容齋四筆》《説文》：「黛」作「黱」，畫眉也。

合德爲薄眉，號「遠山黛」。《飛燕外傳》

檇李有西施粧臺遺址，產異螺，陰雨輒紓五采。相傳范蠡寓處，以螺作婦女黛最佳。《月湖所聞》

梁天監中，詔宮中用螺爲青黛眉。《脂粉簿》

吴絳仙善畫長蛾，嬪御皆倣效。司宮吏日給螺子黛五斛，號爲「蛾緑」。螺子黛出波斯國，後徵賦不足，雜以銅黛給之，獨吴絳仙得賜螺子黛不絕。《南部煙花記》

唐貞元中，令宮人青黛畫蛾眉。《粧臺記》

孔煒《七引》：「拭粉游紅，熨黛揚蛾。」《藝圃琳瑯》

徐陵《玉臺新詠序》：「南都石黛，最發雙蛾。」《徐僕射集》

萬楚《五日觀妓》詩：「眉黛奪將萱草色。」《唐詩品彙》

金章宗宮中，以張遇麝香小御團爲畫眉墨。《天禄識餘》

「麝月畫眉香」，煤也。《詞暎》

宛平產石，黑色而不堅，磨之如墨。金時宮人多以畫眉，名曰「眉石」，亦曰「黛石」。《燕山叢録》

廣東產石墨，婦女取以畫眉，名「畫眉石」。《百粵風土記》

脣脂，以丹作，象脣赤也。《釋名》

盼盼，瀘南妓。黄山谷贈詞云：「脣邊朱粉一櫻多。」《林下詞》

古詩：「燕趙多佳人，美者顔如玉。」然燕中婦女雖曰穠麗，大約調朱殺粉塗飾爲多。十三輒嫁，至三十而顛悴矣！此如蕣華易落，何「如玉」之有？《析津日記》

左思《嬌女詩》：「濃朱衍丹唇。」《玉臺新詠》

元稹詩：「唇朱暖更融。」《會真記》

《詩》云：「豈無膏沐，誰適爲容？」又云：「予髮曲局，薄言歸沐。」蓋古之婦人，夫不在家則不爲容飾也。《鶴林玉露》

膏，取以膏面。沐，蓋瀋也。米汁可以沐頭。《兩鈔摘腴》

合德每沐，以九回香膏髮。《珍珠船》

韓翃幸妓柳氏，艷絶一時。韓從事淄青，置妓都下，爲蕃將沙叱利劫歸。翃還都，悵甚。偶至城東南角，逢犢車，緩隨之。柳氏披簾曰：「得非韓員外耶？某柳氏也。失身沙叱利，無從自脱，明日來此取别。」明日，韓往犢車，尋至，車中投一紅巾包小合，實以香膏，嗚咽言曰：「終身永訣。」車如電逝。《章臺柳傳》

族雪道君有顯色天膏，封以軟玉油牋，命玉童寄侍琴仙女於繡雲山中。女方謫下爲田夫女，捧之淚下。忽悟夙因，敬拜稽首，酌酒服之。引鏡自照，顔色媚於平時。天膏者，以五色鳥膏和五色魚膏化水鍊成。婦人以傅面，面得之而白；以點唇，唇得之而朱；以塗髮，髮得之而黑；服之，則顔色美好，芳香芬烈，可以長生。女未謫時，曾試此膏，故淚垂焉。《修真録》

婦女盥面用化玉膏，色愈明潤，終不枯槁。《金臺録》

續膏，一名都膏。婦人傅之，顏色都麗。《談薈》

婦人澤面有駐顏膏，見《韓偓集》。《詢芻集》

新州婦人縝髮如雲。每沐，以灰投水中，就而沐之，以㷄膏塗其髮。五六月時，或髡，取髮鬻於市。既髡，即復以㷄膏塗之。至來年五六月，又可鬻矣。《南荒録》

油葱葉中有膏，婦人塗掌中，以澤髮，代油。《嶺南雜記》

羊腦入面脂、手膏，潤皮膚，去䵟䵳。《本草綱目》

陳樵《李夫人賦》：「晞光髮九回之膏。」《歷代賦彙》

漢武時，西王母獻靈膠四兩。《十洲記》

呵膠，宜婦人貼花鈿，呵噓隨融，故謂之「呵膠」。《一間録》

粵中有香膠，淡黄色，以三匙浸熱水半甌，用抿婦人髮，香而鮮膗，膏澤中之逸品也。《嶺南雜記》

陳伯康有《桃膠香鬟歌》。《本事詩》

正統四年，賜可汗妃香蠟、胭脂等物。《弇山堂別集・賞賚考》

日南有香蠟，是樹上膏，可潤婦人鬢髮，或云即蘇合油也。《筠廊偶筆》

近世儒者有戒婦人不塗面、不油髮者。《詩》曰：「豈無膏沐，誰適爲容？」則是塗面、油

髪自古而然。《發明義理》

唐玄宗時，西蜀有尼造掠鬢香油，本州進之宫中，謂之「錦里油」。油音遊，乃幸蜀之讖。《宣志》

大食國進龍腦油，耿先生曰：「此未爲佳。」乃以縑囊貯龍腦，懸之有頃，瀝液如注，香味愈於所進。《耿先生傳》

江南晚季建陽進茶油花子餅，宫嬪縷金於面，皆作談粧，以此花餅施於額上，時號「北苑粧」。《南唐拾遺録》

周光禄諸妓掠鬢用鬱金油。《傳芳略記》

安南國進皇后方物，有蘇合香油，盛用銀瓶。《天南行記》

祖法兒，婦人皆以沉香拭面。《明史》

芭蕉油梳頭，止女人髪落，令長而黑。《日華諸家本草》

脂麻油搽婦人頭髪，黑光，不臭，不生蟣虱。《家塾事親》

臺灣女子塗髪及面、臂，皆以鹿油。《居易録》

采素馨花壓油澤髪，甚香滑。《閨閣事宜》

嘗有婦人誤以桐油膏髪，粘結如椎，百治不能解，竟髡去之。《雞肋編》

蘇軾詞：「檀唇點杏油。」《東坡居士詞》

施子野詞：「開瓶新試木樨油。」《花影集》

吳中山歌云：「南山脚下一缸油，姊妹兩個合梳頭。大個梳做盤龍髻，小個梳做楊藍頭。」《菽園雜記》

宫中有娠，賜物有裝畫油盆、彩畫油瓶。《武林舊事》

高宗在徽宗服中，用白木椅子。錢大主入覲，見之，曰：「此檀香椅子耶？」張婕妤掩口笑曰：「禁中用胭脂、皂莢多，相公已有語，敢用檀香作椅子耶？」《老學庵筆記》

元符三年冬，内人自泰陵還，摘皂莢一籠。入宫門，籠中皂莢皆躍出。《志怪録》

鬼皂莢，生江南，沐之長髮。《酉陽雜俎》

油手鹽洗，可代肥皂。《物類相感志》

香皂浴身，香茶沁口，閨中應有之事。《閑情偶寄》

薔薇露，番名阿剌吉。婦人用以調粉，爲容飾。《南村隨筆》

祖法兒婦人，皆以薔薇露拭面。《明史》

薔薇露出大食國，灑衣經歲，其香不歇。五代時曾以入貢，今人多取薔薇花浸水以代露，或採茉莉爲之。用以調粉，爲婦人容飾。試法：以琉璃瓶盛之，翻搖數四，其泡周上下者爲真。《群芳譜》

女人薰染之力，則需花露。花露者，摘取花瓣入甑，醖釀而成。薔薇最上，群花次之。每於

盥浴之後，挹取數匙入掌，拭體拍面而勻之。此香此味，似花非花，似露非露，有其芬芳而無其氣息，是以爲佳。《閑情偶寄》

野薔薇蒸成香露，可以澤髮。《曝書亭集》

勻粉用蜜則近粘，且有光，不若薔薇露或荷花露，略以蜜汁少許攪之。《佩環餘韻》

彭孫遹詩：「薇露一匙清似水，宮香細煮小銀瓶。」《金粟閨詞》

酴醿露，出大西洋國者，花如牡丹，零露凝結花上，芬芳襲人。夷女以澤體膩髮，香味經月不滅。《東西洋考》

茉莉花，女人蒸取其液，以代薔薇水。《本草綱目》

梧桐皮漬汁，可塗髮，婦女採之。《紺寒亭集》

玉女沙細潤，可以澡濯，隋代後宮用之。《寰宇記》

奩史卷七十五

東吳王初桐于陽纂述
儀徵阮　元芸臺校刊

宮室門一

宮室

西王母治青琳之宮，葆蓋沓映羽旌蔭庭。《茅君内傳》

美人宮，勾踐習教西施、鄭旦宮也。《越絶書》

吳人呼美女爲娃。館娃宮，蓋以西子爲名。《吳郡圖經續記》

元都玉京上宮，是太元聖母所治。《枕中書》

金華宮，西華玉女處之。《龜山玄録》

蘭臺宮，赤桂玉女處之。《三元素語》

西方有宮，金榜曰「天地少女之宮」。南方有宮，銀榜曰「天皇中女之宮」。《神異經》

風山有紫府宮，仙女多遊於此。《十洲記》

陳後主爲張貴妃麗華造桂宫，作圓門如月，障以水晶。後庭設素粉罘罳，庭中惟植一桂樹，下置藥杵臼，使麗華恒馴一白兔。麗華被素袿裳，梳淩雲髻，插白通草蘇朵子，靸玉華飛頭履。時獨步於中，謂之「月宫」。帝每入宴樂，呼麗華謂「張嫦娥」。《女紅餘志》

延鈞爲春燕造東華宫，以珊瑚爲梲櫖，琉璃爲櫨瓦，檀楠爲梁棟，真珠爲簾幙，範金爲柱礎。《金鳳外傳》

惠宗宫人李氏，名春燕，有色。康宗蒸焉，立爲賢妃。行則同輿，坐則同席。旋立爲皇后，别造紫微宫，爲皇后遊幸之所。土木之盛，逾於東華。《十國春秋》

王紳《太皇太后生日》詩云：「天子捧觴仍再拜，寶慈侍立到天明。」寶慈，皇太后宫名也。《温公詩話》

慈福宫，憲聖、壽成二太后所居。《南宋故都宫殿》

太清宫爲賈貴妃功德。《湖山勝概》

崇真宫、天清宫、西靖宫、明真宫，皆女冠所居。《武林舊事》

隆福宫，后妃多居焉。《輟耕録》

坤寧宫，皇后所居；永寧宫，東宫貴妃所居；萬安宫，西宫貴妃所居；噦鸞宫、喈鳳宫，宫妃養老之處。《春明夢餘録》

懿安張皇后移居慈慶宫，改爲端本宫。《愍書》

田妃以過斥居啓祥宫，三月不召。一日，上與后在永和門賞牡丹。后請妃，上佯不應。后遽令以車迎之，至則接以和顔。及宴罷，后啓帝：「可幸西宫。」西宫，田貴妃所居，即啓祥宫也。《霜猿集》

司馬相如《美人賦》：「離宫閑館，寂寞重虚。門閣晝掩，曖若仙居。」《司馬文園集》

趙飛燕女弟居昭陽殿。中庭彤朱，而殿上丹漆，砌皆銅沓，黄金塗，白玉階。壁帶往往爲黄金釭，函藍田璧、明珠、翠羽飾之。上設九金龍，皆銜九子金鈴，五色流蘇。帶以緑文紫綬，金銀花鑷。每好風日，幡旄光影，照耀一殿，鈴鑷之聲，驚動左右。窗扉多是緑琉璃，皆達照，毛髮不得藏焉。椽桷皆刻作龍蛇，縈繞其間，鱗甲分明，見者兢慄。《飛燕遺事》

永壽、永寧殿，皆后所處也。《三輔黄圖》

未央宫有椒房殿。《宫殿記》

文帝爲張遼母作殿。《魏志》

皇后正殿曰顯陽，東曰含章，西曰徽音。《丹陽記》

秦王楊俊爲水殿，令妓女歌舞其上。《宛委餘編》

廢帝爲潘妃起神仙、永壽、玉壽三殿，取莊嚴寺玉九子鈴，以施潘妃殿飾。《齊書》

武后造鏡殿，四壁皆安鏡，爲白晝秘戲之需。楊廉夫詩：「鏡殿青春秘戲多，玉肌相照影相摩。六郎酣戰明空笑，隊隊鴛鴦漾碧波。」楊子《卮言》

坤寧殿、穠華殿，皆皇后所居；慈明殿，楊太后所居；慈元殿，謝太后所居；仁明殿，全太后所居。《南宋故都宫殿》

聖宗仁德皇后，小字菩薩哥。嘗以草莛爲殿式，密付有司，造清風、天祥、八方三殿。既成，益寵異。《遼史》

景命殿，爲孝定皇后祝釐。《静志居詩話》

騰禧殿，覆以黑琉璃瓦。明武宗西幸，悦樂伎劉良女，遂載以歸，令居此殿。俗呼「黑老婆殿」。《金鼇退食筆記》

交泰殿，皇后所居也。有中門，向後，恒閉而不開。《燕史》

懿德皇后《回心院》詞：「埽深殿待君宴。」《焚椒録》

北齊武城皇后母初懷孕，有僧過其門，曰：「此宅菰蘆中有月。」既而生后。《太平御覽》

安樂公主奪臨川長公主宅以爲第。《楊氏六帖》

岐陽公主開第昌化里，疏龍首池爲沼。《白氏六帖》

長寧公主造第東都。第成，府藏幾竭。築山濬池，帝及后數臨幸，置酒賦詩。《津陽門詩注》

長寧公主宅朱樓綺閣，一時絶勝。《西京志》

李靖投宿古宅，有婦人曰：「此龍宫也。」《玄怪録》

貴妃楊氏諸姨第舍聯亘，擬憲宫禁，一堂費緡千萬。見他第有勝者，輒壞復造。《孔氏六帖》

虢國夫人恩傾一時，於宣陽坊大治第宅，棟宇之盛，世無與比。《明皇雜録》

瑯琊長公主第，數聞鼓吹之音，視之無所覩。《唐書》

周漢國公主第，在杭州清湖橋西。第成於景定辛酉，公主實以是年下嫁楊鎮。初理宗無子，謝后女獨有公主，兩宫最所鍾愛。有司希旨爲治第，帷帳供御，下乘輿一等。居半歲，猶以遠掖庭，更卜和寧門内，東穿梗垣爲直道，内官、宫婢朝夕通饋問。而是賜第之在清湖者，惟居楊氏母。《柳待制集》

張羽有《題周漢國公主甲第圖詩》。《句曲外史集》

張瑄妾楊氏，别建第於乘魚橋，謂之「四夫人府」。《吴風録》

公主第，廳堂九間十一架，正門五間七架。《明會典》

梁冀大起第舍，妻孫壽亦對街爲宅，殫極土木，互相誇競。又廣開園囿，採土築山。十里九坂，以象二崤。深林絶澗，有若自然。奇禽馴獸，飛走其間。冀、壽共乘輦車，張羽蓋，飾以金銀，遊觀第内。《宛委餘編》

通元寺，吴大帝孫權吴夫人舍宅置。《吴地記》

杜后母裴氏，名穆，爲廣德縣君。立第南掖門外，世所謂「杜姥宅」。《晉書》

虢國夫人所居，本韋氏舊宅。韋氏諸子方偃息堂廡間，忽見一婦人衣黄披衫，降自步輦。侍婢數十人，笑語自若，謂諸子曰：「聞此宅欲貨，其價幾何？」語未畢，有工人數百掘其瓦木，

竟奪其宅。《明皇雜録》

瓊山縣主宅，有山池別院，谿磴自然，林木蓊鬱。《長安志》

波斯王有一女，名善光，聰明端正。父言：「汝因我力，故得如此。」女云：「我自有業，不因父王。」王瞋忿，覓一最下窮人，以女付之，女即共窮人去。至一空地，周歷案行，行處伏藏自出。即以珍寶雇人造宅，未盈一月，宮宅悉成。宮人、妓女、奴婢不可勝計。女即遣其夫請王到舍，見其宮宅莊嚴，嘆未曾有。《雜寶藏經》

白居易詩：「花深態奴宅，竹錯得憐堂。」《白氏長慶集》

崑崙山有光碧堂，西王母所居。《十洲記》

崑崙山有金丹流雲之堂，西王母所治。《龜山玄録》

西華堂在上清，王母所居。《登真隱訣》

濛汜之濱有紫微玉堂，西王母請誥靈素章之處也。《神洲七轉七變經》

上元夫人謂西王母曰：「阿瓊有六甲之術，用之可以登流霞之堂，遊景雲之宮。」《漢武內傳》

靈帝母永樂太后聚金以爲堂。《後漢書·五行志》

虞潭爲太夫人起養親堂。《虞氏家範》

河間王琛伎女三百，盡皆殊色。造文柏堂，置玉井、金罐，以五色絹爲繩。《宛委餘編》

洞庭山下有金堂數百間，帝女居之。四時聞金石絲竹之音，徹於山頂。《拾遺記》

酒泉南山有王母堂，珠璣鏤飾，煥若神宫。《十六國春秋》

白玉山有西王母堂室。《十三州志》

八姨新創一堂，堂成，工人徵價之外，更邀賞伎之直，復授絳羅五千段，工者嗤而不顧。虢國訝之，問其由。工曰：「願得螻蟻、蜥蜴、峰蠆之類，數其目而投於堂中，使有間隙得亡一物，即不論工值也。」於是又以繒彩珍綺與之。《津陽門詩注》

虢國夫人合歡堂，所費二千萬。後曾有大風拔樹委其堂上，已而視之，略無所傷。撤瓦觀之，皆承以木瓦。《明皇雜録》

高宗吳后取《詩序》之義，扁其堂曰「賢志」。《續文獻通考》

司馬郎君好作伎堂，然香煙薰之，屋爲之黑。《釵小志》

長安有真女樓。《漢宫闕名》

漢武曝衣樓，七月七日，出后衣曝於樓上。宋卜子陽《園苑記》

緑珠，石崇寵妾。孫秀使人求之，崇出侍婢數百人，皆藴蘭麝而披羅綺，曰：「在所擇。」使者曰：「受命指索緑珠，不知孰是。」崇勃然曰：「我所愛，不可得也。」秀因是譖趙王倫族之。收兵忽至，崇謂緑珠曰：「我今爲爾獲罪。」緑珠曰：「願效死於君前。」於是墜樓而死。人名其樓曰「緑珠樓」。《緑珠傳》《鐵圍山叢談》曰：「謝雉有《烈女完節圖》。烈女謂緑珠。」

西魏文帝造嬪嬙諸院，起玳瑁樓。《天中記》

北齊有鴛鴦樓、鸚鵡樓，俱嬪御所居。《玉海》

馬邑白樓，即後魏納姚興女爲后，后悲思，因造此樓登望。飾以鉛粉，故名之。《大同府志》

西鄂城東有三女樓。《荆州記》

定州安縣城上有神女樓。《郡國志》

女國女王居九層之樓。《北史》

邊洞元者，范陽女子。幼而高潔，既笄，爲女道士。一旦，有老叟以還丹大藥令服之，謂曰：「子宜處臺閣之上，七日可以昇天。」於是洞元告人曰：「吾不欲居此，願登門樓之上。」時樓猶扃鎖，語未終，已騰身而上矣。觀者如堵，遠近禮謁。洞元告衆曰：「中元日可來相別。」衆乃致齋大會，天樂滿空，紫雲蓊鬱。衆仰見洞元昇天，幡旌羅列，直南而去。太守具以奏聞。是日，唐明皇居便殿，忽聞異香紛郁，有青童四人導一女道士，年可十六七，進曰：「妾幽州邊洞元也。今日昇天，來辭陛下。」言訖，冉冉而去。與幽州所奏合符。敕其觀爲登天觀，樓曰紫雲樓。《邊洞元昇天記》

華清有端正樓，即貴妃梳洗之所。有蓮花湯，即貴妃澡沐之室。《太真外傳》

薛濤晚歲居碧雞坊，創吟詩樓，偃息於上。《蜀牋譜》

徐州燕子樓，張建封爲侍兒盼盼所建。陳彦升詩云：「僕射荒阡狐兔遊，侍兒猶住水西

樓。」《西清詩話》

高駢造迎仙樓，侍女羽衣度曲，以擬鈞天。《孔帖》

樊樓乃豐樂樓之異名，徽宗與李師師宴飲於此。金兵至，李明妃廢爲庶人。《宣和遺事》

傅岩隱納武林徐氏女子於客樓。其歸也，亦貯之所居樓上，圖西湖景於樓壁。《竹山詞》

皇城北苑中廣寒殿，相傳爲遼蕭后梳粧樓。《太岳集》

梳裹樓，相傳遼蕭太后居此，遺址尚存。《大同府志》

福州有胭脂團，周匝二百餘步，膏潤不毛，四時作殷紅色。相傳閩太祖女某郡主梳粧樓在焉。《閩録》

謝希孟在臨安狎娼陸氏，爲娼造鴛鴦樓。《稗史彙編》

袁九淑，字君嫕，通經史，尤深内典。家有絳雪樓，君嫕之所棲止。供具精良，几榻妍寂。中懸所繡大士像，焚修習靜，每自謂「易還宮中人」也。《伽音集》

張汀州卒無子，有二妾曰寒香、晚翠，剪髮自誓，不下樓者四十年，人以方之關盼盼。《汲古叢語》

節婦毛鈺奉姑樓居，不廢吟詠。有句云：「桃花暮雨煙中閣，燕子春風月下樓。」《静志居詩話》

江東門外，洪武間建輕煙、淡粉、梅妍、翠柳四樓，令官妓居其上，以接四方賓客。《蓉塘

詩話》

京師妓館六樓，以宿商賈。諸司退朝，相率飲於妓樓。厥後漫至淫放，解帶盤薄，牙牌纍纍，懸於窗槅，竟日諠呶。於是中丞奏革之。《西樵野記》

鄒氏園有十二樓，舊貯姬妾處也。《百末詞》注

洪武中，南京建十四樓以處官妓。《詞品》

晏振之《金陵春夕》詩云：「花月春風十四樓。」十四樓者，來賓、重譯、清江、石城、鶴鳴、醉仙、樂民、集賢、謳歌、鼓腹、輕煙、淡粉、梅妍、翠柳也。《静志居詩話》

金陵十六樓，在城内者，曰南市、北市；在聚寶門外之西者，曰來賓；在聚寶門外之東者，曰重譯；在瓦屑壩者，曰集賢，曰樂民；在西關中街北者，曰鶴鳴；在西關中街南者，曰醉仙；在西關南街者，曰輕煙，曰淡粉；在西關北街者，曰翠柳，曰梅妍；在石城門外者，曰石城，曰謳歌；在清凉門外者，曰清江，曰鼓腹。《金陵瑣事》　楊用修《藝林伐山》遺南市、北市。陳魯南《金陵世紀》遺清江、石城，因曲就十四樓之目而誤。曹大章《秦淮士女表》云「當年二十四樓分列秦淮之市。」則誤以「十四」爲「二十四」也。

木邦女子皆居竹樓。《峒谿纖志》

《陌上桑》云：「日出東南隅，照我秦氏樓。秦氏有好女，自名爲羅敷。」《古樂府》

曹植《美女篇》：「借問女何居，乃在城南端。青樓臨大路，高門結重關。」《陳思王集》

曾畹有《懷故妓蕊珠》，云：「倡樓昔在橋東畔。」《本事詩》

館娃閣，在館娃宮中。高啓詩：「館娃宮中館娃閣。」《姑蘇志》

王夫人居崇芳閣，改爲猗蘭殿。夢日，生武帝。《漢武內傳》

紫閣，西華玉女居之。《龜山玄録》

陳後主起臨春、結綺、望仙三閣。後主自居臨春閣，龔、孔二貴嬪居望仙閣，張貴妃居結綺閣。並復道往來。婦人麗質巧態，以從者常千餘人。《宮苑記》

張貴妃嘗於閣上靚粧臨檻，宮中遥望，飄若神仙。《南史》

宣政間，禁中保和殿西南有玉真軒，軒內玉華閣，即安妃粧閣也。妃姓劉氏，入宮，進位貴妃。林靈素謂妃爲九華玉真安妃。每降神，必别置妃位，畫妃像其中。每祀像，妃方寢，而覺有醉容。是時，群臣惟蔡元長最承恩遇，侍晏保和殿。上令妃見京，京入軒見妃像。已而至閣，妃出見京，勸酬至再。《碧湖雜記》《兩鈔摘腴》同。

宣和元年，召宴保和殿。酒五行，許至玉真軒，自謂得見妃矣。既而但見畫像。須臾，中使召至玉華閣，見妃素粧，無珠玉飾，綽約若仙子。臣前進再拜，妃答拜。臣又拜，妃命左右掖起。上手持大觥酌酒，命妃曰：「可勸太師。」臣奏曰：「禮無不答，不審酬酢可否？」於是持瓶注酒，授使以進。御侍奏細樂，作蘭陵王《揚州散》，酬勸交錯。夜漏二鼓，罷退。蔡京《保和殿曲宴記》

奉華閣，劉貴妃閣名。《武林舊事》

吳應之侍姬曰紅梅，因名其閣曰紅梅閣。《壽域詞跋》

萬春閣，太后所居。《南宋故都宫殿》

成貴妃姓孫氏，嘗與上登香雪閣，觀後苑刈稻。上命宫人取酒來，爲賞豐飲。令妃誦詩侑酒，妃爲歌李紳《憫農》詩，上大悦。《椒宫舊事》

雲英，姓夏氏，憲王宫人也。淡粧素服，色藝絶倫。有《端清閣詩》一卷。端清閣，即雲英所居也。《誠齋新録》

馬瓊瓊初爲妓，後歸朱廷之。廷之因闢二閣，東閣正室居之，瓊瓊居西閣。廷之之任南昌，瓊以梅雪扇並《題減字木蘭花》寄之，云：「雪梅妒色，雪把梅花相抑勒。梅性溫柔，雪壓梅花怎起頭。芳心欲訴，全仗東君來作主。傳與東君，早與梅花作主人。」廷之詳詞中之意，知西閣爲東閣摧挫，遂休官歸家。置酒會二閣，曰：「昨見西閣所寄《雪梅》詞，使人不遑寢食。」東閣乃曰：「君今仕矣，試爲判斷此事。據東閣所云，梅花孰是也？」廷之遂作《浣溪紗》一闋以示二閣，云：「梅正開時雪正狂，兩般幽韻孰優長。且宜持酒細端詳，梅比雪花輸一出，雪如梅蕊少些香。花公非是不思量。」自是二閣歡會如初。《詞林藻鑑》

崔重文，小字媚兒，艷之者目曰嫣然。室中有幻影閣，返照入窗，則庭柳扶疏，歸禽頡頏，影現壁間。《本事詩》

方維儀早寡，守志於清芬閣，有《清芬閣集》。《詩女史》

吳江葉小鸞，字瓊章，所居名疏香閣。《西堂剩稿》

秦淮范姬居文鏡閣。《漉籬集》

桐城吳氏孀居棲梧閣，世遂目爲棲梧閣吳氏。《觚賸》

崑崙山有紫翠丹房，西王母所居。《十洲記》

西王母處青玉宮中朱紫之房。《太上紫書籙》

哀帝即位，定陶王太后居北宮。有紫房，復道通未央宫。太后從復道至帝所，求尊號。《漢書》

隋煬帝至江都，荒淫益甚。宫中爲百餘房，各實以美人。日令一房爲主人，帝與蕭后及幸姬歷就宴飲，從姬千餘人，亦常醉。《經濟類編》

同昌公主宅於廣化里，賜錢五百萬貫，仍罄内庫寶貨以實其宅。房櫳户牖，皆以珍異飾之。《杜陽雜編》

盤龍山有玉女房。《益州記》

朱子春未婚先開房室，帷帳甚麗，以待其事。旁人謂之「待闕鴛鴦社」。《粧樓記》

寢殿旁，有妃嬪庫房一間，縫紉女庫房三間。《輟耕録》

元時，水心亭後有侍女之房三所。《金鰲退食筆記》

乾清東房五間，西房五所，係有名宮婢所居。《酌中志略》

田妃嘗厭宮闈過高迥，崇杠大牖，所居不適意。乃就廊房爲低檻曲楯，蔽以廠槅，雜採揚州諸什器、床簟設其中。《彤史拾遺記》

姜如須遊李十娘家，匿不出户。方密之、孫克咸半夜直入臥房，閧張如盜賊。如須下床，跪稱：「大王乞命，毋傷十娘！」兩君大笑曰：「三郎郎當。」《板橋雜記》

宋玉《諷賦》：「主人之女，更有蘭房奥室，止臣其中。」《古文苑》

黄省曾《洪武宮詞》：「雲檐排比玉妃房。」《五嶽山人集》

黄魯直詩：「公虚采蘋宮，行樂在小寢。」按：魯僖公薨於小寢。杜預謂：「小寢，夫人寢也。」魯直誤以小寢爲妾媵所居耳。《能改齋漫録》

漢武帝爲太子時，長公主欲以女配帝。帝尚小，長公主抱置膝上，問曰：「兒欲得婦否？」歷指長御百餘人，皆曰：「不用。」繼而指其女，問帝曰：「得阿嬌好不？」帝曰：「若得阿嬌作婦，當以金屋貯之。」公主大喜，乃以配帝，是曰陳后。阿嬌，陳后小字也。《小名録》

王玉英適丁聖肇，偕隱青藤書屋，善楷書。《本事詩》

杜甫《佳人》：「侍婢賣珠回，牽蘿補茅屋。」

崑崙山有瓊華之室，西王母所居。《三元素語》

流剛山有暉景之室，西王母所治也。《登真隱訣》

金城郡有西王母石室。《地理志》

薄姬内人傳詣雒陽織室。《書叙指南》

所出内人病房曰「暴室」。《修詞指南》

晁采性愛看雲，故其室名曰「雲窺室」。《内觀日疏》

滕元發將生，母夢虎行月中，墮其室。《女世説補》

侍女室八十三間，在妃嬪院左右。《輟耕録》

何師藴，字季木，嫁饒氏。所居有嬾愚樹，遂榜其室曰「嬾愚」。《宋詩紀事》

何師藴有《自題嬾愚室詩》。《夷堅志》

修微道人常築室，思以文杏爲梁，雲母爲幄，規連珠樹，矩洩瑶泉。許玉斧《修微道人生誌銘》

某婦私於何池東，何死，又私李公子。公子爲别築一室居之，不啻金屋阿嬌。有滑稽者題一絶云：「聞君高築土磚房，好把桃符四面張。只空池東心未死，夜深風雨向三娘。」三娘，李所私婦也。《鬱崗齋筆塵》

柳如是我聞室，取《楞嚴經》「如是我聞」之義。《婦人集》

河東君有《春日我聞室之作》。顧苓《河東君傳》

顧喜性情豪爽，余懷顔其室曰「佳俠含光」，蓋取漢武帝悼李夫人賦語也。《板橋雜記》

梁武帝《莫愁歌》：「盧家蘭室桂爲梁，中有鬱金蘇合香。」沈佺期詩：「盧家少婦鬱金

堂。」《詩人玉屑》

婕妤益貴幸，號昭儀，求近遠條館。帝作少嬪館，爲露華殿、含風殿、博昌殿、求安殿，又爲温室、凝缸室、浴蘭室，回房曲檻，連遠條館，號「通仙門」。《飛燕外傳》

趙后居遠條館，侍郎、宫奴恣縱棲息。《趙后遺事》

魏文帝爲外祖母築館於甄氏。《世説》

易遷館有張微子、傅禮和二真女主之。《上清宫府圖經》

女仙趙素臺在易遷館四百年不肯去，自謂「天下無復樂於此」也。《茅山志》

晉永嘉之亂，安陽公主、平城公主奔入兩河界，悉爲民家妻。常怏怏不悦，有故鄉之思。村民感之，共築一臺以居，謂之「公主望鄉之館」。《述異記》

河間王琛有妓女三百人，盡皆國色。造起迎風館，素柰朱李，枝條入檐。妓女樓上坐而摘食。《洛陽伽藍記》

帝爲英英起采芳館於瓊華島，窮極奢麗。《元氏掖庭記》

晁采所居，有期雲館。《内觀日疏》

張士誠得二美姬，起香桐、芳蕙二館居之。《龔起雜記》

楊姬居華林館。《本事詩》

吳有成卒，妻鄧氏年二十，守制不嫁。居一室，爲火所毁。鄧氏編竹爲小廬，略蔽風雨。

冬月寒，人勸其以泥塞之，鄧曰：「不須此。正欲星月映榻，同予光明；霜露侵簷，同我清潔耳。」一人號「竹廬節婦」。《女世説》

曾城舍，班婕妤居之。《漢書》

趙皇后女弟絶幸，爲昭儀，居昭陽舍。《漢雋》

趙昭儀爲昭陽舍，庭砌皆金璧，珠翠飾之。荀悦《漢紀》

董賢女弟爲昭儀，居椒風舍。《桓子新論》

廬陵威王續之內也，千門相對，萬户齊一。齋裏施木，天以蔽光，景春花秋月之時暗，如徹燭，內人有不識晦明者。《金樓子》

項佩，字吹聆，秀水人，吴統持之。室書屋闌干皆用卍字，遂名「卍齋」。《藕花居詩集》

吴彩鸞仙跡，今寫韵軒是也。《寒衣録》

金陵楊玉香，娼家女也。年十五，色藝絶群。姊曰邵三，與閩人林景清狎，飲於瑶華之館。玉香偶過其館，景清一見魂消。明日訪之，留宿軒中。居數月。景清將歸，玉香流淚，誓潔身以待。景清感之，遂以「一清」名其軒。既别，音信不通者六年。景清復北上，舟泊白沙，忽於月中見一女子，獨行沙上。迫視之，乃玉香也。聯臂登舟，細敘疇昔。天將明，遂不復見。及至金陵，首訪一清軒。門館寂然，惟邵三縞素出迎，曰：「妹以思君之故，一月前死矣。」景清大慟。是夜獨宿軒中，徘徊不寐，恍惚見玉香從賬中出，吟詩曰：「天上人間路不通，花鈿無主畫樓空。從來爲雲爲雨處，總在襄王曉夢中。」景清不覺失聲呼之，遂隱隱而沒。《名媛詩歸》

李十娘湘真所居，曲房密室，帷帳尊彝，楚楚有致。中構長軒，軒左種老梅一樹，花時香雪霏拂几榻；軒右種梧桐二株，巨竹十數竿，晨夕洗桐拭竹，翠色可餐。入其室者，疑非塵境。《板橋雜記》

林鴻夢瑤華洞主之女，小字芸香，延入天葩軒。《榕陰新檢》

李後主寵小周后，嘗於群花間作亭，幕以紅羅，押以玳牙，而制極迫小，僅容二人，每與后酣飲其中。《花史》

西湖昭慶灣有宋謝太后歇涼亭。《霏屑録》

廷香亭，春時，宮人各折花傳杯於此。《元氏掖庭記》

兖州有娥皇女英臺。《太平御覽》

禹娶塗山女，思戀本國，築臺以望之，謂之「青臺」。《路史》

衛州有妲己臺。《九域志》

王爲盛姬築臺，砌以白玉，是曰「重璧之臺」。《穆天子傳》

濮州碧玉臺，穆天子爲盛姬所造。《郡國志》

貞姜，楚昭王夫人也。昭王出遊，留夫人漸臺。江水大至，遣使者迎夫人，忘持符，夫人

曰：「王與宮人約，召必以符。無符，妾不敢行。」使者返取符，臺壞而死。《列女傳》

楚靈王築章華之臺以處美人。《玉府》

燕昭王知旋娟、提嫫神異，處於崇霞之臺，遣侍人以衛之。王好神仙之術，玄天之女託形作此二人。昭王之末，莫知所在。《拾遺記》

束晳賦：「夕宿七娥之房。」《方言》：「吳有桼娥之臺。」桼即七字。《字林》有「七娥三粲，百媚千嬌」之語。《升庵外集》

昌都城有呂后臺。《輿地廣記》

中山有韓夫人愁思臺。《述異記》

漢武帝起眺蟾臺，臺下穿影娥池。宮人登臺眺月，影入池中。《洞冥記》

登封有玉女臺，漢武帝見三玉女，因以名臺。《嵩高山記》

趙飛燕身輕不勝風，製七寶避風臺。《趙后故事》

西王母所居流精之闕，有金臺五所。《十洲記》

張衡賦：「聘王母於銀臺。」注云：「銀臺，王母所居也。」《文選》注

昭靈李夫人治方丈臺於第十三朱館中。《南真説》

有易遷館、含真臺，皆女子之宮也。《真誥》

處女得道者，居含真臺。《珍珠船》

銅雀臺，魏操所築。上有樓，鑄大銅雀置樓頭。臨終遺令：「施繐帳於上，使宮人歌吹帳中，望吾西陵。」《彰德府志》

魏文帝築燭臺以處薛靈芸。《拾遺記》

文帝東征，留郭后於永始臺。霖雨百餘日，城樓多壞。有司請移，后曰：「帝在遠，奈何移也！」《魏略》

西平原懿公主第有皇女臺。《述征記》

汝陰有女郎臺。《方輿勝覽》

玄宗八月十五夜與貴妃臨太液池，凭欄望月，未快其意，敕令於池西别築百尺高臺，與妃子來年望月。後經禄山之亂，不復置焉。《開元天寶遺事》

安樂公主奪百姓莊園造定昆池。纍石爲山，引水爲澗。飛閣步檐，斜橋磴道，衣以錦繡，畫以丹青，飾以金銀，瑩以珠玉。又有九曲流杯池，作石蓮花臺，泉於臺中涌出。《朝野僉載》

越臺者，越女嫁江南國主爲妃，以其地卑濕，運越土築此臺以居之。《金陵事跡》

金章宗有瓊華島、添粧臺，以備李妃行園。《湘煙録》

粧臺，金故物也。目爲遼蕭后梳粧樓，誤。《堯山堂外紀》

倡家有玉鏡臺，在三水胥江上。酒家環列，多當壚者。《玉臺清照》

後漢竇憲女弟爲皇后，憲恃宮掖，請奪沁水公主園。蓋沁水園者，公主之園也。唐崔湜《長

寧公主東莊侍宴》詩：「歌舞平陽地，園池沁水林。」《詞苑叢談》

梁王築兔園，與宮人弋釣其中。《西京雜記》

石崇製金谷園，館綠珠於其中。李邕《金谷園記》

集芳園，元係張婉儀園，後歸太后。《南宋故都宮殿》

小隱園，孝宗撥賜張貴妃。《湖山勝概》

王端淑夢陟廣寒，園曰「青蕪」，因作《青蕪園記》。《本事詩》

煬帝十六院，院有十二人，皆擇佳麗美人實之。每一院選帝常幸御者爲之首。《海山記》

陶穀使吳越，惑倡女任秋娘，作《風光好》詞。任大得陶貲，後以創仁王院，落髮爲尼。《沈遼雲巢編》《野雪鍛排雜説》曰：「陶穀使江南，悦秦弱蘭。沈叡達以爲吳越任秋娘。沈杭人，所聞當不謬。」

西湖積慶山有貴妃閻氏功德院。《癸辛雜識》

西蓮瑞相院，黄貴妃功德；寧親廣福院，陳淑妃香火；崇親資福院，張淑妃香火；隆親永福院，溫國成夫人香火；定惠院，錢王孫妃香火。《湖山勝概》

昭君村在歸州。杜甫詩：「生長明妃尚有村。」《歸州圖經》 石崇《明君詞序》：「明君本昭君，觸晉文帝諱，改焉。」

莫愁者，郢州石城人，今郢有莫愁村。《唐書·樂志》：「石城女子名莫愁。」古詞「莫愁

在何處」是也。李義山詩：「不及盧家有莫愁。」此莫愁者，洛陽人。梁武帝歌「洛陽女兒名莫愁」是也。《容齋隨筆》

李南女曉術，爲由拳縣人妻。晨詣竈室，卒有暴風，婦辭姑求歸。姑不許，乃泣曰：「家世傳術，疾風起，先吹竈突，此禍爲婦女主爨者。妾將及之。」《後漢書》

賈姬如厠，有野彘入厠。上目郅都，往擊之。《漢書》《野客叢書》曰：「帝姬處溷地，使臣往視之，無乃媟甚乎？」

范蔚宗母如厠産蔚宗。《宋書》

王司農買一妾，立券時，父母先約，不可令近水火。久之，主母夜如厠，使攜燭以行。溷未畢，妾忽語云：「這回休也。」俄而火從身起，傾刻成灰燼。《夷堅志》

吴王闔閭爲太子聘齊女。齊女思齊，日夜號泣。乃爲起北門，曰「望齊門」，令女登遊其上。《吴越春秋》

一秀才投宿，其家止一婦人，倚門答曰：「我家無人？」秀才曰：「你！」復曰：「我家無男人。」秀才曰：「我！」《笑禪録》

嵩山有玉女窗，漢武帝於窗中見玉女。《河南圖經》

玉女窗，刻玉女於窗也。《文選》：「玉女窺窗而下視。」《韻學事類》

西王母降，東方朔於朱鳥牖中窺母。《漢武故事》　徐陵《玉臺新詠序》曰：「朱鳥窗前，新粧已竟。」

隋文帝爲蔡容華作瀟湘綺緑窗，上飾黄金芙蓉花，琉璃網户，文杏爲梁，雕刻飛走，動值千金。《南郡煙花記》

李林甫有女六人，於廳壁間開選婿窗，飾以雜寶，縵以絳紗。有入謁林甫者，即使女於窗中選可意者事之。《開元天寶遺事》

梅妃有《綺窗賦》。《梅妃傳》

李賀詩：「妾家住横塘，紅紗滿桂香。」注：「紅紗，窗也。」《昌谷集》

韓熙載家，過縱姬侍，第側建横窗，爲觀覘之地。調戲贈與，所欲如意。時人目爲「自在窗」。《清異録》

南漢劉晟殿側置宫人，望明窗以候曉，宫人謂之「候窗監」。《九國志》

花蕊夫人《宫詞》云：「紅錦泥窗繞四廊。」蜀人謂糊窗爲「泥窗」。《老學庵筆記》

蘇軾詩：「蘇家小女名簡簡，芙蓉花窗柳葉眼。」《東坡集》

李賀《宫娃歌》：「屈膝銅鋪鎖阿甄。」膝與戌同，屈膝乃受鎖之搭連卷口也。《正字通》

漢武金屋貯嬌。我謂金屋可以不設，藥闌花榭，則藏嬌者斷斷應有，不可或無。《閑情偶寄》

王懌《段七孃詩》：「曲闌裝翡翠，高榭璪花蟲。」《本事詩》

宋玉賦：東家美女，登牆窺玉三年，玉猶未許。《古文苑》

華歆入宫收后，后匿壁中，歆廢壁牽后出。《曹瞞别傳》

田尚衣多病，文帝以硃砂塗四壁以辟邪，故謂之「紅壁」。《女紅餘志》

張易之得幸於武后。每歸私第，詔令居樓，去梯，圍以刺棘，無復女奴侍立。母恐張氏絶嗣，乃置女奴嬪姝於樓複壁中，遂有娠。《太真外傳》《增彙侍兒小名録》曰：「易之女奴駢珠有娠，嫁楊氏，生國忠。」

元遺山之妹爲女冠，文而艷。張平章欲娶之，遺山辭以可否在妹。張喜而往，至則方自手補天花板，輟而迎之。張詢近日所作，應聲答曰：「補天手段暫施張，不許纖塵落畫堂。寄語新來雙燕子，移巢别處覓雕梁。」張悚然而止。《山房隨筆》

客氏在宫中，夏則大凉棚貯冰無算，冬則大地坑貯炭無量。《酌中志略》

奩史卷七十六

東吳王初桐于陽纂述
雲間王　昶述庵校刊

宮室門二

居處

白居易《琵琶行》：「自言本是京城女，家在蝦蟇陵下住。」蝦蟇陵在長安。《野客叢書》

柳永詞：「秀香家住桃花徑。」注：「秀香，妓名。」《樂章集》

武林女子金麗卿詩：「家住錢塘山水圖。」《古杭雜記》

王少君所居，表以長楊，人遂呼爲「長楊君」。《曲中志》

金母所居，在崑崙之圃，閬風之苑。金城千里，玉樓十二，瓊華之闕，光碧之堂，九層玄室，紫翠丹房，左帶瑤池，右環翠水。其山之下，弱水九重，非飇風羽輪不可到也。《太清記》

西城洞名太玄總真之天，西王母所居。《洞天福地記》

容州有緑珠江，猶歸州有昭君灘、昭君村、昭君場，吳有西施谷、脂粉塘，蓋取美人出處

名。《緑珠傳》

石城有女子名莫愁，善歌謠，其曲云：「聞歡下揚州，相送楚山頭。」莫愁在楚無疑。今石頭城下有莫愁湖，蓋因「石頭城」與「石城」之訛，遂以爲莫愁所居耳。《本事詩》

曹文姬所居地，後人謂爲「書仙里」。《詩話類編》

帝自稱玉宸館煙霞小仙，以張阿玄爲太素仙妃，程一寧爲太真仙妃，築紫霓城以居焉。《元氏掖庭記》

玉京道人僑居虎丘之山塘。所居，湘簾棐几，嚴淨無纖塵。雙目泓然，日與佳墨良紙相映徹。《梅村集》

美人居處，一入吟詠，便成佳麗。李商隱詩：「玉孃河上月應沉。」黃庭堅詞：「新婦磯頭眉黛愁，女兒浦口眼波秋。」蔣捷詞：「過窈娘堤，秋娘渡，泰娘橋。」固不獨「黃四娘家花滿蹊」因杜詩而傳也。《秀雅堂座記》

楊后《宮詞》：「小小宮娥近水居，雕楣繡額映清渠。忽然攜伴凭低檻，好似雙蓮出水初。」

珠市在內橋，傍曲巷，逶迤麗人居之。《板橋雜記》

尤侗《賀納姬吳閶》詩：「生小蓮花巷裏居。」《看雲草堂集》

永巷，宮中之長巷，幽閉婦人之有罪者。武帝時，改爲掖庭，置獄焉。《三輔黃圖》

棘隱庵，宋女真劉妙清創。《武夷山志》

棘隱庵，蓋取何仙姑「荆棘隱此身」之句。《海璚集》

孟淑卿嘗過慧日庵訪尼僧，書其亭曰：「矮矮牆圍小小亭，竹林深處晝冥冥。紅塵不到無餘事，一炷香消兩卷經。」《蓬軒吳記》

月觀在隋苑中。大業十年，選殿脚女使給事月觀，帝月下幸之。《揚州鼓吹詞序》

秦太上公二寺，西寺，太后所立；東寺，皇姨所建。並爲父追福，因以名之。時人號爲「雙女寺」。《洛陽伽藍記》

四女寺，相傳漢景帝四年，貝州人傅清妻羅氏無子，生四女，守志養親，終身不嫁，各植一槐以明己志。四女通釋氏書，日誦《法華》，後拔宅昇天。《敬業堂集》

瓦官寺是阿育王爲第四女所造。《梁書》

高祖母吕氏生高祖於般若寺。《隋書》

褒親崇壽教寺，在清波門外，俗稱「劉娘子寺」，紹興十八年劉貴妃建。《西湖遊覽志》

紅霞帔者，宋宫人品名。今西湖褒親崇壽寺，乃紅霞帔劉貴妃香火院，俗稱「劉寺」。《留青日札》

旌德顯慶教寺，慈明太后香火；嘉德永壽教寺，毛娘娘功德；顯慈崇慶教寺，閻貴妃香火；永福寺，隆國黄夫人功德；資德廟，慕容貴妃香火。《湖山勝概》

半山七娘子廟，崇善王妹也。《咸淳臨安志》

秦小娘，晉時人，祠在平湖。《曝書亭集》

秦淮清溪上有張麗華小祠。《分甘餘話》

卓文君閨中庭內有井，文君手汲則甘香，用以沐浴則滑澤鮮好。他人汲之，與常井等，沐浴亦不少異。至今尚存，即文君井也。《採蘭雜志》

廣教寺井，相傳二喬梳粧之所。至今水胭脂色，土人號「胭脂井」。《皇華紀聞》

玉女井，齊郑道光女居井旁煉丹。《高郵志》

隋兵入陳宮，後主入景陽殿井。軍人以繩引之，驚其太重。及出，乃與張貴妃、孔貴嬪同束而上。《南史》

景陽井，一名胭脂井，陳後主與張麗華、孔貴嬪投入避隋兵，後名「辱井」。《地志》

楊妃井在容縣，唐楊貴妃嘗飲者。《廣西通志》

薛濤井，薛濤汲井水造箋。《益州談資》

薛濤井在錦江東，亦名玉女津。《池北偶談》

崔婆井在崔婆宅。《衡州志》

二十四橋本一橋，會集二十四美人於此，故名。今西郭有小橋，朱欄碧甃，題曰「煙花夜月」，相傳爲二十四橋舊址。《揚州鼓吹詞序》

張香橋，昔有女子名香，與所歡會此，故名。一曰女子姓張名香。《荻樓雜抄》

劉禹錫《泰娘歌》：「泰娘家本閶門西，門前緑水環金堤。有時粧成好天氣，走上皋橋折花戲。」後人遂名泰娘橋。《吴中録》

謝疊山死，妻自縊。疊山女周銓妻，聞父母死，乃自投橋下死。鄉人名其橋曰「孝烈橋」。《因樹屋書影》

柳翠橋，宋時妓女柳翠所建。《西湖遊覽志》

金四將軍戰死，其妻築橋爲資冥福，名金橋。鄉人稱爲「金四姥橋」。《西溪梵隱志》

霅溪有墜釵橋。《月河所聞》

紅橋張氏，閩縣良家女，居於紅橋之西，因以紅橋自號。聰敏能詩，後歸林鴻。《本事詩》

泉州有娘子橋，比洛陽橋雖低，而長過之。昔有人入番，舶壞，得一島。見巨蟒夜出，有光如晝，因插刀穴口，蟒出，腹爲刀破，遺下明月珠纍纍。其人既歸，遂得巨富。人初不知，後覓富家女爲婦，富家翁紿之曰：「余女畏渡海，須作橋，又金布與橋滿，即嫁女與之。」其人即作橋布金。俗因呼爲「娘子橋」。《閩小記》

貴妃生於蜀，嘗誤墜池中，後人呼爲「落妃池」。《太真外傳》

安樂公主恃寵，嘗請昆明池爲私沼，中宗不許。主不悦，大役人夫自鑿定昆池，延袤數里。《何氏語林》

百子池，取宜男之義。《玉臺清照》

明月池南有七女池。《梁州記》

劉廷式聘女而瞽，竟娶之。其女克家庭下，得泉成池，瞽女凡三飲其泉而三得男，號「瞽女池」。《歷城縣志》

昔有僧夜坐，忽一女子過之。僧叱之曰：「窗外誰家女？」女即應曰：「堂中何處僧？」僧起逐之，女投入地，掘之得泉，名「幽瀾泉」。《方輿勝覽》

桃葉渡，以王子敬妾桃葉而名。《六朝事跡》

石城者，闔閭所置美人離城也。《越絶書》

洛州夫人城，趙武靈王夫人築。《郡國志》

皇后城，光武迎光烈皇后於此。《水經注》

重泉城，漢武爲李夫人築。《太平御覽》

范夫人城，漢將妻范夫人築。《太平寰宇記》

孫夫人城，漢昭烈妻孫夫人所築。《荆州府志》

興寧嫗武姓者，築城自衛，號「武婆城」。《五代會要》

金鏞城在宮之西北角，宮人皆在其中。《洛陽記》

城上垣謂之「女牆」，言其卑小，比之於城，若女子之於丈夫也。《名句文身表異録》

洪州娉婷市，五代鍾傳侍女所居。《研北雜志》

吴越忠懿王黄妃，嘗於雷峰顯嚴院建塔，奉藏佛螺髻髮，名「黄妃塔」，俗稱「雷峰塔」。《淨慈志》

雷峰，錢王妃築塔，名「王妃塔」。《湖山勝概》

梁武帝葬誌公於獨龍阜，永定公主以湯沐之資造浮圖五級於其上。《梁京寺集》

仁德皇后以白金爲浮圖，極有巧思。《遼史》

塚墓

穆天子葬盛姬於樂池之南，是曰「淑人丘」。《山陵雜記》

朱買臣婦塚曰「羞塚」。《群碎録》

王昭君死於胡，胡地草白，昭君塚草獨青，因名「青塚」。《月令廣義》《琴操》：「昭君有子曰世違。單于死，世違立。凡爲胡者，父死妻母。昭君問世違曰：『汝爲漢也，爲胡也？』世違曰：『欲爲胡耳！』昭君乃吞藥自殺。」

吕榮者，吴郡許升之妻也。守節貞烈，爲黄巾賊所殺。後人名其塚爲「義婦坂」。《列女後傳》

劉王侍女名素馨，死葬陽江，塚上生那悉茗花，因名「素馨塚」。《龜山志》

張喬，美人，工詩，復美顔色，歌舞絶妙一時，故爲諸士大夫所愛。每有燕集，喬必與。年二十有一，病垂危，彭孟陽以數百金贖之，附於千金市駿骨之義，竟不起。孟陽葬之白雲山麓梅花坳，送者數百人，各植梅花一本以表之，號曰「花塚」。《本事詩》

天女墩在崑山縣，相傳帝女葬焉。《潛確類書》

真娘，吴國之佳麗也，歌舞有名。及病，遺言：「必葬我虎丘寺前。」吴中少年因從其志。墓多花草，蔽芾其上，題詠不絶。《虎丘志》參用《吴郡圖經續記》

甘夫人，先主妾，號甘梅夫人，生後主。曹操追先主，及當陽之長坂，先主棄妻子走。趙雲得後主於夫人抱中，夫人絶，雲推牆掩之。先主定益州，命葬於此。後主追謚曰「昭烈皇后」。《四川通志》參用《奉節縣志》

武陵王蕭妃掘蜀王妃墓，得白玉棺。棺中美女貌如生，體如冰，掩之而寺其上。《蜀本記》

蘇小墓在湖上，周紫芝云：「湖堤步遊客言此蘇小墓也。」《咸淳臨安志》

司馬槱在洛下，晝寢，夢一美姝牽帷而歌曰：「妾本錢塘江上住，花落花開，不管流年度。燕子銜將春色去，紗窗幾陣黄梅雨。」槱愛其詞，因詢曲名，云是《黄金縷》。後五年，槱爲錢塘幕官，復夢美姝迎笑曰：「夙願諧矣。」遂與寢，自是每夜必來。槱爲同寀言之，咸曰：「公廨後有蘇小小墓，得毋妖乎？」不踰歲，槱病，舟人見其攜一麗人登舟，走報家，已慟哭矣。《雲齋廣録》

蘇小墓並不在錢塘。自《武林舊事》載在西湖，《咸淳臨安志》亦載之。然唐人徐凝詩云：

「嘉興縣裏逢寒食，落日家家拜掃回。惟有縣前蘇小墓，無人與送紙錢灰。」陸廣微《吳地記》亦云在嘉興縣前。《南宋雜事詩注》

嘉興縣前有吳妓人蘇小小墓，風雨之夕，或聞其上有鼓吹之音。李紳《真娘墓詩序》蘇小小冢在錢塘，墓在嘉興。宋紹興初，衣白以出，人多畏之，因鎮以塔。《小丹丘客談》

萬曆中，湖州西門外野人鋤出古墓，中空若方室，有棺懸焉。棺高四尺，長丈餘，闊半之。鋸截其一角，奇香噴鼻，乃加大斧，內忽作聲曰：「無傷我，我修已成，將出人世間矣。若所有，任爾取也。」衆從隙窺之，見好女子，披霞錦，冠九旒，儼如王后，端坐金椅，益異之。棺開，女以纖手揮衆，指甲長尺許。或以斧傷其肩，無血而肉香，遂仆。棺中棺外，珍玩金玉充牣無數。內懸銀牌，牌稱此沈休文女，聘梁昭明太子，未婚殞命，以王妃禮葬。而休文無子，獨此女才貌絕世，甚憐之，故厚葬，傾休文之產。文即昭明所撰。《耳談》

唐李生下第歸，日暮無依，止宿一殯宮，以陰護祝。時月明如晝，見百步外一殯宮，走一女奴，告曰：「今夕風月頗佳，夫人請同肆目。」穴中應曰：「屬有貴客寄吾舍，不忍去。」次日，知爲崔女墓，乃祭謝而去。《女世說》

無錫有金娥墩，故南唐李煜妃墓也。娥工詞翰，煜愛之。煜發兵晉陵，挈娥同行。娥道死，因葬於此。居民耕地得磚，上篆四字云「唐王寶印」。自是風雨之夕，常有女鬼現形，且泣且歌曰：「日侵削兮三尺土，山川已改兮衆余侮。」《子不語》

宮人從葬之令，至英宗而除，於是妃墓始名。蘇山有萬貴妃之墓，憲宗妃也；銀錢山有鄭貴妃暨二李、劉、周四妃之墓，神宗妃也。《昌平山水記》

明王秋娘墓在千佛山下，碑鐫「王小姐」者是也。王大儒詩：「斷腸碑上小名香。」《蒿庵閑話》

潘天成《夢遇馬貞娘記》云：金陵李君欲葬妻，邀予相地。步出南郊，宿三會庵中。夢一婦女，年可四十餘，褰帷而入，曰：「先生相地，勿動我貞娘之墓。」余問其姓名，答曰：「馬湘蘭也。」余曰：「馬湘蘭，前朝名妓，何謂貞娘？」曰：「先生知吾爲名妓，却不知吾之貞烈。余自受湯臨川辱，决志從良。新安陳秀才以千金買之，載吾泊魯江。時風清月朗，吾倚舷弄笛，不意有權貴子尋聲而至，知吾爲馬湘蘭，遂囑當事，願以數千金償秀才。秀才忿然曰：『彼倚權貴奪人所愛，斷不能也。』吾恐禍不測，謂秀才曰：『君年少高才，何故爲半百煙花累其身？』秀才一錢不受，别買舟溯流而上。權貴子大喜，載吾順流而下。至黄天蕩，啓簾視之，銀浪拍岸，吾心計曰：『此吾死所，可報陳秀才也。』遂躍入江中。權貴子大駭而去。吾見有金甲神謂吾曰：『汝落風塵二十餘年，今貞烈如此，殊可嘉嘆。吾使邏卒引見汝夫。』其行如飛，至烏山峽口，見吾夫篷窗對月。忽有負吾入舟，吾夫且悲且喜，脱其濕衣，覆之以衾。既而撫吾身如寒鐵，呼之不動，始知吾死矣。遂載至金陵殯殮，擇葬此地。」余聞其言，肅然起謝。貞娘翩然而去，余亦驚寤。晨起，往高座寺，同老僧至觀音庵後，見土阜頹裂，露出一碑，以袖拂之，知爲馬貞娘之墓，萬曆乙未新安陳某所立也。《鐵盧外集》《隨園詩話》：「江寧瑞相院有馬湘蘭墓，題碣云『新安貞女』。」

菊香墓在孤山四賢祠左，不知何許人，獨碑上「女郎菊香墓」字隱隱可辨。夕煙春草，淒艷移人。《十笏草堂集》

奩史卷七十七

東吳王初桐于陽纂述
閶丘薛輔世德甫校刊

床第門

床帳

王母爲帝列七寶登真之床。《黄帝内傳》

秦王之床，玉柱金局，侍女數百，曉夜卷衣。《群書歸正集》

夢床所壞者，爲憂妻也。《夢書》

漢武帝起招仙閣，以處異姝，懸黎火齊爲床。《管窺小識》

趙昭儀有玉床。《西京雜記》

皇太子納妃，有素柏局脚床八、雕漆床四。《東宫舊事》

宣武帝母高氏，夢爲日所逐，避於床下，日化爲龍，繞己數匝，遂娠帝。《後魏書》

齊文安王皇后，名寶明。爲皇太子妃，無寵，床帳陳古。《太平御覽》

胡后與沙門曇獻通，掛寶裝胡床於獻屋壁。《北齊書》

魚弘寵妾有眠床一張，皆是蹙柏，四面周匝，無有一異，通用銀鏤金花壽福兩重爲脚。《宛委餘編》

申屠勳夏天臥母床下，以身受蚊。《孝子傳》

隋煬帝御女，設五方香床，綴貼金玉珠翠。《静用堂偶編》

楚娘，名妓也。江都王寵之，寢玳瑁之床。《女紅餘志》

馬明生隨神女入石室，臥紫金床。《比紅兒詩話》

嚈噠王妃坐金床，以六牙白象、四獅子爲床。《洛陽伽藍記》

龜茲國王與妻並坐金床接客。《梁書》

胡生娶婦，婦攜鏤金床，値百金。每寢，輒有氈帽老人長尺許，搦生足。生驚，語母，母急鬻於市。《曠園雜志》

陳姓家貲巨萬，蕩且盡，僅餘鏤金床，爲婦嫁時物。婦勸鬻床販賣，不數年，家業復興，且倍於舊。《秋燈叢話》

貴妃賜安禄山檀香床。《酉陽雜俎》

張易之爲母阿臧鋪象牙床。《汲古叢話》

懿德皇后《回心院》詞：「拂象床待君王。」《焚椒録》

李生得名姬，曰榮十一娘，甚悅之。然每出必以所解覆榮於床，周回封署，歸必詳視乃開。《霍小玉傳》

同昌公主出降，製水精、火齊、琉璃、玳瑁等床，悉撘以金龜銀鰲。《杜陽雜編》

暖閣在乾清宮後，上下共置床二十七張。《宙載》

齊韶嘗僭買永嘉大長公主臥床。《弇山堂別集》

項墨林遊金陵，昵一妓，久而欲別，妓執手雪涕，意殊戀戀。項歸，乃廣購沉香，斲爲床，玲瓏工巧。復以名紈美錦製衣數篋，裝巨艦訪之。入門，值有客在，妓顧項若不復識。項命潔前堂，舁床置其中。群艷爭來致賀，項乃大張綺筵。酒半，忽指妓云：「我以世上有情種多在章臺，故不惜千金以買一笑。詎期月之別，便已相忘。絮薄花浮，於今乃信。」呼僕出篋中衣，悉裂之。奮大槌碎床，焚於庭。煙焰裊空，遍城聞異香，經四五日不散，因名此街爲「沉香街」。《觚賸》

嫁女粧奩，床不過一，不必用鋪螺塾等。《婚姻約》

夷州人舅姑子婦男女臥息，共一大床。交會之時，各不相避。《臨海水土志》

寡婦床上塵土，治耳上月割瘡。《本草拾遺》

黃省曾《洪武宮詞》：「户户俱鋪紫木床。」《五嶽山人集》

厲鶚《調納姬》詩：「學拜床婆先鎖院。」《樊榭山房集》

仁宗誕降，郭后榻下生靈芸四十二葉。後仁宗享國四十二年，其瑞應云。《合壁事類》

元兵圍金中京，獨吉氏以夫爲留守，義應同死。乃取平日衣服、粧具、玩好，布之臥榻，艷粧盛服，過於平日。且戒女使曰：「我死，便扶置榻上，以衾覆面焚之，無使兵見我面可也。」遂自縊。《女世説補》

成氏從夫遊學靖江，江水夜溢，家人倉卒升屋，成整衣欲上，問：「爾等衣耶？」衆謝「不暇」。成曰：「安有男女裸而尚可俱生耶？我獨留死耳！」衆號哭請，不應。厥明水退，坐死榻上。《枕流日劄》

焦仲卿妻詩：「移我琉璃榻。」《玉臺新詠》

王母爲帝設九真十絶妙帳。《黄帝内傳》《事物紀原》曰：「此疑帳之始。」

西王母連琳綵帳。《談薈》

梁惠王爲閭娵製鸞鳳帳，焚百花香於内，則鸞鳳俱飛舞。鸞鳳乃仙蜂血所染，仙蜂出休與山，形如貓，愛花香，聞有異香，必食之而後返。《女紅餘志》

李少君置李夫人神影於帳中，令帝見之。桓譚《新論》

漢成帝賜飛燕紫茸雲氣帳。《飛燕外傳》

后始加大號，婕妤上二十六物以賀后，后報以雲錦五色帳、沉水香玉壺。婕妤泣怨帝曰：「非姊賜我，死不知此器。」帝謝之。詔益州留三年輸，爲婕妤作七成錦帳，以沉水香飾。《飛燕

外傳》

桓玄妾當産，畏風，應須帳。桓以到夫人故帳與之。《俗説》

魏武遺女皂帳婢十人。梁崔祖思《政事疏》

魏武帝慜嫁娶之僭，上自公主，適人不過皂帳。《傅子》

魏武《内誡令》云：「後宫止設青布帳。」公女謂曰：「夫人自可施帳，當令上下共見之。」《北堂書抄》

魏武《遺令》曰：「吾與妓女皆著銅雀臺上，施六尺床，繐帳。朔朝十五，輒向帳作樂，上食如生前。」《事文玉屑》

皇太子納妃，有熟絳綾帳、絳綃帳。《東宫舊事》

蜀先主甘后，玉質柔肌。先主置於白綃帳中，望之如月下聚雪。《拾遺記》

明皇避暑遊興慶池，與妃子晝寢於水殿中。宫嬪輩凭欄倚檻，爭看雌雄二鸂鶒戲於水中。帝時擁貴妃於綃帳中，謂宫嬪曰：「爾等愛水中鸂鶒，爭如我被底鴛鴦。」《開元天寶遺事》

元載寵薛瑶英，設紫綃帳，蓋鮫綃之類，輕疏而薄，如無所碍。嚴冬風不能入，盛暑則凉自生。其色隱隱，不知其爲帳，見臥内紫氣而已。《杜陽雜編》

黄祖母病，有老嫗以藥賜母服之，患頓消。因停宿，夜中有五色氣際天，祖見老嫗坐斗帳裏，四角及頂上各有一大珠如鵝子，明彩炫耀。《幽明録》

迷樓上張四寶帳，一名散春愁，二名醉忘歸，三名夜酣香，四名延秋月，皆擇穉女居之。《大業拾遺記》

北朝婦人，端午製五時圖、五時花施帳之上。《歲時記》

則天后以御用繡羅帳賜李嶠。《何氏語林》

唐明皇時，外國貢鳳毛金錦，宮人多以飾衣，夜中有光。惟貴妃所賜最多，裁以爲帳，燦若白日。《林下詩談》

唐大婚，用百子帳，以錦繡織成百小兒狀。《楓窗小牘》

唐人昏禮，多用百子帳，大抵如今之尖頂圓亭子，而以青氈通冒四方上下。《演繁露》

唐人婚禮，多用百子帳，捲柳爲圈，以相連鎖，可張可闔，爲其圈之多也，故以「百子」名之。《朱子語録》

寶歷二年，浙東國貢舞女二人，一曰飛鸞，一曰輕鳳。修眉黟首，蘭氣融冶。冬不纊衣，夏不污體。所食多荔枝榧實、金屑龍腦之類。上琢玉芙蓉以爲二女歌舞臺。每歌聲一發，如鸞鳳之音，舞態艷逸，更非人間所有。歌罷，上令內人藏之金屋寶帳，蓋恐風日侵也。由是宮中語曰：「寶帳香重重，一雙紅芙蓉。」《杜陽雜編》

元載所幸薛瑤英處，以金絲帳。《釵小志》

張易之爲母阿藏造七寶帳，有魚、龍、鸞鳳之形。《宛委餘編》

平康坊菩提寺有郭令王夫人七寶帳。《酉陽雜俎》

同昌公主堂中設連珠帳，續真珠爲之也。《杜陽雜編》

唐江都王寵妓楚娘，懸翡翠之帳。《釵小志》

錢鏐夫人以寢帳隳裂，乃造青縑帳。將易之，王嫌其奢，卒不用。《吴越備史》

閩王鏻，審知子也。審知婢金鳳，姓陳氏，鏻嬖之，遂立以爲后。初，鏻有嬖史歸守明者，以色見倖，號「歸郎」。鏻後得風疾，陳氏與歸郎姦。鏻命錦工作鏤金五綵九龍帳，守明日宿於内。國人歌曰：「誰謂九龍帳，惟貯一歸郎。」《五代史》

陳金鳳造縷金九龍帳，極其靡麗。《金鳳外傳》

南漢宫中女巫樊胡子，自言玉皇降胡子身。後主於内殿設帳幄，陳寶貝，胡子冠遠遊冠，衣紫霞裾，坐帳中，宣禍福。《王楚新録》

窈窕每得張手札，必避之，於帳中觀之。積之盈笥，名《帳中集》。張以爲類蔡邕之讀《論衡》，私呼爲「女伯喈」。窈窕有詩云：「數行心事鯉魚傳，輕放金鈎繡帳縣。不是嬌慵貪晝臥，眾中無處看花牋。」《嫏嬛記》

京師有名倡嬌陳者，色藝俱美，柳睦州詣之，悦焉。嬌陳曰：「第中設錦帳三十重，即奉事終身。」蓋戲之耳。翌日，如數載錦帳以行。嬌陳大驚，竟如約。《因話録》

王介甫以次女適蔡卞，吴國夫人愛此女，乃以天下樂錦爲帳，未成禮而華侈之聲已聞於外。

神宗一日問介甫云：「卿大儒之家，用錦帳嫁女？」介甫諤然，無以對。歸問之，果然，乃捨之開寶寺爲佛帳。《南遊記舊》

佛印見琴操臥於紗廚，戲曰：「碧紗帳裏睡佳人，煙籠芍藥。」琴操即對曰：「青草池邊洗和尚，水侵葫蘆。」佛印大笑曰：「和尚得對娘子，實出望外。」《雲山新語》

陳朝議後房十餘人，皆姝絶，而號越珍者，尤出衆。有李瓛者，因春遊邂逅，與之目成。歸家，思念不已。一日，遇道人謂曰：「子之所志，我知之矣。盍從我遊乎？」因至古社廢屋中取一礫，令劃壁。李如言，試劃之，即開出一門。纔入，見曲房繡帳，越珍方晝寢於帳中。李驚喜，撼之使覺。越珍欣然，備極歡狎，留信宿方出。因遵舊路，門闔劃然復合，社壁如故。李以爲夢也，遣人物色越珍，道往來之跡，歷歷皆合。《投轄録》

劉法將生，其母帳忽墮壓而下一大蛇蜿蜒。母怖甚，避之他所。及法生，再視之，但蛇蜕耳。《邵氏聞見録》

皇太后、皇太妃帳，皆有著帳郎君院。《遼史》

英英采芳館內，設浮香細麟之帳。大德間，尾灑夷於清源洞得一物，如龍皮，薄可相照，鱗鱗攢簇，玉色可愛。又間成花卉之形，或紅或緑。製以爲帳，暑月對之，凉氣自生。遣人進貢，時無識者，有一胡僧言曰：「此斑花玉虬殼也。」《元氏掖庭記》

陳友諒所愛桑妃，有紫霞帳，海賈所進。《雲蕉館紀談》

世宗冬夜被酒，與宮姬尚美人者，於貂帳中試小煙火，延灼遂熾。乘輿服御，盡付一炬。《野獲編》

司馬相如《美人賦》云：「芳香郁烈，黼帳高張。」《司馬文園集》

焦仲卿妻詩：「紅羅復斗帳，四角垂香囊。」《玉臺新詠》

王金珠《子夜夏歌》：「風吹合歡帳，直動相思琴。」《樂苑》

羅虬《比紅兒》詩：「繡帳鴛鴦對刺文。」《全唐詩》

懿德皇后繡帳，四角掛夜光珠。《焚椒録》

庾謹母病，忽見帳帶自捲上，自舒下。《集異記》

顧璟芳云：「人言世上有三聲聞之甚樂，而以『玉人新夜帳垂鈎落』聲爲最。」《蘭皋明詞彙選》

江總詩：「新人羽帳掛流蘇。」流蘇，帳盤繪繡之毬，五綵同心而下垂者也。《海録碎事》

古者，流蘇蓋樂器之飾，用以爲閨房幃帳之懸，則自晉以後始。《丹鉛總録》

凡后妃妊身將及月辰，則移居於外氈帳房。生皇子孫，彌月復還內寢，其帳房則以頒賜近臣云。《元史》

皇太子納紀，有緑石綺絹裏床襜二。《東宮舊事》

則天后每對宰臣，輒令上官昭容坐於床裙下，記所奏事。《靚粧録》

皇太后、皇太妃床幔局，有床幔郎君。《遼史》

皇太子納妃，有承床幬三。《東宮舊事》

宋武帝節儉，張妃房惟碧絹蚊幬。《誠齋雜記》

宋玉《神女賦》：「褰余幬而請御，願盡心之惓惓。」《文選》

庾肩吾詩：「中婦卷羅幬。」《庾度支集》

被褥

趙飛燕爲皇后，其女弟上襚，有鴛鴦被。《西京雜記》

漢有談生者，讀書至夜半，忽有一好女，年十五六，姿顔服飾，天下無雙，來就談生，遂爲夫婦。謂談生曰：「我不與人同，君慎勿於夜中以火照我也。至三年之後，乃可照耳！」後生一兒，已二歲矣。不能忍，夜伺其寐，偷照視之。腰已下，肉如人。腰已上，但是枯骨。婦覺，遂去。云：「君負我，我已垂變身，何不忍一年而竟相照耶？」談生辭謝涕泣，不可復止。婦云：「今將離別，顧念我兒，恐君貧不能自活。暫逐我去，當遺君物。」談生逐入華堂蘭室，物器不凡。乃以珠被與之，曰：「可以自給。」裂取談生衣裾留之，辭別而去。後談生持被詣市，睢陽王買之，直錢千萬。王識之，曰：「是我女被，那得在市？此人必發吾女冢。」乃收考談生。談生具以實對，王猶不信，往視女冢，冢全如故。乃復發視，果於棺蓋下得衣裾。取其兒視之，貌似王女。王乃信之，以談生爲女婿，表其兒爲郎中。《法苑珠林》《搜神記》作「珠袍」。

簡文以殷不害善事其親，賜其母蔡氏被褥，單復畢備。《陳書》

罨颯公主起晚，爲上召，遽自蒙珠被而出。《津陽門詩注》

皇太子納妃，有七綵杯文綺被一、絳真文羅一幅被一、絳石杯文綺被一、繡羅文五幅被一。《東宫舊事》

武帝張貴人寵冠後宫，年幾三十，帝戲之云：「汝年已廢，吾已屬諸少者矣！」貴人潛怒，上不覺。上醉卧，貴人遂令其婢蒙之以被。既絶，云：「以魘死」。《續晉陽秋》

禿髮在孕，母胡掖氏因寢而産於被中。鮮卑謂「被」爲「禿髮」，因而氏焉。《後凉録》

蔣欽母練帳縹被，妻妾布裙。孫權謂其在位能守約儉，敕御府爲母作被及幃帳。《吴志》

羊太常妻辛夫人，字憲英，衛尉肅侯毗之女。不好華麗，外孫上夫人錦被，夫人乃反卧之。《夏侯孝若傳》

海陵張方女，夜有物假作其婿來，魅惑成病。王纂治之，始下一針，有獺從女被内走，病遂愈。《異苑》

有人與婦同寢，天將曉，婦起出，其夫尋亦出外。婦還，見其夫猶在被中眠。須臾，夫自外來，婦大愕，便與共視被中人，正是其形，了無一異。慮是其神魂，不敢驚動，乃以手撫床，遂冉冉入席而滅。《搜神記》

同昌公主有神絲繡被，繡三千鴛鴦，間以奇花異卉，精巧華麗。其上綴以靈粟之珠，五色輝映。《花史》

天成二年，賜契丹述律皇后繡被並寶裝瓔珞。《五代會要》

宋太祖賜蜀太后李氏錦、被氊褥等物。《蜀檮杌》

香山墺女子出，以錦被蒙其首，而跣足不襪。《珠江奉使録》

有校尉與隣婦通。一晨，校瞰夫出，即入門登床。夫復歸，校伏床下。婦問夫曰：「何故復回？」夫曰：「見天寒，思爾冷，來添被耳。」乃加覆而去。校忽念彼愛妻至此，乃忍負之？即取佩刀殺婦而去。《鳳凰臺記事》

西洋紙被，夫婦寢其中以禦寒。《嶺南雜記》

黔婁死，被不蔽尸。曾西曰：「斜引其被則斂矣。」黔婁妻曰：「斜之有餘，不如正之不足。」《高士傳》

楊方《合歡》詩：「寢共織成被，絮共同功綿。」《樂苑》

懿德皇后《回心院》詞：「鋪翠被，待君睡。」《焚椒録》

晉左太冲《嬌女詩》：「衣被皆重池。」被頭别施帛爲緣，謂之「被池」。宋子京詩：「春寒到被池。」《名句文身表異録》

太子納妃，有絳石綺絹裏被囊一。《東宮遺事》

有民家女買得壓被泥孩，歸置於床屏之上，玩弄愛惜。夜半，見一童子漸近帳前，女子驚起，童子撫之曰：「毋恐！我所居不遠，慕子姿色，神魂到此，人無知者。」女亦愛其丰采，遂與合焉。因遺女金釧，女置箱篋中。其後視之，乃土造者，大驚。因見壓被孩兒左臂上金釧不存，知此爲妖。碎之，怪遂絶。《夷堅續志》

張生臨軒獨寢，忽紅娘斂衾攜枕，捧崔氏而至。至則嬌羞融冶，力不能運支體。是夕，旬有八日，斜月晶熒，幽輝半床。有頃，寺鍾鳴，天將曉，紅娘又捧之而去。張生自疑，曰：「豈其夢耶？」及明，靚粧在臂，香在衣，淚光熒熒，猶瑩於茵席而已。《會真記》

孟蜀花蕊夫人錦被，一梭織成。被頭作二穴，若雲板樣，蓋以叩於項下。如盤領狀，兩側餘錦則擁覆於肩。此之謂「鴛衾」也。《輟耕録》

吳妓徐蘭以乾紅四緊紗爲單衾。《癸辛雜識》

英英採芳館內，設重樓金綫之衾。重樓金綫，花名也，出長白山，花心抽絲如金，長至四五尺，每尺寸縛，結如樓形。山中人取以織之成幅。《元氏掖庭記》

魏文靖爲諸生時，夜宿蕭山城樓，見青面鬼至，云：「魏尚書在此，去投周氏息。」明日，公訪周氏，周曰：「小女爲妖神所據，昨云：今夜與大王成婚，要具花燭，無如之何？」公曰：「我能治，然何以謝？」周曰：「君誠能驅祟，當以小女待巾櫛。」請女出房，索筆硯，書其衾云：「魏尚書夫人周氏。」書訖而去。至夕，魅來，攜女入室。手揭羅幃，見衾上七字，大驚而

去。女恍如夢醒。周遂以女配魏，後封二品夫人。《聞雁齋筆談》

王章爲諸生，與妻居，病無被，臥牛衣中。牛衣編亂麻爲衾，俗呼之爲「龍且」。《合璧事類》

唐女郎王麗真詞：「床頭錦衾斑復斑。」《才鬼録》

楊方《合歡》詩：「寢共無縫裯。」《樂苑》

王母爲帝敷華茸淨光之褥。《黄帝内傳》

趙飛燕爲皇后，其女弟上襚，有鴛鴦褥。《西京雜記》

太子納妃，有承床褥三。《東宫舊事》

翾風因石季倫見弃，聽寒蛩心悲，因織寒蛩之褥以獻之。《女紅餘志》

張易之爲母阿臧織犀角鼲貂褥。《宛委餘編》

元載納瑶英爲姬，處却塵之褥。其褥殷鮮，光軟無比，出自句驪國，云是却塵之獸毛所爲。《叙小志》

同昌公主出降，堂中設龍罽、鳳褥。《杜陽雜編》

一老嫗持舊錦褥貨鬻，有波斯人見之，驚曰：「此至寶也，是冰蠶絲所織。」即以千金酬之。《樂府雜録》

蜀後主與妃張太華同輦遊青城山，雷雨大作，太華震殞，以紅錦龍褥裹瘞白楊樹下。既數年，煉師李若冲見樹下一美人吟詩曰：「一别鑾輿今幾年，白楊風起不成眠。常思往日椒房寵，淚滴衣襟損翠鈿。」若冲前問之，答曰：「我蜀王妃張太華也。」《全蜀藝文志》

王荆公嫁女蔡氏，慈壽宫賜珠褥，直數千萬。《後山談叢》

理宗朝，周漢國公主出降楊鎮，其房奩有錦繡綃金帳幔，陳設茵褥地衣、步障等物。《南渡宫禁典儀》

憲聖太后喜清儉，收楊花爲枕褥之屬。《山家清供》

宫中有娠，賜物有緑席氊、繡合褥子各二。《武林舊事》

皇太后、皇太妃裀褥局，有裀褥郎君。《遼史》

李子昭側室刁氏有娠，妻怒之，箠撻而死。不數日，鬼怪百出。妻得奇疾，宛若死者，只心胸微溫，支體不僵。其家就床褥作一竅，任其便溺。時以少飲納口中，輒咽，不與亦不言飢。經三年，形骸枯槁。一夕，忽詣舅姑所，扣寢室户，舅姑驚問其詳，曰：「妾爲亡婢訴冤，攝至陰府，枷禁幽圄中。會上帝有赦，得釋回。」《輟耕録》

傅春繫獄，其定情妓齊景雲賣臥褥以供槖饘。《樊川叢語》

白田戚氏婦，嫁之夕，未合巹，夫溺死池中。婦悲慟，留詩褥下，亦自沉死。《海岱遊草》

后始加大號，婕妤上金屑組文茵一鋪。《飛燕外集》

田貴妃有寵而驕，周后裁之以禮。歲元日，寒甚，田妃來朝，翟車至廡下。后良久方御坐，受其拜。拜已，遽下，無他言。而袁貴妃之朝，相見甚歡，語移時。田妃聞而大恨，向帝泣。帝嘗與后語，不合，推后仆地，十二宮人同扶后起，憤不食。帝悔，使中使持貂裍賜后，且問起居，又命田妃修省，后乃強起一餐。《霜猿集》

司馬相如《美人賦》曰：「高茵重設。」《司馬文園集》

梁簡文帝詩：「大婦舒綺裀。」《梁簡文帝集》

懿德皇后《回心院》詞：「疊錦茵，待君臨。」《焚椒録》

王敬伯過吳，維舟望月，乃倚琴歌《泣露》之詩。俄聞有嗟賞聲，見一女子，謂敬伯曰：「女郎悦君之琴，願共撫之。」既而女郎至，姿質婉麗，綽有餘態，從以二少女。女郎鼓琴歌《遲風》之詞，乃命大婢酌酒，小婢彈箜篌，作《宛轉歌》。女郎脱頭上金釵，扣琴絃而和之，音韻繁諧。將去，留錦臥具、繡香囊並佩一雙，以遺敬伯，敬伯報以牙火籠玉琴軫。敬伯船至虎牢戍，吳令劉惠明者，有愛女早世，舟中亡臥具，於敬伯船獲焉。敬伯具以告，果於帳中得火籠琴軫。女郎名妙容，字雅華，大婢名春條，小婢名桃枝，皆善箜篌及《宛轉歌》，相繼俱卒。《續齊諧記》

陳升之母産升之時，於臥具下得大蛻一條。《堅瓠集》

貴妃賜安禄山繡鵝毛氈。《酉陽雜俎》

張易之母阿臧床上鋪蛩蟁氈。《宛委餘編》

楊方《合歡》詩：「寒坐比肩氈。」《樂苑》

席枕

紂時，婦人以文綺爲席。《六韜》

西王母敷碧蒲之席。《拾遺記》

趙飛燕爲皇后，其女弟上襚有椰葉席。《西京雜記》

林邑國婦人施椰葉席。《隋書》

趙昭儀有緑熊席，席毛長二尺餘。人眠而擁毛自蔽，望之不能見，坐則没膝其中。雜熏諸香，一坐此席，餘香百日不絶。《西京雜記》

楊邁母夢神鋪金席於地，生兒落金席上。《漢書》注

蘇峻亂，王坦之妻以席自障，得免。王隱《晉書》

梁祖思疏：「宋武帝節儉過人，張妃房惟三齊茵席。」此事本史不載。茵席，不知何物，字書亦無「茵」字。《丹鉛總録》

海中浮鵠山，有女人年三百歲，有女官道士四五百人，年並出百，但在山學道。遣使獻紅席於梁武帝。《南史》

簡文賜殷不害母蔡氏毡席。《陳書》

謝仙女盛夏上元宗以生凉之席。《賈子説林》

張易之母阿臧以汾晉龍鬚、臨河風翮爲席。《宛委餘編》

貴妃賜安禄山緑白平細背席。《酉陽雜俎》

閩人林願女，生而靈異。幼通秘法，長能乘席渡海雲遊，島嶼人呼爲「神女」，又曰「龍女」。《閩録》

徐后有起紋秋水席，色如蒲萄，水不能沾濡。《清異録》

宫中有娠，賜物内有錦沿席一。《武林舊事》

安南國進皇后方物狀，有坐籍綵錦席一片。《天南行記》

英英采芳館内，設唐人滿花之席。唐人，高麗島名，産滿花草，性柔，折屈不損，土人織以爲席。《元氏掖庭記》

王節婦名桂，德州人，長齋十餘年，以蘆席藉地，瞑目趺坐，口鼻自出三昧火焚焉。其席不爇，取席下土以療疾，無弗愈者。《居易録》

虎鬚草織爲席，曰「西王母席」。《中華古今注》

《子夜歌》：「香巾拂玉席，共郎登樓寢。」《樂苑》

懿德皇后《回心院》詞云：「展瑶席，待君息。」《焚椒録》

《無瑕子夜歌》：「儂有菀蒻席，兼有珊瑚枕。」《彤管餘編》

西王母敷黄莞之薦。《拾遺記》
帝設紫羅薦，以待西王母。《漢武内傳》
陶侃母湛氏，嘗取臥薦自剉，爲范逵飼馬。《陶侃別傳》
倭國婦人編草爲薦，雜皮爲表，緣以雜文。《北史》
庾實妻毛氏，嘗於五月曝薦蓆。忽見其三歲女在蓆上臥，驚怛，便滅。女真形在別床如故，不旬日而夭。世傳仲夏忌移床。《異苑》
小兒夜啼，取井邊草著母臥薦下。《酉陽雜俎》
寡婦薦，治小兒吐利霍亂。《本草拾遺》
武帝以象牙爲簟，賜李夫人。《西京雜記》
趙昭儀有白象牙簟。《西京雜記》
皇太子納妃，有赤花雙紋簟。《東宮舊事》
妃初進見，帝授以玉竹冰紋簟。《楊妃外傳》
張易之爲母爲犀簟。《唐書》
同昌公主出降，堂中設犀簟牙蓆。《杜陽雜編》
玉虎頭枕頷下有篆書字，云是帝辛之枕，嘗與妲己同枕之。是殷時遺寶也。《拾遺記》
趙飛燕爲皇后，其女弟上琥珀枕、龜文枕。《西京雜記》

貴人、公主有黑漆韋枕三十枚。魏武上《雜物疏》

裴鉶《傳奇》載《感甄賦》之事，淺俗不可信。元微之詩云：「思王賦感甄。」何也？李善注《文選》云：東阿王求甄氏逸女，不遂，太祖與五官中郎將。植殊不平。黃初中入朝，帝示植玉鏤金帶枕，植見之泣下。時已爲郭后讒死。帝意亦悟，因以枕賚植。植還轅，將息洛水上。忽見女子云：「此枕是我嫁時從嫁，前與五官中郎將，今與君王，遂用薦枕蓆，歡情交集。」又云：「豈不欲常見，但爲郭后以糠塞口，今被髪掩面，羞將此形貌重覩君王耳。」言訖遂不復見。遣人獻珠於王，王答以玉佩，悲喜不能自勝，因作《感甄賦》。後明帝見之，改爲《洛神賦》云。《蔡寬夫詩話》

皇太子納妃，有漆龍頭支髻枕一，銀花鐶鈕副之。《東宮舊事》

辛度至雍州，見一大宅，有青衣女子在門。度詣門下求飧，女子入告秦女，女命召入，爲飲治饌。食訖，秦女謂度曰：「我秦閔王女，無夫而亡，獨居此宅，願與君爲夫婦。」經三宿，將別，取床後盒子開之，取金枕一枚，與度爲信，乃遣青衣送出。度行數步，回視，不見宅，惟有一冢。乃以金枕貨於市，恰遇秦妃，見此枕而詰之，度具以告。妃遣人發冢視之，原葬悉在，唯不見枕。解體看之，交情宛若。遂封度爲駙馬都尉。《搜神記》

董豐遊學三年而返，宿妻家，妻爲賊所殺。妻兄送豐有司，豐曰：「初將歸，夜夢乘馬渡水，馬停水中，俯視，見兩日在水下，馬左濕。竊以爲不祥，問筮者，筮者曰：『憂獄訟，遠三枕，避三沐。』既至，妻爲具沐、授枕。豐記筮者之言，皆不從之。妻乃自沐，枕枕而寢。」有司曰：「馬左濕，水也，左水右馬，馮字。兩日，昌字也。其馮昌殺之。」乃獲昌，詰之，具服。本與其妻謀豐，期以新沐。枕枕爲驗，乃悞中婦人也。《十六國春秋》《異苑》任詡事相同。

潘妃有瑟瑟枕，至寶無價。《演繁露》

隋煬帝宮人有金荆榴枕。金荆榴，木色如真金，文如美錦，甚香，極細，雖沉檀不能及。《玉臺清照》

唐柴紹之弟輕趲趫迅捷。太宗遣取丹陽公主鏤金函，枕飛入内房，以手撚土公主面上，公主舉頭，即以他枕易之而去。至曉乃覺。馮延巳《黑崑崙傳》附録

楊妃瑪瑙枕，溫粹如玉，枕之則十洲、三島、四海、五湖盡在夢中，因名「遊仙枕」。《集事淵海》

虢國夫人所枕照夜枕，夜中照廡，其光如晝。《唐書》

虢國夫人有夜明枕，夜則紅光照室。《國史略》

同昌公主有鷓鴣枕，以七寶合成，爲鷓鴣之狀。《杜陽雜編》

趙懷正妻阿賀，以女工致利。有人攜石枕求售，賀以一環獲焉。至夜枕之，枕中如風雨之聲。《酉陽雜俎》

杜羔妻趙氏，每歲端午午時，取夜合花置枕中。羔稍不樂，輒取少許入酒，令婢飲羔，即歡然。《採蘭雜志》

玉清之女以三寶贈韋弇，一紅蕤枕、一碧瑤杯、一紫玉函。弇挈還長安，售於廣陵市。胡人見而拜曰：「此仙家三寶。」以錢數千萬易之。《宣室志》《神仙感遇傳》同。

逆韋之妹，馮太和之妻，號七姨。爲豹頭枕以辟邪，白澤枕以去魅，作伏熊枕以爲宜男。《朝野僉載》

左宮枕，青玉爲之，冬溫夏涼，醉者破醒，夢者遊仙。是左宮王夫人物。《清異録》

延鈞張長枕大床，擁金鳳與諸宮女裸臥。《金鳳外傳》

合浦公主有金寶神枕。《故事備要》

達飲姚氏，酒酣假寐，月華侍兒進以合歡竹鈿枕、溫涼草文席，皆月華閣中物也。《瑯嬛記》

謝后作楊花枕，縫青繒，充以柳絮，一年一易。《山家清供》

有繡枕，繡楊妃看鸚鵡，高力士、二宮女侍立，皆長寸許，布置得體。《雁門集》

德州有女子蓄一磁枕，上録詩云：「百寶裝腰帶，金絲絡臂韝。笑時花近眼，舞罷錦纏頭。」《穀城山房集》《長河志》曰：「居人掘地，得之冢中，疑古之名娼也。」

萬氏夫李君問亡，誓不二適。有富室求婚，萬詠枕上《繡梅》詩示意，求者乃寢。《女世説》

舒娘作青紗枕，滿貯酴醿、木犀、瑞香散蕊，甚益鼻。《敏求機要》

女郎沙蘭英以鴛鴦枕貽齊君求。《静志居詩話》

女廉藥枕，枕過百日，面有光澤，身香四年，髮白變黑，齒落更生。女廉後以此方傳玉青。《遵生八牋》

吳蕊仙詩：「夢回茉莉入通中。」通中，枕名。《柳南隨筆》

司馬相如《美人賦》：「高茵重設，角枕横施。」《司馬文園集》

丁六娘《十索》詩：「從郎索花枕。」《玉臺新詠》

唐詩：「盧女黄花枕。」《淵鑑類函》

懿德皇后《回心院》詞：「换香枕，待君寢。」《焚椒録》

沙挼置枕，令夫婦皆悦。《北夢瑣言》

隊隊生有定偶，斯須不離。夷婦有不得於夫者，飼於枕中，則其情自洽。《遊宫餘談》

饒州李三妻楊氏染病，醫治不愈。有神憑附，自稱「張大王」，但時時注視枕屏破紙處。李疑其異，揭紙視之，乃畫一神像。亟焚之，病旋愈。《夷堅志》

陳述古女《題水雁枕屏》詩，自作黄魯直小楷書其上，云：「沙淡蘆敧曲水通，幾雙容與對西風。扁舟自向江鄉去，却喜相逢一枕中。」《桐下听然》《耆舊續聞》同。

煬帝辛苦無睡，得婦人枕而藉之，方合目。《迷樓記》

山谷名竹夫人爲「青奴」。《侍兒小名拾遺》

張耒《竹夫人傳》云：「夫人竹氏，衣繡衣黃中單。」《宛陵集》

楊維禎《竹夫人傳》云：「夫人竹氏，名筊，小字玲瓏，自號抱節君。」《鐵崖集》

后始加大號，婕妤上二十六物以賀，內有含香綠毛狸藉一鋪。《飛燕外傳》

奩史卷七十八

東吴王初桐于陽纂述
滁州金兆燕棕亭校刊

飲食門一

飲食

有娀氏有二佚女，飲食必以鼓。《呂氏春秋》

后嬌逸，體微病，輒不自飲食，須帝持匕箸。藥有苦口者，非帝爲含吐不下咽。《飛燕外傳》

楊嫗死，忽起飲食，醉坐祭床上。桓譚《新論》

王武子家婢子百餘人，皆綾羅袴褶，手擎飲食。《敘小志》

郅元義妻事姑甚謹，姑憎之，節其飲食。《太平御覽》

方回讀書於嵩山石室中，有玉女進以飲食。《記事珠》

博野有一婦人，一生不飲食，而育男女數人。《池北偶談》

更始韓夫人嗜酒，每侍飲，見常侍奏事，輒怒曰：「帝方對我飲，正用此時持事來乎！」

起，抵破書案。《後漢書》

沈文季爲吳興太守，飲酒至五斗。妻王錫女，飲亦至三斗。文季與對飲竟日，而視事不廢。《誠齋雜記》

蔡順母飲酒吐嘔，恐母中毒，嘗母吐驗之。《孝子傳》

真臘國恥飲酒，私房與妻共飲，避尊者之見。《朝野僉載》

李三娘量洪善飲，飲至百觥不醉。《板橋雜記》

廣主嘗與幸姬李蟾妃憩酌綠蕉林。《清異錄》

金陵名妓小芙蓉，迎款陶其才，酌於芭蕉亭。《几上語》

正月半後，士女每爲探春之宴。《開元天寶遺事》

洛陽人有妓樂者，三月三日結錢爲龍，作「錢龍宴」。四圍撒真珠，厚盈數寸，以斑螺命妓女酌之，仍各具數，得雙者爲吉，妓乃作雙珠宴以勞主人。《粧樓記》

宮中飲宴不常，各色亦異。碧桃盛開，舉杯相賞，名曰「愛嬌之宴」。紅梅初發，攜尊對飲，名曰「澆紅之宴」。海棠謂之「暖粧」，瑞香謂之「撥寒」，牡丹謂之「惜香」。至於落花之飲，名爲「戀春」；催花之設，名爲「奪秀」。其或繒樓幔閣，清暑回陽，則隨其所事而名之。《元氏掖庭記》

燕帖木兒收晉邸后爲妻，諸公主嫁之者四十餘人。有某公主嫁，及門三日不得見。既而傳旨曰：「公主且歸，我要時來取。」每設宴，男女共座，名曰「鴛鴦筵席」。偶座中有一婦甚麗，太師目之，問曰：「此爲誰？」意欲留之，左右告曰：「此太師幾夫人某氏也。」《庚申外史》

有掌兵官遠戍，其妻宴客，竟夕笙歌。杜善甫賦詩云：「高燒銀燭照雲鬟，沸耳笙歌徹夜闌。不念征西人萬里，玉關霜重鐵衣寒。」《山書隨筆》

張司令宴楊鐵崖，以妓名芙蓉者侍酒，酒名金盤露。鐵崖題云：「芙蓉掌上金盤露。」妓即應聲曰：「楊柳頭邊鐵笛風。」蓋楊又號鐵笛道人也。《女世説》

宋太祖過趙普家，普妻行酒，帝以嫂呼之。《邵氏聞見録》

陶宗儀飲夏氏清樾堂，折正開荷花，置小金卮於其中，命歌妓捧以行酒。客就姬手中分開花瓣，以口就飲，名爲「解語杯」。《輟耕録》

張獻忠破荆州，召樂户行酒，内有瓊枝者，色藝出群，獻忠命之歌，曰：「我雖賤，豈肯以歌侑賊觴！」獻忠臠之。同時有曼仙者，刻意逢迎，寵倖無比。獻忠每夜將寢，必豪飲，曼仙侍。是夕，曼仙置毒於酒，滿斟以奉。獻忠妮之，挽其頸曰：「汝先飲此。」却之不得，立飲而斃。獻忠始覺，碎磔其屍。《雪履齋筆記》

帝於宫中嘗爲拆字令，取左右離合之意。時杳娘在側，曰：「杳字爲十八日。」杳娘解：「羅字爲四維」。帝顧蕭妃曰：「爾拆朕字乎？」妃曰：「移左畫居右，豈非淵字乎？」時人望多歸唐公，帝聞之不懌。《大業拾遺記》

薛濤有姿色，尤工詩翰。高駢鎮蜀，嘗開宴，改一字令曰：「口，有似没量斗。」濤曰：「川，有似三條椽。」千里曰：「奈何一條曲？」濤曰：「相公尚使没量斗，窮酒佐。三條椽有一條曲，又何足怪！」《洪度集》附録

文定公嘗會飲，倡爲酒令，各誦詩一句，以「月」字在下而四分時。令畢，文定指席中侍妓曰：「汝輩有能者乎？」一妓遽成小詞，捧琵琶歌曰：「到春來，梨花院落溶溶月。到夏來，舞低楊柳樓心月。到秋來，金鈴犬吠梧桐月。到冬來，清香暗度梅梢月。呀！好也月，總不如俺尋常一樣窗前月。」《詩話類編》

歌姬施碧蓉丰姿秀逸，略識字，而善諧謔。一夕，同人劇飲，姬糾酒，意取花名而寓禽蟲者。客舉鳳仙、金雀之類，都無語，而劇賞王豹采之「蝴蝶花」。及余舉「杜鵑」，獨坐罰，彼蓋不知杜鵑是禽名耳！夜半，姬出素箋請詩，豹采詩曰：「掃眉才子最乖斜，録事誰容觥政譁。啼殺杜鵑渾不聽，獨憐蝴蝶是名花。」《學山瑣録》

辛丑中秋，置酒高會，女士黄蘭巖、馮靜容皆來，轟飲如雷。飲至天明，靜容大吐，髻鬟委地，衣履狼籍。蘭巖賈其餘勇，尚能豁拳，盡三四大斗。《板橋雜記》

徐妃性嗜酒，多洪醉。帝還房，必吐衣中。《南史》

明皇登沉香亭，召妃子，於時卯醉未醒，侍兒扶掖而至。妃子醉歆殘粧，釵横鬢亂，不能再拜。帝笑曰：「豈妃子醉耶？是海棠睡未足耳！」《太真外傳》

光風亭夜宴，妓有醉毆者。段成式詩曰：「捽胡雲粉落，痕面月痕消。」《唐詩紀事》

醉女人〔一〕宜謹節令，除章程。《醉鄉日月》

醉佳人宜微酡。《醉鄉律令》

官本雜劇段數，有《三姐醉還醒》。《武林舊事》

雜劇有《醉娘子》。《輟耕録》

宋高宗妃劉夫人，有《太真醉挹花露圖》。《式古堂書畫考》

成都官妓趙才卿，性黠慧。都鈐帥命之作詞，才卿應命立就。都鈐大賞其才，以飲器數百星遺之。《林下詞選》

皇太子納妃，有漆酒臺二，金塗鐶鈕。《東宫舊事》

王敬伯見女子命婢取酒，婢持一銀酒鎗至。《續齊諧記》

宋徽宗臨張萱《宫騎圖》，其侍從有挈金橐駝者，蓋唐制，宫人用金酡貯酒。《天録識餘》

劉綱未仙時，姮娥降其家，留一明月杯。《神仙傳》

六朝貴家閨宴，以玉交杯合七香湯。《奩豔》

金母召群仙宴於赤水，命謝長珠鼓拂雲之琴，舞驚波之曲。坐有碧金鸚鵡杯、白玉鸕鷀杓，

〔一〕趙令時《侯鯖録》卷一「皇甫松論醉」條引皇甫松《醉鄉日月記》中語，「醉女人」作「醉文人」。

杯乾則杓自挹，欲飲則杯自舉。《謝氏詩源》

明皇與太真妃在沉香亭賞木芍藥，以李白所進《清平調》詞促李龜年歌之。太真妃持頗梨七寶杯，酌西凉蒲萄酒，笑領歌意。《摭異記》

唐新繁縣令妻亡，喚女工製服。有一婦甚麗，留而寵之。後數月，言本夫將至，涕泣固辭去，留銀杯爲别，縣令亦贈羅十疋。然心恒念婦，持銀杯不釋，出即置案上。適去任一縣尉來迎妻柩，因謁令，見案上銀杯，識爲亡妻棺中物。問令，令具言始末，尉怒甚。亟啓柩視，失其杯，惟婦抱羅而卧。《女世説補》

宣和間，上元張燈，許士女入内縱觀，各賜酒一杯。有一婦人納杯於袖，爲衛士所報，押至御前。帝問故，答曰：「妾觀燈至此，偶爾失群，蒙天子賜酒，面暈酒色，恐不與夫同歸，爲公姑嗔責，欲假是杯歸家爲證耳。」因進《鷓鴣天》詞一首。帝疑其預撰，命以「金杯」爲題，《念奴嬌》爲調，復口占一詞。帝喜甚，遂以金杯賜之，令衛士送歸。《女世説》

潘妃執玉荷杯唱《萬年歡》。胡銓《玉音問答》

關關贈俞本明青華酒杯，酌酒輒有異香在内，或桂，或梅，或蘭。視之宛然，取之若影，酒乾不見。《真率齋筆記》

安南進皇后方物狀，有金勸杯一副。《天南行記》

明寧國大長公主所用一瓷杯，酌酒滿則隱起一龍形，鱗鬛俱備，酒盡不復見。《香祖筆記》

金章宗宫人擘橙爲「軟金杯」。章宗詞云：「纖纖白玉葱，分破黄金彈。借得洞庭春，飛上桃花面。」《含元齋别編》

白樸有《詠紅梅橙子皮酒杯》詞。紅梅，姬妾名。《天籟集》

文宗以酣飲爲娱，嬪御别造黄金盞，以全蓮荷菱芰爲玦束盤，其實中空，盞滿則可潛引入盤中。人初不知也，遂有「神明盞」、「了事盤」之號。《快雪堂漫録》

張庾居長安，月下聞履聲，見數青衣擁門而入，引少女七八人，容色華麗。庾走避堂中，諸女於藤架下陳設床榻、杯杓，又執樂者十人，執拍板者二人，左右侍立者十人，坐上一人曰：「不告主人而張樂，可乎？」命一青衣傳語曰：「姊妹步月，偶入貴院。」庾閉門，叩之不應。於是坐上一人命奏絲竹，音曲清亮。頃之，盡還。庾潛取盞，以衣繫之。及明解視，乃一白角盞，奇不可名。院中香氣，數日不絶。《續玄怪録》

皇后謁家廟後，散付親屬宅眷物件，内有金盆盞、銀盆盞。《武林舊事》

皇太后、皇太妃御盞局，有御盞郎君。《遼史》

安南國進皇后方物狀，有花犀盞盛用金楪一口、楞金沉香盞連蓋底一口、楞金犀盞一口。《天南行記》

大食窑盞子，以銅作身，用藥燒成五色，最宜婦人閨閣中用。《格古要論》

宋徽宗《宫詞》：「十花金盞勸仙娥。」

趙飛燕爲皇后，其女弟在昭陽殿，上襚三十五條，内有香螺巵。《西京雜記》

隋煬帝造《玉女行觴曲》。《樂志》

湯夫人除夕飲歲酒，婢碎一甌，絶不介意。《湖壖雜記》

皇太子納妃，有漆叠爵二，銀鏁蓮長七尺。《東宫舊事》

謝太后有玉花尊一隻。《雲煙過眼録》

皇太子納妃，有漆注八合、鴨頭勺四。《東宫舊事》

虢國夫人就屋梁上懸鹿腸於半空，筵宴，使人從屋上注酒於腸中，結其端。欲飲，則解開注於杯中。號「洞天聖酒將軍」，又曰「洞天瓶」。《酒中玄》

吴王夫差女悦童子韓重，結氣死。形見，將重入冢，取崑崙玉壺與之。《搜神記》

伍員奔吴，過溧陽瀨溪，見女擊漂於水中，旁有壺漿，乃就乞飲。飲畢，謂女子曰：「掩夫人壺口。」女子知其意，自投瀨溪而死。《琴操》

康熙癸丑，王太微妻喪，獨眠，見二女子，綽約可愛，大小如姊妹。大女逡巡登床，求與合歡，王懼，不敢。比曉方去，自後無夜不來。手一壺，可二寸許，如時製匙箸瓶之類，凡衾裯及動用之物，皆探取其中，未嘗困匱。架上書籍，悉能展誦。一夕，小女持札至，大女細讀，沉吟曰：「事未辦，奈何？明日須汝自行。」次夕小女即不來。其字如蝌蚪，王不能識也。程正夫記其事，其友多作詩寄之，女子有《答諸公見寄》詩，云：「一去西南數百秋，幾回風雨變中州。

山河如故人民異，此夕因君憶舊遊。」後云：「余先世乃管仲之女，嫁與鮑伯子讓。五百年而爲管幼安之妹，與幼安躬耕於野。又五百年爲管夫人，則趙子昂之妻也。今又將五百年矣，撫新感舊，嘆息不置。敢布腹心，奉酬雅愛。幸少秘之，勿被世人傳作風流話柄也。」《曠園雜志》

有老母袖中出一瓢，令李筌取水。筌攜往澗中，其瓢忽重百餘斤，力不能舉，便沉。《黃帝陰符經後序》

安南國進皇后方物狀，有金瓢一口。《天南行記》

金靖天民有《西子放瓢圖詩》。《歷代題畫詩類》

魏孝武帝有瑪瑙榼，容三斗，玉縫之，西域鬼作奇寶也。後元韶娶后，奇寶隨后入韶家。《春風堂隨筆》

濟北神女車上有壺榼、青白琉璃五具。《列異傳》

王敬伯夜見一女，命婢取酒，提一緑沉漆榼。《續齊諧記》

有董氏女病邪，多不食，時索酒飲，復作胡旋舞，醫治不差。云常有一女了來伴，如夢寐中。家人後於橱間得一勸酒女子，疑其作祟。焚之，女遂愈。《志怪録》

慶一娘回定之儀，有勸酒孩兒一合，藉用紫紗。《長安客話》〔一〕

〔一〕本條出處有誤。今本《長安客話》未見，應出自《水東日記》卷八。

崑崙有三足神烏，爲西王母取食。《括地圖》

延娟、延娛與周昭王同没。江漢之人思之，上巳，結五色紗囊盛食沉水中。《拾遺記》

霍皇后五日一朝太后，於長樂宫親奉案上食。《漢書》

宣州崔氏婢名妙女，年十四，夕汲庭中，忽見一僧，以錫杖擊之，昏迷數日。及痊，不復食。既而説初昏迷時，有人引至一處，宫殿甚嚴。其中天仙多是妙女之族，言本是題頭賴吒天王小女，爲泄天門間事，謫墮人世。前所見僧擊之者，欲女吐瀉臟中俗氣，乃得昇天。天上居處，奴婢與人間不殊。所使奴名群角，婢名金霄、鳳樓。自後妙女每言天仙來，即香氣滿室。諸仙悉憑妙女而言，談諧戲謔如平人。其家常令妙女繡，忽言今要暫去，請婢鳳樓代繡。如此竟日，便作鳳樓姿容，繡作巧妙，疾倍常時，而不與人言語，時時俯首笑。久之言却回，即復本態，無復鳳樓狀矣。有時言向西方飲去，回遂吐酒。一夕，言將娘子一魂、小娘子一魂遊看去。是夕，娘子等並夢同向一處，與衆人遊樂。妙女明日問娘子夢中事，一一皆同。如是月餘，忽一日告娘子曰：「阿母喚某歸，某戀娘子，不忍去。既在人間，還須飲食。」遂漸飲食。顧非熊《妙女傳》

宫中有娠，賜吃食十合。《武林舊事》

有宦而川遊者，過險道，女自輿墮崖下。崖深莫測，以爲必死，痛哭而去。後任滿，還過其地，將爲招魂之奠。忽見一女飛至，乃其女也。父母齊抱之，女曰：「兒在此甚樂，不願歸也。」強之歸。問：「何以得生？」曰：「食樹子，久而身輕能飛。」自火食後，還其故步矣。

《拙庵雜俎》

沈約《六憶》詩：「憶食時，臨盤動容色。欲坐復羞坐，欲食復羞食。含哺如不飢，擎甌似無力。」《沈隱侯集》《女紅餘志》：「沈約《六憶》詩爲姚夢蘭作。」

皇太子納妃，有漆食厨一具。《東宫舊事》

王母自設天厨，豐珍上果，芳華百味，紫芝萎蕤，芬芳填樏，清香之酒，非地上所有，香氣殊絶。上元夫人設厨，精珍與王母所設相似。《漢武帝内傳》

郭代公愛姬薛氏，貯食物以散風奩。《品物類聚記》

張江陵奉母入京，上賜甜食盒二副；仁聖太后、慈聖太后皆賜江陵母食盒八副。《弇山堂别集》

皇太子納妃，有漆食架二。《東宫舊事》

劉太后族人御食，必易以釦器，曰：「尚方器勿使入於我家也」。《宋史》

孟光舉案齊眉，俗直謂「几案」耳。吕光衛《語林小隸》：「案，乃古碗字，謂舉碗與眉齊耳。」張平子詩：「何以報之青玉案。」謂青玉碗耳。鞏豐《耳目後志》

后始加大號，婕妤上二十六物以賀，使侍兒郭語瓊拜上，内有沉水香蓮心碗一面。《飛燕外集》

秦嘉婦與嘉書曰：「今奉金錯碗一枚，可以盛書水。琉璃碗一枚，可以服藥酒。」《太平御覽》

鈕滔母與從祖虞光祿書曰：「賜琉璃碗。」《群書拾唾》

皇太子納妃，有漆碗子一百枚。《東宮舊事》

貴妃嘗遺祿山玉合金平脱鐵面碗。《太真外傳》

盈盈家奴婢皆用黃金飾礫碗。《女紅餘志》

有公主過景公寺八角井，見百姓方汲，令從婢以銀棱碗就井取水，誤墜碗。經月餘，出於渭河。《酉陽雜俎》

淳熙九年，太上以壘金嵌寶注碗、杯、柈等賜小劉貴妃。《乾祐起居注》

崔寧女造碗托。《物原》

太子納妃，有丹羅長命綺絹裹碗囊一、紫綦文綺絹裹碗囊二。《東宮舊事》

楊收女適裴坦長子，嫁資豐厚，坦不樂。一日，與夫人至新婦院，視果楪乃臥魚犀，遽拂袖出。《北夢瑣言》

安南國進皇后方物狀，有金蓮葉楪、金瓜樣楪、楞金犀楪。《天南行記》

后始加大號，婕妤賀物有文犀辟毒箸二雙。《飛燕外傳》

韓康伯母殷氏聞吳隱之哭聲，輒爲之投筯。《晉書》

安南進皇后方物狀，有金筯、金穿肉。《天南行記》

孫晟每食，不設几案，使眾妓各執一器，環立而侍，號「肉臺盤」。《南唐書》

奩史卷七十九

東吳王初桐于陽纂述
上海曹錫寶劍亭校刊

飲食門二

飲

帝女儀狄造酒。《本草衍義》

周穆王時，神女持酒來酌之。《瑞應圖》

西王母與周穆王玉帳高會，薦清澄膏以爲酒。《拾遺記》

魯定公母服五加酒，以致不死，尸解而去。《酒經》

漢高祖爲布衣時，常從王媪、武負貰酒。《酒譜》

漢宮中，九月九日，佩茱萸，飲菊花酒，令人長壽。菊花酒，宮人採菊雜黍米釀之。《西京雜記》

西王母仙藥，有玉酒、瓊瑶酒。《酒譜》

西王母降，武帝設蒲萄酒以待之。《漢武帝內傳》

安期生與神女會圓丘，酣玄碧之酒。《列仙傳》

嵩岳夫人賜田璆、鄧韶延壽酒。《嵩岳嫁女記》

仙母裴氏，餘杭人，善採百花釀酒。王方平以千錢與姥求沽酒，得五升。《神仙傳》

南嶽夫人貺王子喬瓊蘇緑酒。《南嶽夫人傳》

蘭香降，張碩賚瓦榼酒七櫟。《杜蘭香別傳》

瑯琊呂母釀醇酒，少年來沽者輒賖與之。《言鯖》

李正封《牡丹》詩：「國色朝酣酒，天香夜染衣。」明皇笑謂楊貴妃曰：「汝粧鏡臺前飲一紫金盞酒，則正封之詩可見矣。」《松窗雜録》

肅宗張皇后專權，每進酒，常寘鴟腦酒。鴟腦酒，令人久醉健忘。《酉陽雜俎》

女仙曉暈能釀遊仙酒，飲之而臥，夢遇王母、飛瓊之屬，採芝爲車，驅龍爲馬，遍歷蓬萊赤水。《玄虛子仙志》

同昌公主下降廣化里，上每賜御饌湯物，道路之使相屬。其酒有凝露漿、桂花醑。《杜陽雜編》

陸濛妻蔣氏，善屬文而耽酒。後染邪氣，姊妹憂之，勸節飲強飡。應聲吟曰：「平生偏好酒，勞爾勸吾飡。但得尊中滿，時光過不難。」《聞奇録》

僧知業有詩名，偶訪陸濛談玄，濛妻蔣氏命婢以巵酒與僧，僧謝不飲，蔣隔簾對曰：「祇如上人詩云：『接壘橋通何處路，倚樓人是阿誰家。』觀此風韵，得不飲乎？」業慚退。《女世説》

洛陽人家七夕乞巧，婦女造明星酒。《金門歲節記》

南人有女數歲即大釀酒，至將嫁，乃發酒以供賓客，謂之「女酒」，其味絶美。《南方草木狀》《投荒録》同。

景宗后李氏，嗜酒剛愎，景宗寵而憚之。《閩書》

陶穀得吳婢，使釀酒，因促其功，答曰：「尚未熟，但浮粱耳。」試取一盞至，則浮蛆酒脂也。《清異録》

宋太祖微時，經黄陂，渴求飲，黄婆進酒，且曰：「酒禁甚嚴，此私釀，幸密之。」與金不受。《楚故略》

吕伯恭之祖姑封清源君，有句云：「前身當是陶淵明，愛酒不入遠公社。」《詩女史》

宋張虚白南遊，有崔婆飲以醇酒。《常德府志》

宣和間，自十二月於酸棗門點照，仕女觀者，中貴邀住，勸酒一金杯令退。直至上元，謂之「預賞」。《東京夢華録》

宮中有娠，賜無灰酒、醽醁、沉香酒。《武林舊事》

延洪、壽光，西王母酒名。儀德，宋惠恭后酒名。玉腴，宋劉后酒名。瑤池，宋謝后酒名。

瓊緑，宋朱后酒名。坤儀，寧德后酒名。坤珍，淵聖后酒名。《酒小史》

向太后酒名天醇，朱太妃酒名瓊酥，曹太后酒名瀛玉。《天下名酒記》

試鶯家多美釀而不善飲，時爲宋遷索取，恒曰：「此豈爲某設哉？祇當索與郎耳。」因名酒曰「索郎」。《嫏嬛記》

皇淑妃李氏，性不愛酒，上爲造引口醪。每宴飲，特設以供妃。《椒宫舊事》

太祖時，有妃嗜燒酒，十年，病腹痛死。《今言》

永樂八年，賜寧國長公主酒五百瓶。《弇山堂别集》

楊某守汝寧，夜半巡行村舍，聞老嫗呼其女取酒飲。既而曰：「初一杯則楊太守，再一杯爲劉知縣矣。」楊不喻其旨。詰旦，召至庭問焉，女答曰：「初杯則清，謂如太守；第二杯則濁，如知縣也。」《續酒經》

仙母墩，傳有仙姥居此，採花醖酒。《杭州府志》

閩有麻姑酒。《閩小紀》

崖州婦人以安石榴花著釜中，經旬成酒。《花史》

真臘美人酒，美人口中含而造之，一宿即成。《八紘譯史》

琉球美姬含米造酒，名曰「米奇」。《外國竹枝詞》注

臺猺獞之婦，採樹葉裹糯米少許，納口細嚼，吐於水盤。與客飲之，面頰發頳，謂之「頃刻

酒」。《觚賸》

番女皆嗜酒。《稗海紀遊》

馬湘蘭詩：「酒是消愁物，能消幾個時。」姚旅《露書》

華山有明星玉女，持玉漿，服之即成仙。《詩含神霧》

盛姬病，求飲，天子命取漿而給，是曰「壺輲」。《盛姬録》

西王母上藥有玉津金漿，其次有五雲之漿。《漢武故事》

許嫗釀白漿相貽，儲醅待給，其意不厭。《梅花草堂筆談》

燕昭王飲旋娟、提嫫以瑞珉之膏。《拾遺記》

謝長裾時進瓊卿以膏露一合，飲至百餘合，顏色美好，文辭長進，涉獵群書，罔弗記憶。《鞠堂野史》

西王母仙藥有太玄之酪。《漢武故事》

望蠻婦人惟嗜乳酪，多肥白。《蠻書》

趙溫其有《烹酪仕女圖》。《宣和畫譜》

西王母上藥有中華紫蜜、雲山朱蜜。《漢武故事》

董姬釀花爲露，經年顏色不變，香艷異常。最驕者爲秋海棠露，酒後出以解酲。《影梅庵憶語》

右司命君遊於長樂之鄉，天女灌以平露金香八會之湯。《道教靈驗記》

嘉平二十五日，叔良宿酲未解，窈窕烹百和解醒湯進之，隨飲而醒。後遂依法作湯，名「窈窕湯」。《釵小志》

朱晦庵訪婿蔡沈，其女出葱湯麥飯留之。《紫陽先生年譜》

婦人白帶，苦草煎湯服。《乾坤秘韞》

吳清妻楊氏，號監真君，頭痛，自春及夏靜坐，忽不見。四月十七日，見楊氏坐屋上，稱先日有同行伴，煎茶湯相待。汴州姓呂名德真、姓張名仙真，益州姓馬名辨真，宋州姓王名信真。及還，有女冠賦詩相別。《逸史》

同昌公主下降廣化里，上每賜御饌湯物，其茶有緑華、紫英之號。《杜陽雜編》

文宗延學士於內庭，令宮女侍茶酒飲饌。《朝野僉載》

宮人剪金龍鳳貼茶上。坡詩：「賜茗時時開小鳳。」《玉府》

鮑君徽，字文姬，德宗妃，有《東亭茶宴詩》。《石倉十二代詩選》

蜀王建多疑，惟徐妃二姊妹侍茶湯。《詩史》

劉太后命製入香京挺茶，以賜大臣。《宋史》

黃、秦、晁、張，皆子瞻門下士，號「四學士」。每來，子瞻必命侍妾朝雲取密雲龍。《郡齋讀書志》

密雲龍，茶名，東坡令朝雲藏之。《詞品》

李文正夫人不飲，誕日，宋宣獻以茶爲壽。《後山談叢》

山子茶坊內有仙洞、仙橋，仕女於此吃茶。《東京夢華録》

辰、沅、靖州蠻，飲酒以鼻，醉則男女聚而踏歌。歌曰：「小娘子，葉底花，無事出來吃盞茶。」《老學庵筆記》

子仙姑得道不食，李逸老見之，問曰：「欲獻茶一杯，可乎？」姑曰：「不食茶久矣，今勉強一啜。」既食，少頃垂兩手出，玉雪如也。須臾，所食之茶從十指甲出，凝於地，色猶未變，香氣如故。《嬾真子録》

潘璋妾有仙術。璋思建溪新茶，妾即拈塊土寘掌內，揉碎噓呵，付外碾細，瀹之，真奇品也。《夷堅志》

蔡松年詞：「銀屏小語，私分麝月，春心一點。」麝月，茶名。麝言香，月言團也。《詞品》

吳昌時臥內，有司茶青鬟五人，皆絶色女子也。茶巵皆羊脂玉琢成，受以烏金盤，從日本來。《霜猿集》

董姬嗜茶，尤嗜片岕，恒手自炊滌。《影梅庵憶語》

杏花村竹林中老嫗善煮茶，吴小仙春遊，老嫗輒以茶飲之。《柳南隨筆》

趙子昂有《管夫人烹茶圖》。《書影》

左思《嬌女詩》：「心爲茶荈劇，吹噓對鼎鑈。」《茶經》

白傅詩：「茶教纖手侍兒烹。」《叙小志》

陸游《浣花女詩》：「地爐豆秸煎土茶。」《劍南詩稿》

官妓周氏能詩，有「一瓶春水自煎茶」之句。《夷堅志》

《酒肆女》詩：「侍女亦知心內事，銀屏汲水煮新茶。」《孤樹裒談》

許妹《宮詞》：「絳羅袱裹建溪茶。」《朝鮮采風録》

蜀嫗作茶粥賣。傅咸《司隸教》

慶一娘回定之儀，茶花三十枚，藉用紅纈。《長安客話》

晉元帝時，有老姥每旦獨提一器茗，往市鬻之，市人競買。自旦至夕，其器不減。所得錢散給路旁孤貧乞人。人或異之，州法曹縶之獄中。至夜，老姥執所鬻茗器從獄牖中飛出。《廣陵耆舊傳》

陳務妻好飲茶茗。宅中有古塚，每飲輒祀之。後遂夜夢一人，云：「蒙卿享吾佳茗，豈忘報哉！」及曉，於庭中獲錢十萬，似久埋者，但貫新耳。《異苑》

明方策偕友讀書斗山寺。偶步山麓，忽見重門洞開，視其額，有「蟾宮吸月亭」字。遂入，有一女子以茗飲之，方謂：「如此清異之處，當與友共遊。」置茗於几，急出呼友。至，已迷矣。《漢中府志》

趙松雪有《宫人啜茗圖》。《漁洋詩話》

鮑昭妹令暉，著《香茗賦》。《茶經》

吕文靖夫人欲驗其子，使小鬟擎寶器貯茶而往，教令至門故跌而碎之。《語林》

昇在重慶，取青蝋石爲茶磨，令宫人以武隆雪錦茶碾之。《雲蕉館紀談》

鶯鶯寄張生數物，内有文竹茶碾子一枚。《會真記》

蜀相崔寧之女，以茶杯無櫬，病其熨指，取楪子承之。既啜而杯傾，乃以蠟環之央，其杯遂定。即命匠以漆環代蠟。寧奇之，製名「茶托子」。《資暇録》

王珪《宫詞》：「撮角茶床金釘校。」《王岐公宫詞》

吳頤山婢名供春，始製宜興茶壺。《敬業堂詩餘》注　朱笠亭《陶説》「朱文藻跋」作「洪春」。陳迦陵、高江村《宜壺歌》作「龔春」。姜西溟作「宫春」。

姜詩妻事姑至孝。姑好飲江水，妻常雞鳴溯流而汲。舍側忽有湧泉，味如江水。《華陽國志》〔一〕

隗相母喜飲江水，非中流之水則不嘗。《劍南人物志》

〔一〕本條與《華陽國志》所載頗異。《華陽國志》卷作：「姜詩事田至孝，田欲江水及鯉魚膾，又不能獨食，須鄰母共之，詩嘗供備。子汲江溺死，秘言遺學，不使田知。於是有三勇泉出於舍側，有江水之香，朝朝出鯉魚二頭，供二母之膳。」本條應出自《列女傳》，《太平御覽》卷六十三也部二十五引此，上接前文，作「又日」，文段另注「《華陽國志》又載」。本書作者轉引時誤將《華陽國志》作爲出處。

滄州有婦人，一生不食，但日飲水數杯。《睽車志》

大同一婦分娩後，不食不言，癡坐井上，汲水飲之。三日不下百桶，而鯨吸不已。《湖海搜奇》

榆次縣一貧婦，善事姑。凡姑飲食，非河水不食，而河去其家四五里。每晨，婦必往汲，供之無間寒暑，如是者數年。後一日，取水歸，半途爲塵沙所污，復往汲。有一老人問之，婦以告，老人嘆曰：「孝哉婦也！吾有一皮鞭，可置缸底，提起一二寸，水即至。」婦試之，果然。姑疑婦之不汲而得水也，潛偵其狀，缸底有鞭，取而棄之。時婦方櫛沐，水忽湧至。婦坐缸上，不止，竟溺水死。邑人立廟祀之，稱爲「水母娘娘」。《邇言》

裕妃張娘娘有娠，客氏矯旨將宮人逐外，封閉妃於宮墻內，絶去水火，無所飲食。經數日，值天大雨，妃匍匐於檐霤次，伏啖雨水數口而絶。《酌中志略》

沈俊生妻李氏，十六歲忽患奇症，病愈，即絶粒不食，十九歲歸於沈，終日惟飲熱水一二杯。《述異記》

婦人無子，立春日，夫婦各飲雨水一杯，還房有孕。《法天生意》《醫學正傳》同。

奩史卷八十

東吴王初桐于陽纂述
長洲宋思仕雲亭校刊

飲食門三

食

孟母曰：「婦人之事，精五飯而已。」《漢上叢談》

宋玉主人女爲玉炊雕胡飯。《茹草紀事》

明德皇后處椒房，太官上飯，纍餚膳備副，輒撤去。《東觀漢記》

蘇卷婦得能食病，日進三斛飯，猶爲不飽。《異苑》

衛士度母齋，空中下一鉢香飯，食之，七日不飢。《異苑》

顧翺母好食彫胡飯。《西京雜記》

陳遺母好食鐺底焦飯。宋躬《孝子傳》

目連以鉢盛飯餉其亡母，飯忽化爲火炭。《盂蘭盆經》

宋武帝節儉過人，張妃惟桃花米飯。梁崔祖思《政事疏》

盧眉娘在宫中，每日但食胡麻飯二三合。《杜陽雜編》

昔有婆子供養庵主，常令二八女子送飯。《五燈會元》

嶺南俗，婦産三日，洗兒，作團油飯。《北户録》

東坡作麥飯，雜小紅豆，妻笑曰：「此新樣二紅飯。」《食經》

苗婦以荷葉包飯，澗水澆而食之。《滇行紀程》

王文明妻病，其女爲母作粥，忽變爲血，母尋亡。《法苑珠林》

徐孝克母病，思粳米粥，不能得。《陳書》

張成夜見一婦人，曰：「我蠶神也。明日正月半，宜作白膏粥祭我，當令君蠶桑百倍。」如言作粥祭之，大得蠶。今世人正月半作膏糜，像此。《續齊諧記》

李播妹幼出家爲尼，後遭時儉，施糜粥於路。《後魏書》

楊誠齋夫人羅氏，每寒月，黎明即起作粥一釜，遍享奴婢，然後服役。《鶴林玉露》

朱良吉母錢氏病將死，良吉剖胸取心肉一臠，煮粥飲母而愈。《五朝名臣言行録》

王復齋有妾困於妒妻。王出，妻幽閉妾樓上，餓且死。妻之子甫八齡，紿母曰：「餓死人謂不賢，不如日食以粥湯一盂，令其徐徐自斃，可緩謗也。」母從之。乃陰以小布袋藏麵食、魚肉，進粥時食之，得不死。《耳談》

唐鄭傪爲江淮留後，家人備夫人晨饌，夫人顧其弟曰：「治粧未畢，我未及餐，爾且可點心。」其弟舉甌已罄。俄而女僕請飯庫鑰匙，備夫人點心。傪詬曰：「適已給了，何得又請？」《能改齋漫録》

武后令宮女採百花和米搗碎蒸糕，以賜從臣。《花史》

宮中有娠，賜物有糕。《武林舊事》

九日作花糕，父母家必迎女來食花糕。或不得迎，女則怨詫，小妹則泣望其姊。曰「女兒節」。《帝京景物略》

第五倫爲市掾，有人遺其母一笥餅。知從外來，奪之，母遂探口餅出之。《東觀漢記》

庫狄連妻冬至日爲連設豆餅，連怒。《北齊書》

僖宗幸蜀，乏食。有宮人出方巾所包麵半斤許，會村人送酒一偏提，用酒溲麵，煿餅以進。嬪嬙泣奉曰：「此消災餅，乞強進半枚。」《清異録》

周世宗有故宮婢流落，能作蓮花餅。餡有十五隔者，每隔有一折枝蓮花，作十五色。婢言：宮中人號「蕋押班」。《食譜》

慈聖光獻后出餅角子，以賜考試進士；出七寶茶，以賜考試官。《甲申雜記》

昔夫婦二人，有三幡餅，各食一餅，餘一幡在，共作要言：若有語者，不與餅。須臾，賊入其家，盜取財物殆盡。夫婦二人皆眼看不語，恐失餅也。《百喻經》

舊京烹煮擅名者，如曹婆婆肉餅，聲稱於時。《楓窗小牘》

宫中有娠，賜糖餅、炊餅、髓餅。《武林舊事》

魏忠賢謀鴆帝，周后乃從母家取蒸餅以進。《霜猿集》

翩翩取山葉，呼作餅，即成真餅。《聊齋志異》

魯敬姜始作不托。《物原》

《五代史·李茂貞傳》：「朕與宫人，一日食粥，一日食不托。」不托，當作「餺飥」字。《猗覺寮雜綴》

海忠介有五歲女，方啖餌，忠介問：「餌從誰與？」女答曰：「僮某。」忠介怒曰：「女子豈容漫受僮餌？非吾女也。能即餓死，方稱我女。」女即涕泣不飲啖，家人百計進食，卒拒之，七日而死。《書影》

宫中有娠，賜棗浮圓兒。《武林舊事》

宫中端午節，造粉圓角黍，貯於金盤中，以小角弓子架箭，射盤中粉圓，中者得食。《時令集解》

永嘉項氏有怪曰太公，凡有所求，呼「太公」，則物隨至。項妻有孕，思齋饅頭食，呼「太公」一聲，即捧一甑蒸饅頭來，蒸氣尚暖。《異聞總録》

宫中誕慶，製包子均分。《宫詞注》

張谷山嫂，除夕製餛飩祀先。《池北偶談》

七夕，宫中食巧果，小宫姬對銀河拜。《北京歲華記》

明德馬后含飴弄孫。《後漢書》

熙寧中，上元，宣仁太后御樓觀燈，召外族悉集樓前。大者各與絹一疋，小者各與乳糖獅子二個。《漫笑録》《澗泉日記》、《高齋漫録》並云：「神宗嘆：后德不可及。」

洛陽人有妓樂者，三月三日，各令作餳緩帶。以一丸餳舒之，可長三尺者，賞金菱角；不能者，罰酒。《雪履齋筆記》

粽，屈原姊所作。《異苑》

吳興米，炊之甑香；白馬豆，食之齒醉。虢國夫人厨吏鄧連，以此米搗爲透花糍，以豆洗皮作靈河臛，以供翠鴛堂。《品物類聚記》

皇后歸謁家廟次日，内降旨賜皇后物，有細蜜煎十楪。《武林舊事》

董姬取五月桃汁，以文火煎至六七分始攪糖，細煉爲膏，如大紅琥珀。《影梅庵憶語》

正月，婢子輩炒糯米以卜，俗名「孛婁」，北人號爲「糯米花」。《范石湖集》

洋川者，漢戚夫人所生處也。夫人思慕本鄉，追求洋川米，高帝爲驛長安。《水經注》

朱百年妻孔氏有高行，百年卒，會稽太守餉米百斛，孔氏遣婢詣郡辭之。《語林》

洪武二十一年，賜納哈出妻米五百石。《弇山堂别集·賞賚考》

公主歲米一千五百石，親王女歲米一千石，郡王女、縣主歲米五百石。《弇山堂别集》

章帝賜妊者胎教穀三斛。《後漢書》

焦花女事姑至孝。姑病，值冬月，思新麥燎食之。焦慟哭，求之河濱，忽得生麥穗，焦取歸供姑。《萊州府志》

同昌公主出降，賜金麥、銀米共數斛，皆太宗朝條支國所獻。《杜陽雜編》

燕昭王飴旋娟、提嫫以丹泉之粟。《拾遺記》

魏哀王賜曲大夫之妻粟三十鍾。《列女傳》

華佗妻疾，太祖賜小豆四十斛。《魏志》

宮中有娠，賜物有豌豆一斗、〔一〕黑豆一斗。《武林舊事》

七月七日，女子呑赤豆二七顆，竟年無病。《韋氏月録》《雜五行書》作「正月七日」。

魏夫人服胡麻散成仙。《魏夫人碑》

禹母呑薏苡而生禹。《宛委餘編》

〔一〕據《武林舊事》卷八「宮中誕育儀例略」，賜物中無「豌豆」。

奩史卷八十一

東吳王初桐于陽纂述
蘭陵孫星衍淵如校刊

飲食門四

餚

建康小吏曹著見廬山夫人，夫人爲設酒，下七子合盤。盤中餚，鏤刻奇飾異形，非人所名。祖台之《志怪》

麻姑降蔡經家，召進行厨，皆金盤玉杯，餚膳多是花果，而香氣達於内外。葛洪《神仙傳》

盛架閣妻肩臂奇癢，乃滋味過盛所致。《明史》

左思《嬌女詩》：「並心注肴饌，端坐理盤槅。」《玉臺新詠》

楚莊王夫人樊姬，不食禽獸之肉，王感而廢畋。《列女傳》

高帝奉養甚厚，后每撤去兼肉。《齊書》

馬燧犯罪，逃匿敗室中。忽有女人曰：「胡二姊來。」餉以熟肉一甌，胡餅數枚，燧食甚

飽。後燧爲顯官，遍訪胡二姊不得。《博異志》

郭思謨母嘗憶羊肉，忽有慈烏銜肉至。《柳南隨筆》

石崇，崔亮母疾，日賜清酒、粳米、猪羊肉。《太康起居注》

天后好食冷脩羊腸。《清異録》

謝皇后性儉，減膳羊。《宋史》

宫中有娠，賜蒸羊一口、翦花生羊八節、羊六色。《武林舊事》

山羊肉利産婦。《日用本草》

永樂十三年，賜寧國長公主臘羊二十隻、臘猪二十隻，計四簍。《弇山堂別集》

梁傅昭子婦，嘗得家餉牛肉以進。《程史》

有張氏家人，夢至牛王宫。見其先姨母，云：「我以生前嗜牛，今令我日食芒飯一升。」《春渚紀聞》

歌妓順時秀，姓郭氏，性資聰敏，色藝超絶。王元鼎眷之。偶有疾，思得馬版腸充饌。公殺所騎千金五花馬，取腸以供。《輟耕録》

李嬌兒，王德名妻也。姿容姝麗，意度閑雅，時人號爲「小天然」。丞相眷之，遇公燕，則遺以馬腰截。《青樓集》

閩中某夫人喜食貓，云「勝雞雛十倍」。後夫人病危，呦呦作貓聲，數十餘日乃死。《濼陽銷

夏録》

李賀《大堤曲》：「郎食鯉魚尾，妾食猩猩脣。」《昌谷集》

火肉久者無油，有松柏之味。風魚久者如火肉，醉蛤如桃花，醉鱘骨如白玉，油蝟如鱘魚，蝦鬆如龍鬚，烘兔酥雉如餅餌，可以籠食。董姬細考食譜，而又以慧巧變化爲之，莫不異妙。《影梅庵憶語》

市處者，婢妾膾炙而食。《魯連子》

王祥後母朱氏病，思黄雀炙，乃有黄雀自至。《孝子傳》

睿宗以九龍食輦裝逍遥炙，賜金仙、玉真公主。《清異録》

天女宴，右司命君以瓊鳳玄脯。《道教靈驗記》

麻姑降蔡經家，擗麟脯行酒。《神仙傳》

同昌公主下降廣化里，上每賜御饌湯物。其饌有靈消炙、紅虯脯。靈消炙，一羊之肉取之四兩，雖經暑毒，終不見敗。紅虯脯，非虯也，但貯於盤中則健如虯，紅絲高一尺，以筯抑之無數分。《杜陽雜編》

皇后歸謁家廟次日，賜皇后物有脯腊十楪。《武林舊事》

邵母夢神人令以玉筯食羹，遂生康節。《康節外紀》

有僦馬生之妻，得虎毛紅管筆一枝，所須但呵筆即得之。時方盛行凝煙帳、風篁扇，皆呵而

得之。一日晚，思兔頭羹，連呵，遽得數盤。《纂異記》

吳文定公少時，於一富家爲館師。其家有女方笄，窺見公，心悦焉。朝夕輒以肉羹遺親婢通意於公，公即以他故解館去。《玉堂叢語》

宋少卿侍姬臥房中，見一女子，衣乾紅衫，捧一杯羹與之。細視，乃其所産之血。不數日而卒。《夷堅志》

樂羊子妻勤養姑。嘗有他舍雞入垣內，姑盜殺之，妻不食而泣，姑乃棄之。《後漢書》

有婦事姑至孝。一日殺雞爲饌，姑食雞而死。姑女訴於官，婦坐罪。臨刑，折石榴花一枝，插地而祝曰：「妾若毒姑，花即枯；若枉，可使復生。」其後花果生。《漢陽府志》

妊婦宜食牡雞肉。《本草蒙筌》

新産婦，以黑雌雞一隻治淨，和五味炒香，投二升酒中，封一宿，飲令人肥白。《食療本草》

方回得一小婢，曰半細，曲意奉之。每出，必以荷葉包殽核，袖於衣中而歸遺之。一日，過客於途，正揖間，荷包墜地，視之，乃半鴨耳。《癸辛雜識》

郭元振落梅粧閣，有婢數十人，客至，則施鴛鴦纈裙衫。一曲終，則賞以糖雞卵，明其聲也。宴罷，散九和握香。《敘聞録》

宮中有娠，賜雞子五千個，金漆箱兒全。《武林舊事》

齊孝宣陳皇后，性嗜筍、鴨卵。永明九年，詔太廟祭后，薦筍、鴨卵。《筍譜》

巴郡杜孝母喜食生魚。孝在成都，截大竹筒，盛魚二頭，塞之以草。祝曰：「我母必得此。」因投中流。婦出汲，見筒横來觸岸。異而取視，有二魚，笑曰：「必我婿所寄。」熟而進之。徐廣《孝子傳》

王祥母盛寒欲生魚，祥臥冰求之，雙魚躍出。師覺《孝子傳》

王延母卜氏，冬月思生魚。延扣凌而哭，得一魚，長五尺，躍出冰上。延取以進母。《前趙録》

貞觀中，有陳氏婦居朝京門。一日買魚，忽有白衣人謂曰：「魚不可食。可擲水中，急上山頂避之。」陳如其言。回望所居，陷爲池矣。《桂故》

禹城縣崔氏女孝，母臥病，隆冬思食魚，女曰：「王祥臥冰得魚，豈女子獨不能耶？」乃往河中臥冰，凡十日，果得十魚，鱗鬣稍異。食母而愈。人問女曰：「若臥冰如何？」女曰：「以身試冰，殊不寒也。」《女世説》《北墅手述》曰：「臥冰三日，冰開，躍出鮮鱗三尾。」《古今説海》曰「宋政和年間事」。

臨江王妃江無畏，好食鯽魚頭，日進鯽魚三百。《宛委餘編》

查道母病，思食鱖魚。方冬，無有市者。道泣禱河神，得魚尺許以饋。《樂善録》

秦會之夫人常入禁中，顯仁太后言：「近日子魚大者絶少。」夫人對曰：「妾家有之，當以百尾進。」歸告，會之咎其失言，乃進青魚百尾。顯仁撫掌笑曰：「我道這婆子村，果然。」

《語林》

王世貞《弘治宫詞》：「五月鰣魚白似銀，傳餐須及後宫人。」《弇州四部稿》

至和間，皇后好食糟淮白魚，吕文靖夫人欲獻十奩。公曰：「兩奩可耳！」夫人曰：「以備玉食，何惜也！」公曰：「玉食所無之物，人臣之家安得有十奩也！」《聞見前録》

永樂十三年，賜寧國長公主海魚二千斤。《弇山堂别集》

昔湓氏媪於水滸得一卵，置器中，忽有一物如守宫穿卵而出，能入水捕魚。媪一日治魚，誤斷其尾，遂去。始知其爲龍也。《晉太康志》

吳王有女滕玉，王食蒸魚，半而與女，女怒曰：「王辱我。」乃自殺。《吳越春秋》

闔閭女嬌恣，嘗與父爭食魚炙，憤恚而死。《風土記》

姜詩妻事姑孝。姑嗜魚膾，妻常力作供膾。其舍側忽有泉，常出鯉魚一雙。《益部耆舊傳》

周子有女，噉膾不知足，家爲之貧。一日，見罛者挫魚作鮓，以錢一千求一飽。食五斛便大吐，有蟾蜍從口中出。婢以魚置口中，即成水。女遂不復噉膾。《齊諧記》

燕王慕容熙小苻后，豔而寵。每季夏思凍魚膾，仲冬思生地黄，皆下有司切責之。《三十國春秋》

會稽有女子姓吳，字望子，年十六，姿容絶麗，爲蔣侯神所愛。望子心有所欲，輒空中下之。嘗思噉鱠，一雙鮮鯉應心而至。《蔣子文傳》

余媚娘能饌五色膾，妙不可及。《天中記》

洛陽人家七夕乞巧，婦女裝同心膾。《玉燭寶典》

樂頤之母常膳魚羹。《齊書》

南遷烹煮擅名，若湖上魚羹宋五嫂之類，皆當行不數者。宋五嫂，余家蒼頭嫂也。《楓窗小牘》

宋五嫂魚羹，嘗經御賞，人所共趨，遂成富媼。《武林舊事》

御舟入裏河，有賣魚羹人宋五嫂，對御自稱東京人氏，隨駕到此。上念其年老，賜金錢十文、銀錢一百文、絹十疋。《乾淳起居注》

孟宗爲監魚池司馬，取魚作鮓寄母，母還之。《晉書》

永樂十三年，賜寧國長公主醃魚子四罈。《弇山堂别集》

有主母命婢殺鱉，婢放之池，主母杖之。後婢患熱病死，鱉以池中污泥堆婢心口，復生。《訒庵偶筆》

張太夫人喜食鱉臛。一日，得巨鱉，剖之，有小人長三四寸突出，繞鱉走而死。太夫人取視之，帽黄色、褶藍色、帶紅色、鞾黑色，面目手足皆具。《灤陽銷夏録》

沙助教之母嗜食蟹。及死，設醮，有十歲孫見媪遍體流血。《夷堅志》

貴州苗婦入山，迷不得歸，接食水中螃蟹充飢。不覺遍體生毛，變形如野人，與虎交合。

《膾録》

徐婦嗜蟹。一日早起，見數百蟹鬼，大驚，得病卒。《後蟹録》

客氏喜食蟹，剥蟹肉疊成蝴蝶之形。《續蟹録》

宫人吃蟹，或剔蟹胸骨如蝴蝶者，以示巧。《酌中志》

山陰東郭氏女，先與縣人私通，後此人賈還，泊舟靈慈橋，女往入船就之，因共寢。爲設食，食螯畢，女將兩鰌螯上岸去。船還至郭，人言此女已死。乃往省之，尚未殯也。發衾視之，兩手各把一鰌螯。祖台之《志怪》

卓文君一生不食蟛蜞。《成都舊事》

陶侃作魚吏，遺母蚶鮓，母以封鮓付使，反書責曰：「汝爲吏，以官物見餉，乃增我憂也。」《陶侃別傳》

永樂十三年，賜寧國長公主醬蚶子二罈、醃蠣肉二罈、蛤蜊醬四罈、醃蟶四罈、泥螺四罈、水母綫二罈、對蝦一簍、蝦米二簍。《弇山堂別集》

食之異

張訓妻，故劍俠也。每食，必待其夫。一日訓歸，妻已先食，謂訓曰：「今日以食味異常，不待君先食矣。」訓入厨，發甑，見蒸人頭一具。《劍俠傳》　亦見《吳録》。

吳江婦人病狂，走入郡城，遍覓死尸食之。將取腸胃，臭味不可近，渠自云：「絶美好肴饌不逮也。」《二酉委譚》

昔有女忽嗜河中污泥，日食數盤。玉田隱者以壁間敗土調水飲之，遂愈。《本草綱目》

有蕭媪者，見曇陽子餐柏枝，笑曰：「是不食耶？何必柏枝食耶？何必不柏枝？」曇陽子遽棄之。《曇陽子傳》

奩史卷八十二

東吴王初桐于陽纂述
雲間許寶善穆堂校刊

飲食門五

菜

西王母上仙之藥，有碧海之狼菜。《漢武内傳》

蘭香降張碩，有非時菜，食之七日不飢。《杜蘭香别傳》

卞后左右，菜食粟飯，無魚肉。《魏志》

朱修之往姊家，姊爲設菜羹、麄飯。《宋書》

史炎致書黄山谷，嘗緘緑菜以贈。《眉山志》

憲聖太后進生菜，必采牡丹花片和之。《山家清供》

憲聖后每治生菜，必於梅花下取落花雜之。《群芳譜》

宫中有娠，賜物有生菜一合。《武林舊事》

市食有李婆婆雜菜羹。《乾淳起居注》

江淮有孟娘菜。《魏王花木志》

西王母仙藥，有八阮赤韭。《漢武內傳》

北齊太上後宮女，寒月盡食韭芽。《三國典略》

劉殷母王氏，盛冬思堇。殷慟哭，堇生。《十六國春秋》〔一〕

妊婦食葵菜，胎滑易生。《图經本草》

宋玉《諷賦》：「主人女爲臣烹露葵之羹，來勸臣食。」《古文苑》

朱緒母病，忽思菰羹，妻到市買菰爲羹。《齊書》

謝幼貞嗜菌，庭中忽生一菌，狀若飛鳥。沈子玉曰：「此謂禽芝，以處女中單覆之則活。煮而食之，可數百歲。」謝入，取中單。有隣女乞火跨之，翩然飛去。《內觀日疏》

孟宗母冬月思筍，宗哀號，筍出。《楚國先賢傳》

孟宗母嗜筍，及母亡，冬節，宗哀泣生筍以供祭。《吴志》

丁固母冬日思筍，遂泣，竹生筍。《筍譜》

〔一〕四庫全書本《十六國春秋》卷九「前趙録九」作「曾祖母王氏盛冬思芹」。然其後《晉書》卷八十八、《太平御覽》卷九八五引《三十國春秋》皆作「曾祖母王氏盛冬思堇」。未詳何者爲是，兩存之。

劉虛哲母疾篤，采竹筍食之，立瘥。《筍譜》

與可與妻遊篔簹谷中，燒筍晚食。《國老談苑》

昔有新婦不得舅姑意，凡所需索，必背時。姑歲暮索筍羹，婦答曰：「有。」妯娌問：「臘月何處求筍？」婦曰：「且應爲貴，其實何處求筍！」姑聞悔悟，憐新婦。《筍譜》

西王母仙藥，有玄都綺葱。《漢武內傳》

宮中有娠，賜物有生母薑二斤。《武林舊事》

永樂十四年，賜寧國長公主胡椒一千斤。《弇山堂別集》

昔有女仙食一樹葉殊愉快，因名其樹曰「愉」。後人改心從木，即今榆樹也。後女仙繞宮門種之，時與族雪道君會於下，使金童講《鏐虹寶典》。《修真録》

知慧菩薩，明梓潼人，周曉師女。生不茹葷，好誦梵典。年十九絶粒食，惟餐柏葉。成化五年，跏趺而化。又裴氏女者，幼好食柏葉。天啓中，年十三坐化。《隴蜀餘聞》

臨安七姑祠，其像乃七婦人。有王大光家，清早啓户，賣豆乳者來，七婦從宅出就買，謂之曰：「汝少頃於此，當持錢以還。」久而不出。闔，卒以告。大光駭甚，往視七姑祠，豆乳正在香几上。《夷堅志》

永樂十三年，賜寧國長公主酥油二桶。《弇山堂別集》

文蘸油入菜煎服，能使婦人肥胖。《遵生八牋》

白麻油與乳母服之，孩子永不生病。《食療本草》

麗甘山，昔有十二玉女於此服鹹泉。《成都志》

永樂十三年，賜寧國長公主海外番鹽三塊。《弇山堂別集》

西王母上藥，有連珠靈醬、鳳林鳴酢。《漢武內傳》

宮中有娠，賜米醋二瓶。《武林舊事》

宋襄公葬其夫人，醯醢百甕。《山陵雜記》

東里有獨嫗之醯。弘君舉《食檄》

妊婦食酸醬，令兒骨瘦。《本草衍義》

果

煬帝寵崆峒夫人吳絳仙。會瓜州進合歡果，帝命小黃門以一雙馳騎賜之。馬急搖解，絳仙拜賜，附紅箋進曰：「驛騎傳雙果，君王寵念深。寧知辭帝闕，無復合歡心。」帝嘆曰：「絳仙才調，真女相如也。」《大業拾遺記》

劉華女於琉璃山拾異果，食之仙去。《方輿覽勝》

嚴州士人家女子，年未及笄，一夕睡醒，枕畔得果如桃，取食之。旦起，見飲饌之屬，輒掩鼻。《夷堅志》

皇后歸謁家廟次日，内降旨賜皇后筵繡高飣十、時果十楪、細京果十楪、看果十楪。《武林舊事》

宮中有娠，賜物有裝畫果子一合。《武林舊事》

洪武中，寧國長公主生辰，賜果四盒。《弇山堂别集》

左思《嬌女詩》：「馳鶩翔園林，果下皆生摘。」《玉臺新詠》

趙飛燕爲皇后，其女弟上襚，有同心梅。《西京雜記》

趙葵歸私第，見諸姬群聚摘青梅。有一姬善詩，葵令賦詩，云：「柝聲默振蚤春回，滿院春風繡户開。怪得無人理絲竹，緑陰深處摘青梅。」《古今女史》

永嘉閨婦以青梅雕剜脱核，鏤以花鳥，纖細可愛。以手擘之，玲瓏如小盒；闔之，復爲梅。謂之「梅籃」。《瑯琊漫抄》

楊梅塢内有一老嫗姓金，其家楊梅甚盛，所謂「金婆楊梅」是也。《臨安志》

西王母遺帝上清玉文之李。《黄帝内傳》

西王母龍月城中産黄中李，花開則三影，結實則九影，花實上皆有「黄中」二字。《集真記》

趙飛燕爲皇后，其女弟上襚，有含枝李。《西京雜記》

立夏食李，能令色美。故是日婦女作「李會」，取李汁和酒飲之，謂之「駐色酒」。《玄池説林》

《子夜夏歌》：「攜手密葉下，浮瓜沉朱李。」《樂府詩集》

宮中有娠，賜家慶子五十斤，内裝畫七百個。《武林舊事》

老子西遊，與太真王母共食碧桃。《關令尹喜内傳》

周穆王時，西王母進萬歲冰桃。《拾遺記》

華林園有冬桃，一名王母桃。《酉陽雜俎》

金母降謝自然，將桃一枝懸臂上，有三十顆，碧色，大如碗，曰：「此猶是小者。」《集仙録》

王母侍女以玉盤盛仙桃七顆，王母以四顆與帝。帝食，輒收其核。王母問帝，帝曰：「欲種之。」母曰：「此桃三千年一生實，中夏地薄，種之不生。」《漢武帝内傳》

王母以仙桃五枚與帝，時東方朔從牖中窺母，母曰：「此小兒嘗三來偷我桃矣。」《博物志》

許明奴家嫗入山採樵，有人以大桃與嫗。食之後，遂憎食。日漸童顔，行疾如飛。《五色綫》

章僉判妻盧氏，攜婢妾往後院遊觀，謂侍妾曰：「桃枝上有一顆如碗大，必甜美，爲我摘之。」妾見滿樹累累，無所謂絶大者。盧氏自以竹作叉，叉取入手，爲啖食之狀。女伴同遊者皆訝之。自是遂不飲食。《夷堅志》

陳堯佐母馮氏，封燕國夫人。嘗入宮，誤食金桃，宮人大笑。後再入宮，再食之，宮人怪問，馮曰：「吾長兒生，夢食金桃，叨中狀頭。今有此兆，次兒必復作狀頭矣。」宮人遂以金桃爲瑞。《山堂肆考》

太宗即位，内院進櫻桃以奉三宫太后。《唐逸史》

李希烈娶竇良女，女常稱陳仙奇忠勇。及希烈死，子不發喪，欲爲變。時有獻含桃者，竇請分遺仙奇。因以蠟帛丸雜果中。仙奇大驚，率兵入斬之。《異聞録》

崔生入一品室，三妓人皆絶艷，以金甌貯含桃而擘之，沃以甘酪而進。一品遂命衣紅綃妓擎一甌與生。紅綃妓以匙而進之。《紅綃傳》

潘璋妾有仙術。璋思食玉津櫻桃，妾取盒子，布氣數口，以手帕緘封，少頃開視，櫻桃溢盒。《夷堅志》

董姬在舟中，以宣磁大白盂盛櫻桃啖之，不辨其爲櫻爲唇也。《影梅庵憶語》

鈕滔母《與吳國書》云："胡桃本生西羌，外剛樸内柔甘，質如古賢，欲以奉貢。"《女世説》

宫中有娠，賜物有裝畫胡桃二千個。《武林舊事》

永樂十三年，寧國長公主有核桃二萬個。《弇山堂别集》

鄭邯母冬日病，或言啖杏實可愈。其妻楊氏求之鄰郡，忽見杏實。取歸，姑喜食之，病漸瘳。明年夏，忽一日雷風甚勁，有二金龍長數尺，蟠繞楊氏左右臂。龍頂上有字曰"賜楊氏"。《宣室志》

宫中有娠，賜物有銀杏五十斤，内裝畫一千個。《武林舊事》

南岳夫人爲四真人設三玄紫柰。《南岳夫人傳》

謝玄卿見東華夫人，爲設玄洲白柰。《廣異記》

西域有柰樹，成果，果中有一女子，王收爲妃。《雞跖集》

周穆王時，西王母進陰岐黑棗。《拾遺記》

西王母下，爲帝設玉門之棗。《漢武内傳》

玉文棗，西王母食之，大如瓶。《打棗譜》

細棗，萬年一實，西王母以之獻帝。《洞冥記》

真妃手中握三枚，色如乾棗，而形長大，内無核。《真誥》

《太平廣記》有梁國夫人棗。《西京雜記》有西王母棗。《廣志》

永樂縣有無核棗，蘇氏女食之，不食五穀，年五十嫁，顏如處子。《神仙傳》

光州村媪家植棗二株，秋日棗熟，一道人過而求之。媪曰：「任先生隨意啖食。」道人摘食十餘枚。臨去，道人將所佩一葫蘆繫於木杪，顧語曰：「謝婆婆厚意，明年當生此樣棗。」後如其言。《打棗譜》

韓羽妻徐氏，夢紅裳婦人獻七棗，食之，生七子。《夷堅志》

宮中有娠，賜物有棗塔兒、文色子棗。《武林舊事》

永樂十五年，賜寧國長公主紅棗五石。《弇山堂别集》

齊魯之俗，娶婦必用棗、栗。諺曰：「早利子」也。《池北偶談》

老子西遊，與太真王母共食碧桃、紫梨。《關令尹喜內傳》

王夫人謂許長吏曰：「交梨、火棗是飛騰之藥，要使生於胸中。今君胸中荆棘掃除未淨，是以交梨、火棗不生也。」《女世説》

苗女子每冬採刺梨入市貨人，有江南人物色之，則舉筐以贈，曰：「愛莫離。」愛莫離者，華言「與你有宿緣」也。或有調戲之者，則大怒，曰「落勿渾」。落勿渾者，華言「没廉恥」也。《滇黔紀遊》

殷七七嘗於一官寮處飲酒。取栗散於官妓，皆聞異香，惟笑七七者，栗綴於鼻不可脱，但聞臭氣。須臾狂舞，粉黛狼籍。人爲陳過，栗方墜。《殷芸小説》

蜀宫人於爐中爆栗，俄有數栗爆出，燒損繡褥。《詩史》

宫中有娠，賜物有裝畫栗子五十斤。《武林舊事》

永樂十五年，賜寧國長公主栗子十石。《弇山堂别集》

袁淑芳時以頻婆致張子，謂相思也。佛書「頻婆」，華言「相思」。《採蘭雜記》

徐藻妻陳氏《石榴賦》：「惟木之珍，莫美石榴。」《太平御覽》

王倫妻羊氏有《安石榴賦》。《賦彙》

陳叔達母患口乾，叔達以蒲萄進之。《太平御覽》

白馬寺蒲萄甚大，實重七斤。至熟時，常取之以賜宫人。宫人轉遺親戚，以爲奇異。《洛陽伽

藍記》

楊貴妃好食荔枝，南海所生尤勝，故飛馳以進。《常侍旨言》

貴妃生日，長生殿新曲未有名，會南海進荔枝，因名「荔枝香」。《碧雞漫志》《太真外傳》：「六月一日爲貴妃生日。」

荔枝核小者，宮人呼爲「丁香荔枝」。《開元天寶遺事》

勾尉有所愛住馬湖，常以丁香核荔枝遺生。《山谷集》

十八娘荔枝，俚傳閩王王氏有女第十八，好噉此品，因而得名。宋珏《荔枝譜》《幔亭集》曰：「王十八娘，天寶間宮人。」

紅繡鞋，傳即十八娘種。徐渤《荔枝譜》

宮中有娠，賜物有裝畫荔枝五十斤。《武林舊事》

廣東按察使唐彬，有女七歲，於衙前手植荔枝。女嫁張景琦，生子元冲，皆陞廣東按察使，皆同往，凡三到，後人立「三到堂」。《珊瑚綱》

食荔枝清福三十三事，其一：佳人剥。宋珏《荔枝譜》

薛濤有《憶荔枝詩》。《宣和書譜》

郭思謨母冬月病，思食庵蘿果，公仰天嘆，而庭樹實矣，公取以充養。《柳南隨筆》

西王母與周穆王玉帳高會，進青花白橘。《拾遺記》

會稽有女子吳望子，偶行路中，忽見一貴人擲兩橘與之，遂與爲情好，即蔣侯神也。《續搜神記》

鄭交甫遊於漢皋，有遊女贈以橘柚。《奚囊手鏡》

朱橘母嚴氏娠十五月，遇道人手持一橘，謂曰：「食此，子生矣！」母喜而受之，請問名字，曰「鞠君子」。《史纂》

有妓沈生，能納少橘皮於口中，頃刻製成「卍」字，細秀整潔。《梅花草堂筆談》

金橘，溫成皇后嗜之。《橘譜》

道君幸李師師家，攜新棖一顆，云「江南初進」。《貴耳録》

淑妃剖橙榴，拆甘蕉，遣婢賜蔡京。《太清樓侍宴記》

蓬萊宮乳柑橘結一合歡實，上與妃子互相持翫。上曰：「此木似知人意，朕與卿固同一體，所以合歡。」於是促坐同食，令畫圖傳之於後。《太真外傳》

楊妃呼柑爲「瑞聖奴」。《文奇豹班》

薛濤有《酬郭蘭州寄柑子詩》。《宣和書譜》

宗元鼎詩：「雙柑香濺佳人手。」《芙蓉集》

馮開之嬖一艾妾，妾方新沐，時佛手柑初至都門，急懷一枚與之，妾接得，旋擲去。馮知其意已不屬，遂驅之出閤。《修潔齋閑筆》

金陵一老年客，見佛手柑初至，市數枚，疾馳供李姬麗貞。姬頷之，命婢取去。少頃入李

室，則宣盤中層疊數十，鮮妍碩大，愈客贈者十倍。《四友齋叢説》

晉鈕滔母《與虞定夫人書》：「此中果有飛穰。」飛穰，即佛手柑也。《因樹屋書影》

東坡見黎女競簪茉莉，含檳榔，戲書曰：「暗麝着人簪茉莉，潮登頰醉檳榔。」《珊瑚詩話》

熙寧中，交州峒中檳榔生瘿，剖而得一女子。養之，有殊色。號「檳榔女」。《陶朱新録》

宫中有娠，賜物有裝畫圓眼五十斤。《武林舊事》

永樂十三年，賜寧國長公主松子三石、榛子三石。十五年，賜寧國長公主松子十石、榛子十石。《弇山堂别集》

馬遵令官妓剥榧實而食。《隱居詩話》

沈如琢母患渴，非時思桑椹，苦求得之，母愈。《筍譜》

昌容，商王女也。食蓬藟根二百餘年，而顔色如二十許人。《女仙傳》

野果有紅姑娘，甜酸可食。《元故宫記》

紅姑娘，京師鬻之，爲閨人之玩。《升庵外集》

周穆王時，西王母進崑流素蓮。《拾遺記》

漢有女子舒襟，爲人聰慧，事事有意。與元群通，嘗寄群以蓮子，曰：「吾憐子也。」群曰：「何以不去心？」使婢答曰：「正欲汝知心内苦。」《謝氏詩源》

六月廿四日爲觀蓮節，晁采與夫各以蓮子餽遺爲歡。《内觀日疏》

宮中有娠，賜物有裝畫蓮肉五十斤。《武林舊事》

周穆王時，西王母進千年碧藕。《拾遺記》

宮中有娠，賜物有帶泥藕十挺。《武林舊事》

中元節，宮人皆食銀苗菜，藕之嫩芽也。《天啓宮詞注》

杜甫詩：「佳人雪藕絲。」

宮中有娠，賜菱米五十斤，内裝畫七百個。《武林舊事》

更始敗後，宮女悉幽閉殿内，拔蕃蘋食之。《東觀漢記》

蘭香降張碩家，出薯蕷子三枚，大如雞子。與碩云：「食此，令君不畏風波，辟寒溫。」曹毗《杜蘭香傳》

宮中有娠，賜物有彩畫生芋子一合。《武林舊事》

庾沙彌母劉氏好噉甘蔗。《梁書》

織女主瓜果。《續漢書》

王母謂上元夫人曰：「吾憶與夫人共造朱火丹陵食靈瓜，味甚好。憶此未久，而已七千歲矣。」《漢武帝内傳》

謝玄卿見東華夫人，爲設空同靈瓜。《廣異記》

夫人好神仙。冬夜，真人至，賜以絳實靈瓜。《南岳夫人傳》

皇甫謐得瓜果，輒以進叔母任氏。《冬夜箋記》

有姥餉郭祖深一青瓜，祖深報以疋帛。《梁書》

宋瓊母冬病，思瓜，瓊夢見之，求而遂得。《北史》

秦孝王好內，妃崔氏性妒，遂於瓜中進毒。《隋書》

玄宗在東宮，元獻皇后思食酸，玄宗以告張説，説每進，輒袖木瓜以獻。《柳氏舊聞》

《明皇幸蜀圖》，宮女有即道旁圃摘瓜者。《避暑録話》

沈太后嘗削瓜哺德宗，傷左拇指。《唐書》

煙

高麗國王妃死，國王哭之慟，夜夢妃告曰：「塚生一卉，名曰煙草。採之焙乾，以火然之而吸其煙，則可止悲，亦忘憂之類也。」如言採得，遂傳其種。《在園雜志》

閨閫佳麗以煙酒爲餐香吸霧。《怡曙堂集》

方爾止《京師竹枝詞》：「清晨旅舍降嬋娟，便脱紅裙上炕眠。傍晚起來無個事，一回小曲一筒煙。」《觚賸續編》

尤侗《美人吃煙》詩：「玉唇含吐亦嫣然。」《西堂小草》

蠻女性喜吸煙，每以煙筒插髻。《廣西通志》

奩史卷八十三

東吳王初桐于陽纂述
江都程晉芳魚門校刊

飲食門六

藥

西王母有洞淵紅蘤、嵰山絳雪，皆仙藥也。《拾遺記》

姑射謫女，日命蓮華童子以朱洞瓊泉進九天先生，蓋長生上藥也。《修真録》

程咸母夢白頭公授藥，曰：「服此當得貴子。」王隱《晉書》

蕚緑華授羊權尸解藥，亦隱景化形而去。《真誥》

君子國鳳凰嶺出天狗，一名胎簪。女仙與族雪道君各以玉膏鍊成上藥，以相饋遺。《嫏嬛記》

周寶治城隍，得古塚。發其棺，有一女面如生，鉛粉、衣服皆不敗。或言：「此是嘗餌靈藥，待時而發，發則解化之期矣。」寶命改葬之。行數里，有紫雲覆輀車之上，衆見一女子出自車中，坐於紫雲，冉冉而上，久之乃没。開棺則無矣。《稽神録》

盧佩母病腰脚痛，欲竭産求國醫王彦伯。忽見一白衣婦人，姿容絶麗，乘駿馬，從一女僮，來謂佩曰：「妾有薄技，庶不減王彦伯。」佩驚喜，入白母，遂引至母前。婦人纔舉手候之，母已能自動，一家歡躍。婦人曰：「當要進一服藥，非止除痼疾，亦永眉壽。」母曰：「未知何階上答。」婦人曰：「但許奉九郎巾櫛則可。」蓋佩行第九也。遂於女僮手所持小粧奩中，取藥一刀圭，以進母。母入口，諸苦頓平。佩即納爲妻。每十日一歸本家，惟乘舊馬，倏忽往來，略無蹤跡。一旦伺其出，潛窺之，見乘馬行空中。佩心異之，歸具告母。自是婦人不復歸佩家。《河東記》

同昌公主疾甚，醫者欲難其藥餌，奏云：「得紅蜜、白猿膏，食之可愈。」上令訪内庫，得紅蜜數石，本兜離國所貢也；白猿脂數甕，本南海所獻也。《杜陽雜編》

劉士彦病，其女刲股肉以進。夜夢普照與藥一貼，服之，即日而安。《孫公談圃》

有江叟登白鶴山，忽有兩女子出授神藥，云：「服此當爲水仙女子。」蓋龍女也。《岳州府志》

女人每朝宜進平補血海藥一服。《通天論》

臨川士家一婢，逃入深山中，取草根食之，久之不飢。其身欻然凌空，若飛鳥焉。數歲，家人采薪見之，婢述其故，指所食之草，乃黄精也。《稽神録》

楊正見者，眉州楊寵女也，嫁王生。一日，舅姑市魚，使正見膾之。正見憐魚尚活，不忍烹。舅姑責之，正見懼，竄行數十里，至一山舍，有女冠在焉。正見以其故白之，女冠曰：「子有好生之心。」因留宿。使正見汲泉，汲泉處有一嬰兒潔白，見人且喜且笑，正見抱之而歸。漸近家，兒已僵矣，視之若草木之根，重數斤。女冠見而識之，乃藥中茯苓也，命潔甑蒸之。會山中糧盡，女冠出山求糧，忽風雨不能歸。正見飢甚，聞甑中香，竊食之。女冠歸，嘆曰：「神仙自有定分。吾不爲風雨所阻，汝豈能食此靈藥耶！」正見光彩射人，常有群仙降其室，後白日昇天。《集仙録》

奴會子，劉五娘用爲煎服。《南海藥譜》

杜蘭香降張碩，碩問：「禱祠何如？」蘭香曰：「消摩自可愈疾，淫祀何益？」蘭香謂丸藥爲「消摩」。《杜蘭香傳》

吳秀讀書燈下，有女子叩門，啓視，絶色也。與之處者兩月。一日，過葛仙翁，翁曰：「君有桑中之遇乎？」袖中出一丸藥，云：「此藥以醇酒下，能令婦人顔色媚好。」秀持歸，如方與女飲之。少選，女云腹痛，就枕。秀呼問，不應。秉燭視之，惟一具枯骨而已。《續列仙傳》

皇妣夢黄冠授一丸藥，吞之，覺而口香，遂生太祖。《名山藏》

慈溪劉仲昭家有老婢，年百三十八歲。少時遇方士授藥一丸，吞之，永無疾厄。《簷雲樓雜記》

夏姬杏金丹，夏姬服之上昇。《保生月録》

開元中，內人趙雲容問申元之乞延生之藥，元之與絳雪丹一粒，後果再生。《高道傳》

黃鍾女年及笄，忽爲神物所憑，以一物遺女，圓如彈丸。謂女曰：「此神丹也。人死，以熨胸腹間，當復生。宜寶之，以濟汝危急，勿妄用也。」女收藏之，會其伯母卒，女以丹試置屍上，即蹶然復生。神至，怒責女曰：「語汝云，何而乃妄用之。」遂奪丹去。《高坡異纂》

馬玨母孕時，夢麻姑賜丹一粒，吞之。《史纂》

玄宗之在東宮，爲太平公主所忌。時元獻皇后得幸，方娠，玄宗懼太平，欲令服藥陰除之。謀於張說，說密懷去胎藥以獻。玄宗得藥，密煮之。怠而假寐，有金甲神人翻鼎，藥盡覆。《柳氏舊聞》

帝病緩弱，太醫求奇藥，得慎恤膠，遺昭儀。昭儀進帝，一丸一幸。一夕，昭儀醉，進七丸。帝昏夜擁昭儀居九成帳，笑吃吃不絕。抵明，帝起，餘精出湧。須臾，帝崩。宮人以白太后，太后使理昭儀，昭儀曰：「吾持人主如嬰兒，寵傾天下，安能斂手掖庭，令爭帷帳之事乎？」乃拊膺呼曰：「帝何往乎？」遂嘔血而死。《飛燕外傳》

帝選後宮良家女數千入迷樓，復得方士所進大丹服之，蕩思不可制，日夕御女數十人。《迷樓記》

韓昌黎晚年頗親脂粉。因用硫黃攪飯以啖雄雞，千日後烹之，名「火靈庫」。始亦見功，終至絕命。《天都載》

劉鋹得波斯女，益求方士媚藥，爲淫褻之戲。《清異録》

大鵬之精墜石上者，爲石鍤，能壯陽。有人服一毫，往娼家，一夕不休。英國公得之，以畜百妾。《揮麈新談》

雷世賢多侍妾，常餌砂母、鍾乳，以濟其欲。《張果醫説》

奩史卷八十四

東吴王初桐于陽纂述
南豐譚光祥退齋校刊

器用門一

器上

錢思公嫁女，令銀匠龔美造粧奩器皿。既而美拜官，思公以爲妹婿。向者器皿，乃歸美家。此與衛青娶平陽公主事同。《野客叢書》

器皿曰「受用」，其實乃「售用」。《談苑》云：「吴越王錢俶妃，有平生售用凡百箱。」《甕牖閑評》

周宋夫人《鼎蓋銘》曰：「宋君夫人之鍊釪鼎。」《宣和博古圖》《廣川書跋》：「日用於房中之羞。」

周䜌女鼎，蓋䜌女作是鼎，以亨於考也。《鐵網珊瑚》

商《婦卣銘》曰：「子孫婦甲、庚丁。」《宣和博古圖》

商有欿姬鬲、女乙觚。《紹興古器評》

周《帛女鬲銘》曰：「帛女作齊鬲。」《鍾鼎款識》

周《義母匜銘》曰：「仲姞義母作旅匜。」《宣和博古圖》

周有季姬敦。按：晉文公母曰季姬。齊悼公娶季康子妹，亦曰季姬。《紹興古器評》

鬱林王令何后及寵姬以諸寳器相投爲笑樂。《經濟類編》

郭況家寵姬皆以玉器盛食。《漢世説》

同昌公主琢五色玉器爲什合。以金銀爲井欄藥臼、食櫃水槽、釜鐺盆甕之屬，仍鏤金爲笊籬箕筐。《杜陽雜編》

禁中蠟月三十日爲大節。夜，后妃諸閣皆進小様金銀器皿。《西湖遊覽志餘》

宋太祖賜蜀太后金器三百兩、銀器三千兩。《十國春秋》

周漢國公主后房奩，有壘嵌寳金器、塗金器、貼金器。《南渡宫禁典儀》

吴主上唐太后金花、銀器、衣段。《吴録》

南宋姜娘子善鑄銅器。《居易録》

西王母以玉盤盛桃。《漢武内傳》

皇太子納妃，有長槃五、漆尺槃三十、漆拍柈二。《東宫舊事》

武帝悼后元宫漆烏瓦槃一枚。《修復山陵故事》

阮宣子妻妒忌，禁婢甌覆槃蓋，不得相合。《妒記》

帝以荒淫得煩燥病，醫丞乞置冰盤於前，日夕朝望之。自兹諸院美人各市冰爲盤，以望行幸。京師冰爲之踴貴。《迷樓記》

至正二十六年，安南國進皇后方物狀，有榜金度銀御前花石盤一面、榜金度銀牙犀盤一面。《天南行記》

同昌公主有翡翠匣，積毛羽飾之。《杜陽雜記》

吳均《秦女卷衣詩》：「玉檢茱萸匣，金泥蘇合香。」《吳朝請集》

安南國進皇后方物狀，有金間度鋸匣。《天南行記》

皇后謁家廟後，散付親屬物件有金瓶。《武林舊事》

崔茂伯女結婚裴氏，尅期未至，女暴亡，提一金罌徑到裴床前，以罌贈裴。《幽明録》

雲陽公主下降，陸暢作《催粧詩》，六宫大咍，别賜宫錦、榜枷瓶、唾壺各一。《全唐詩話》

銀瓶小姊者，岳武穆季女也。武穆被難，女抱銀瓶墜井死。及岳王立廟，井在廟中，範銀瓶像於廡右。時有宋觀察者祀岳王，謂：「武穆精忠固當拜，銀瓶女流耳，非所宜。」障之以屏。後升公座，覩玉貎錦衣神女持弓矢當檐而立。觀察驚，顧矢發中背，成疽而死。《湖壖雜記》按：武穆有女名安娘，岳雲女大娘，岳雷女三娘，皆載於岳珂《金陀粹編》，而不及銀瓶小姊，何耶？

張籍《楚妃怨》：「手拂銀瓶秋水冷。」《張司業集》

安南國進皇后方物，有琉璃瓶連金蓋二口。《天南行記》

大食窑花瓶，以銅作身，用藥燒成五色，最宜婦人閨閣中用。《格古要論》

宫中有娠，賜物有裝畫胎衣瓶。《武林舊事》

惟有一女人愛悦於帝，名曰巨靈。帝傍有青珉唾壺，巨靈出入其中，或戲笑帝前。東方朔目之，巨靈化成青雀飛去。帝乃起青雀臺。《洞冥記》

皇太子納妃，有漆畫銀帶唾壺一。《東宫舊事》

貴人有純銀參帶唾壺三十枚。魏武帝上《雜物疏》

皇后玄宫有白瓦唾壺五枚。《山陵故事》

武后時，宜都内人以唾壺進諫。《李義山文集》

韋太后性節儉，有司進金唾壺，易，令用塗金。《宋史》

皇后儀衛有金唾壺一、金唾盂一。《明史》

杜蘭香者，女仙也。降於包山張碩家，授以飛化之道，留玉簡、玉唾盂。《集仙録》

秦嘉婦與嘉書曰：「今奉旄牛尾拂一枚，可拂塵垢。」《太平御覽》

皇太子納妃，有白旄拂二枚。《東宫舊事》

竟陵王青綃持拂，紫袖吹簫。《釵小志》

李衛公初以布衣謁楊素，素侍婢羅列，有一妓殊色，執紅拂立於前，獨目公。歸逆旅，其夜五更，忽聞叩門。開視之，乃紫衣帶帽人，杖一囊。公問：「誰？」曰：「妾楊家紅拂妓也。」公遽延入，脱去帽，乃十八九佳麗人，素面畫衣而拜曰：「妾侍楊司空久，閲天下人，無如公者，故來奔耳。」公觀其儀狀辭氣，真天人也，遂與歸太原。《豪異記》

皇后儀衛，有拂子二。《明會典》

和凝詞：「佯弄紅絲繩，拂子打檀郎。」《紅葉稿》

無瑕常執辟塵麈禮觀世音，誤落香爐中，火熾不及取，至今名爲「無塵殿」。《女紅餘志》

西王母遺黄帝五明扇。《黄帝内傳》

趙飛燕爲皇后，其女弟上五明扇。《西京雜記》

漢成帝賜趙飛燕五明扇。《古今注》

周昭王聚鵲羽爲四扇，時東甌獻二女，曰延娟、延娱，使二女更摇此扇，侍於王側。《拾遺記》

秦始皇令三妃九嬪當暑把雲母小扇子。《中華古今注》

趙飛燕爲皇后，上賜雲母扇、七華扇。崔豹《古今注》

趙飛燕爲皇后，其女弟上雲母扇、九華扇、回風扇、翠羽扇、孔雀扇。《西京雜記》

漢武帝招涼閣中異姝，以青琉璃爲扇。《漢武帝故事》

趙昭儀有七輪扇，一人運之，滿堂寒顫。《西京雜記》

漢成帝賜趙后蟬翼扇、翟扇。《古今注》

班婕妤初爲帝寵，後自知見薄，乃退居東宫，作《紈扇詩》以自傷。《古今樂録》

周昉有《紈扇士女圖》。《宣和畫譜》

晉時，令宫人把五色羅扇子。《中華古今注》

皇太子納妃，有同心扇二十、單竹扇二十。《東宫舊事》

一老姥賣六角扇，王羲之書其扇，人競買之。《晉書》

皇后玄宫中，用絹團扇六枚。《修復山陵故事》

汲太子妻李氏與夫書「並致安眾扇二」。《婦人集》

宋武帝王皇后，諱貞風。上嘗於宫中大集而裸婦人，觀之以爲笑。后以扇障面，獨無言。帝怒曰：「外舍家寒乞，今共爲笑樂，何獨不視？」后曰：「爲樂之事，其方自多，豈有姑姊妹集聚，而裸婦人形體以爲樂？外舍之爲懽，實與此不同。」《何氏語林》

皇太后賜廢帝玉柄毛扇。《宋書》

東陽嘗贈所歡二扇，一曰銀花，一曰寄情。後復還之，有詩云：「還君與妾扇。」《女紅餘志》

檀茂崇亡，其母劉氏夢崇手執團扇，云：「以此奉別！」母驚覺，果於屏風間得扇。《異苑》

張敷生而母亡。至十歲，求母遺物，而散施已盡，惟得一畫扇，乃緘録之。每至感思，輒開笥流涕。《梁書》

王元寶家姬有龍皮扇子。《開元天寶遺事》

蜀主花蕊夫人，夏月，水調龍腦末塗白扇上，用以揮風。一夜登樓望月，誤墜其扇，爲人所得。外有效者，名「雪香扇」。《清異録》

李後主於黃羅扇上書一詩，賜宮人慶奴。《六研齋筆記》

東坡爲春夢婆書扇。《蓬窗續録》

徽宗泛舟曲江，有宮嬪持寶扇乞書。《客座贅語》

徽廟幸來夫人閣，偶灑翰於小白團扇。陳郁《話腴》

淳熙五年賞牡丹，隨駕宮人並賜沉香柄金絲御書扇一柄。《乾淳起居注》

皇后謁家廟後，散付親屬物件有畫扇、翠扇。《武林舊事》

端午，賜后妃諸閣金絲翠扇。《乾淳歲時記》

候湖門外陳宅厨娘，破黃花魚，腹中得玉孩兒扇，乃是高宗舊時誤墜於水者。上見之大悅，封厨娘孺人。《西湖志餘》

婦女多用漏塵扇柄異色影花扇。《夢粱録》

趙總憐以扇頭乞詞，王稱心亦有是請。《酒邊詞》

吳文英有《題藕花洲尼扇詞》。《夢窗丁稿》

鄭櫟年醉歸，一婢掖至中堂。坐榻上，因舉扇囑婢揚風。凡數扇，婢忽擲扇於地曰：「無恁地工夫。」言訖不見。櫟年始知爲鬼。《陶朱新録》

夏至日，俗謂之「朝節」，婦人進彩扇。《遼史》

嘗收得楊妹子所寫絹扇面，摺痕尚存，即今世所用摺扇也，亦名「摺骨扇」，亦名「聚頭扇」。《春風堂隨筆》

摺疊扇，一名撒扇。南方婦女皆用團扇，惟妓女用撒扇。近年良家女婦亦有用撒扇者。《客中聞集》

木元經嘗登秦觀峰，夢老嫗攜一女子甚麗，以一扇遺生。明年入都，道出武清，散步柳陰，過土橋，有遺扇在芳草中。收視之，上有詩云：「煙中芍藥朦朧睡，雨底梨花淺淡粧。小院黃昏人定後，隔牆遙辨麝蘭香。」異之。須臾見一女郎遊樹下，隱隱穿林而去。元經遂題二詩於樹前。至野店，問村民，或曰：「此處有田將軍園林，豈即其家眷屬乎？」逾年，謁選爲工部郎。休沐之暇，偕僚佐同出土橋。偶憩田家，老嫗熟視其扇，曰：「此吾女手跡也。偶過溪橋失之，何爲入君手？吾女尋扇至溪橋，見樹上二絶，朝夕諷詠，得非君作乎？」命其女出見，宛如夢中。共相嘆異，遂納之。女名娟娟，即田將軍女也。《驪珠雜録》

楊方《合歡詩》：「暑搖比翼扇。」《玉臺新詠》

《子夜歌》：「郎贈合歡扇。」《古今樂録》

王建《宮詞》：「宛轉黄金白柄長，青荷葉子畫鴛鴦。把來不是呈新樣，欲進微風到御床。」

王禹玉《端午夫人閣帖》云：「金縷黄龍扇，蘭芽翠釜湯。」《海録碎事》

《女仙詩》：「分明一夜文姬夢，只有青團扇子知。」《癸辛雜識》

姚淑人有《蒲扇詩》。《宮閨詩史》

趙如燕年十三録籍教坊，楷法絶佳。予嘗得其書扇，後題云：「乙卯中秋，同西池徵君、質山學士集海濱天香書屋，書此竟，聞任岳憲在陸涇壩禦倭大捷，奏凱回戈，亦快事也。」沈嘉則爲作傳云：「趙雖平康美人，使具鬚眉，當不在劇孟、朱家下。」今即其題扇數語，豪宕可知。《静志居詩話》

姜淑齋工撫晉人書，京師士人得其手書紈扇便面，多珍秘焉。《蜀道驛程記》

趙康王《宮詞》：「薄鬢斜鬟十五餘，粧成猶未下庭除。納涼記得君王作，私把泥金小扇書。」《居敬堂集》

秋香，南京舊院妓也。後從良，有舊識欲相見，以扇畫柳題詩拒之，云：「昔日章臺舞細腰，任君攀折嫩枝條。如今寫入丹青裹，不許東風再動摇。」《青泥連花記》

周羽步以吴蕊仙畫梅扇寄冒丹書内人。《本事詩》

毛休文母汝太君畫扇，山水草蟲，無不臻妙。《落木庵集》

女郎周禧畫荷包牡丹扇頭，甚工。《笛漁小稿》

淳熙十一年六月，進太皇后物內，有白玉香珀扇墜兒四枚。《乾淳起居注》

梁費昶詩：「金花起搖步，紅彩發吹綸。」吹綸，不知何物，據詩意想，是婦人所執如暖扇之類。歐陽玄詞：「十二月都人供暖箑，宮中障面霜風獵。」予嘗有《冬日宮詞》云：「障風貂尾扇，熅火象牙籠。」《升庵外集》

仙壇秋月圖宮扇，宋寧宗后楊氏題詩，自稱「楊妹子」。《禮部集》王士禎曰：「吴師道誤以楊妹子爲楊后。」

趙仲啓月夜露坐，仰見一女子，粧飾甚麗，如乘鸞鶴。一女持宮扇衛之，逡巡入月而没。《汾陽遺稿》

諸王親迎，用方團掌扇四。《宋史》

公主出降，前後用紅羅銷金掌扇遮簇。《東京夢華録》

《二女仙圖》，婢持翬扇在後。《眉庵集》

隋煬帝在水精殿，令宮人把半月雉尾扇子。《中華古今注》

皇后儀仗，有小雉扇四。《明會典》

皇太后、皇后儀仗，有偏扇、圓扇、方扇、雉尾扇、朱畫團扇。《玉海》

周漢國公主轎前，有方扇四、圓扇四。《南渡宮禁典儀》

諸妃儀衛，用偏扇、方扇、團扇各十六，諸嬪各十四，皆宫人執。《金史》

皇后儀仗，有方扇八；皇妃，繡方扇四；東宫妃，紅繡方扇四；郡王妃，青圓扇二、紅圓扇二。《明會典》

皇后儀仗，有紅雜花團扇四；皇妃，紅花團扇四、青繡團扇四；東宫妃，紅繡花團扇四；親王妃，青孔雀團扇四、紅花扇四。《明會典》

和凝《宫詞》：「才人侍立持團扇，金縷雙龍貼碧藤。」《紅葉稿》

北周天元帝詔内外命婦皆執笏。《歷代命婦朝賀禮儀》

命婦笏，以象牙爲之。《明會典》

崇妓緑珠，有珊瑚如意，長三尺二寸。《石季倫本事》

玄宗夏月授楊妃却暑犀如意。《楊妃外傳》

南宋宫人有青芝雙虬如意，是六朝宫人所遺。《談薈》

葛巾娘子床頭有水精如意，上結紫巾，蓋花妖也。《花史》

西王母賜黄帝念珠。《大有經》

慈聖曹后有百寶念珠，價直千萬。《投轄録》

西湖斷橋有老姥自焚者，年七十歲，衣紫花布衫，項挂念珠，手焚綫香三枚，至龕前，向西方膜拜畢，入龕。自開龕門而坐，漸見龕中煙出，火隨烈，發龕即燼。其親屬相送亦不哭。城中

婦女聞之，相與募錢搆一草庵，瘞其骨，繪像奉之，乞名「西昇庵」。《硎房偶筆》

顧東山有女，美而不嫁，好服壞衣，持念珠，作六時梵語。父母知其志，爲築即是庵處之。因號「即是庵主人」。《水南日記》

西藏婦女，貴賤皆項掛念珠一二串，自珊瑚、青金、硨磲至木珠不等。《衛藏圖識》

淳熙十一年，進太皇后物，有龍涎香數珠。《乾淳起居注》

辰、沅、靖州蠻女子，以海螺爲數珠掛頸上。《老学庵筆記》

永樂十三年，賜寧國長公主金厢紫檀木數珠一串，計一百一十顆，上帶金小杵一個。《弇山堂別集》

曹壽奴，小字山姑，崇禎吳興女子也。夫君北行，以菩提數珠留贈。詩云：「百八菩提子，紅絲貫小纓。無眠後夜月，留記遠鍾聲。」《明詩綜》

武帝燃九光之燈以待西王母。《漢武帝內傳》

峅嵘細棗有膏，可燃燈，西王母握以獻帝。《洞冥記》

趙飛燕爲皇后，其女弟上七枝燈。《西京雜記》

趙昭儀有常滿燈，七龍五鳳，雜以芙蓉。《百實總珍集》

皇太子納妃，有金塗連盤鴨燈、金塗四尺長燈、銀塗二尺連盤燈。《東宮舊事》

采，荀爽女，爲陰瑜妻。夫亡，爽逼嫁與郭奕。入郭氏室，暮乃去帷帳，建四燈，盛粧飾，

斂袵正坐。與奕相見，言辭不掇。奕敬憚，不敢逼，至曙出。《荀采傳》

倡樓之上，每夕常有絳紗燈萬數。《揚州夢記》

深閨巧娃剪紙成影燈，馬騎人物，旋轉如飛。《乾淳歲時記》

闔閭夫人墓中，漆燈如日月，金蠶、玉燕千雙。《述異記》

寧王宮中，每夜帳前羅列木雕矮婢，飾以彩繪，各執華燭，自昏達旦，名曰「燈婢」。《開元天寶遺事》

廬江王夫人有《燈花占》一卷。《然脂集》

有人於昭應寺讀書，見一紅裳女子吟詩，云：「金殿不勝秋，月斜石樓冷。誰是相憐人，褰帷吊孤影。」叩其姓氏，云：「姓朱，名昭遠，字無忌。上祖在漢時封長明公。唐天寶中，封妾爲珊瑚夫人，賜珊瑚帳居之。自此，巽郎蛾子不復爲暴。」言訖，入經幢而隱。蓋燈也。《異聞實録》

楊楨借石甕寺肄業，忽有一紅裳女子，容色殊麗，姿態動人，徐步歌於簾外。楨問其姓氏，曰：「妾燧人氏之苗裔也。倘承周旋，誓必無累。」楨納之。自是晨去暮來，惟霾晦則不至。楨之乳母潛伏俟之，見其自隙而出，入西幢，澄澄然一燈矣。撲滅之，遂絶。《螢雪叢説》

西王母取緑桂之膏以照夜。《西王母傳》

薛靈芸母陳氏，每聚隣婦夜績，以麻膏照夜。《拾遺記》

范靜妻沈氏《詠燈》詩：「開花散四照，含光出九微。」《煙花集》

韓偓詩：「鳳脛燈青照洞房。」《香奩集》

懿德皇后《回心院詞》云：「剔銀燈，待君行。」《焚椒録》

張劭有《詠紅紗美人燈》詩。《三家詠物詩》

瞿佑有《詠女鞋燈》詩。《存齋樂全集》

王母授黃帝洞霄盤雲九華燈檠。《事物紀原》

宋濳延趙當訓誨子弟，忽見美婦人立於燈下，唱曰：「郎行久不歸，妾心傷亦苦。低迷羅箔風，泣向西窗雨。」遂滅燈，趨趙就寢。明夜又來，唱曰：「一自别來音信杳，相思瘦得肌膚小。秋夜迢迢更漏長，守盡寒燈天未曉。」後又唱曰：「獨倚朱扉翠黛顰，傷嗟良夜暫相親。如今且伴才郎宿，應爲才郎喪此身。」諸生怪趙精神恍惚，具告其父。濳往覿焉，見一婦人唱曰：「向晚臨鸞拂黛眉，紅妖艶冶照羅幃。不辭夜夜偷相訪，只恐傍人又得知。」宋抱之，乃一燈檠。《雲齋廣録》

韓國夫人爲千枝燈，臺高八十尺。置高山上然之，千光奪目，百里之内皆可望焉。《津陽門詩注》

《漢書》：「趙昭儀居昭陽殿，壁帶爲黃金釭。」白樂天詩：「紅釭霏微滅。」張光朝詩：「星釭凝夜暉。」陸魯望詩：「月釭曉屏碧。」皆謂燈也。李賀詩曰：「語燕踏簾鈎，曉釭屏中

碧。」亦謂美人宴眠而曉，燈猶在釭也。《丹鉛録》

江南貴家，每宴，響玉一鳴，青衣紅綃十餘曹，籠燈迎立。《叙小志》

諸王親迎，用生色燭籠十。《宋史》

周漢國公主簷前，有燈籠二十、提燈二十。《南渡宫禁典儀》

皇后儀仗，有紅紗燈籠四。《明會典》

客氏出入皆以五更，内府供用庫大白蠟燈籠、黄蠟炬、燃亮子，不下二三千枝。《酌中志略》

后夫人將侍，於君前息燭，後舉燭。《尚書大傳》

齊女徐吾與隣婦李吾輩合燭夜績，李吾以徐吾貧，燭數不屬，欲弗與夜。徐吾曰：「一室之内，益一人燭不爲益闇，去一人燭不爲益明。何愛東壁餘光，使貧妾不蒙見哀之惠乎？」遂復與夜績。《列女傳》

羊侃宴客，侍婢百餘人，俱執金花燭。《梁書》

太宗夜幸玉堂，蘇易簡已寢，無燭不能覓衫帶，宫嬪乃自窗槅中引燭入照之。《天録識餘》

韋涉家宴，婢皆執燭，四面行立，呼爲「燭圍」。《長安後記》

同昌公主有香蠟燭，燭上煙出，則成樓閣臺殿之狀。或云燭内有蜃脂故也。《杜陽雜編》

同昌公主薨，帝以仙音燭賜安國寺，冀追冥福。狀如高層露臺，雜寶爲之，花鳥皆玲瓏，臺上安燭。既燃點，則玲瓏者皆動，丁當清妙。燭盡，響絶。《虚谷閑抄》

韓渥視草金鑾殿，深夜方還，宫妓秉燭以送。《南唐近事》

王衍夜泛小龍舟，使宫人乘短畫船，倒執炬蠟千餘條，逆照水面以行。《五國故事》

上元燈宴，后母當入觀。高后止之，曰：「夫人登樓上，必加禮，於心殊不安。」但令賜之燈燭。《宋史》

太后回鑾，復值稱壽，上用龍涎、沉腦屑和蠟爲燭，兩行列數十枝，豔明香溢。上問：「此燭頗愜聖意否？」太后曰：「爾爹爹每夜常設數百枝，諸閤亦然。」上因后起更衣，微謂憲聖曰：「如何比得爹爹富貴！」《避暑漫抄》

張芸叟初遷，集兒女把酒。芸叟有怏怏不樂之意，命各探坐中物賦詩。一女賦《蠟燭》云：「尊前獨垂淚，應爲未灰心。」蓋以諷之。《退齋雅聞録》

皇太后、皇太妃燈燭局，有燈燭郎君。《遼史》

安南國進皇后方物，有金燭臺一對。《天南行記》

黄輔夜飲，有三婦人至，輔曰：「夜過三更，小娘子豈得到此？」三婦怒把鐵燭逐之，輔放聲叫呼，忽無所見。《異聞總録》

季貞，常熟沙頭市女子。少有夙慧。其父老儒也，抱置膝上，令詠燭詩。應聲曰：「淚滴非因痛，花開豈是春。」父推墮於地，曰：「非良女子也。」《玉塵新譚》

丁六娘《十索》詩：「懽情不耐眠，從郎索花燭。」《名媛詩歸》

梁簡文帝詩：「燭銀踰漢女。」江總《貞女峽賦》：「會照耀之燭銀。」《玉臺清照》

娼女孫小九家，燭結花若連珠。《夷堅志》

桀愛蒙山二女，宮中燭心至跋，皆用異香寶屑。燃之，數里皆香。《燉煌紀年》

柳公權召對，燭見跋，宮人以蠟淚揉紙繼之。《唐書》

文帝迎靈芸，築燭臺，列燭臺下，望若列星。《拾遺記》

故宮中，用鏤金合硫黄爲發燭。《佩楚軒客談》

周建德中，齊后妒，宮女貧者以發燭爲業。《輟耕録》

惠文與華陽夫人用吸火水晶瓶以滅燭。《芸窗私記》

漢制，後宮用五色薰籠。《西京雜記》

漢光武后陰麗華，有金虬屈膝倒鳳銜花篛局。篛局，古薰籠也，亦名秦篝。《記事珠》

皇太子納妃，有漆畫手巾薰籠二、大被薰籠三、衣薰籠三。《東宮舊事》

正月初婚，忌空床。不得已者，以薰籠置床厭之。《居家宜忌》

王建《宮詞》：「銀薰籠底火霏霏。」《王司馬集》

王季娥詩：「薰籠香冷火應消。」《群芳譜》

后梓宮中，有象牙火籠。《修復山陵故事》

梁范靜妻沈氏《詠五彩竹火籠》詩云：「氤氳擁珠被，出入隨緗裙。」《名媛集》

各宫冬天火爐約有數千，皆銀爲之。《看花行者談往》

馮小憐有足爐曰「辟邪」，手爐曰「鳧藻」。冬天頃刻不離，皆以其飾得名。《採蘭雜志》

范夫人徐淑詩：「地爐火盡冷侵床。」《群芳譜》

奩史卷八十五

東吴王初桐于陽纂述
中吳胡士震竹巖校刊

器用門二

器下

越有美女二人，夷光、修明，以貢於吳。吳處以椒華之房，貫細珠爲簾幌，朝下以蔽景，夕捲以待月。二人當軒並坐，理鏡靚粧於珠幌之內。若雙鸞之在輕霧，沚水之漾秋蕖。《寶櫝記》

徐福爲始皇作自然之簾，懸於宮門。始皇抱文殊於膝上，其簾便下。去之，則簾自捲。又名「不鈎」。《記事珠》

漢武起招仙閣，以處異姝，編翠羽麟毫爲簾。《漢武故事》

趙昭儀居昭陽殿，織珠爲簾，風至則鳴。《西京雜記》

則天后垂簾，與張嘉貞語。嘉貞請去簾，后去之。《嘉話録》

張說於元宵召諸姬共宴，苦於無月。夫人以雞林夜明簾懸之，炳於白日。夜半月出，惟說宅

無光，簾奪之也。《採蘭雜志》

唐宫中有瑞英簾，人在簾間，自外望之有光。《清異録》

《摩勒傳》：「紅綃妓軸簾延客。」軸簾，言捲之如軸。《表異録》

夏侯亶性儉率，有妓妾十數，並無被服。每客至，常隔簾奏樂，時謂簾爲「夏侯妓衣」。《雞蹠集》

同昌公主出降，堂中設却寒之簾，類玳瑁斑，有紫色云，却寒鳥羽所成，設之辟寒。《杜陽雜編》

解學士訪某駙馬不值，公主聞其名，欲觀之，隔簾使人留茶。解索筆題曰：「錦衣公子未還家，紅粉佳人叫賜茶。内院深沉人不見，隔簾閑却一團花。」《佳言玉屑》

嫁女粧奩，床帳門簾止用厚紅縑子爲之，不必首帕札花紬緞。《婚姻約》

花史有捲簾侍女。《西堂剩稿》

崔顥《盧姬篇》：「水晶簾箔繡芙蓉。」《唐詩玉臺新詠》

歐陽六一倣玉臺體詩：「銀蒜鈎簾宛地垂。」銀蒜，蓋鑄銀爲蒜形，以押簾也。宋元親王納妃、公主下降，皆有銀蒜簾押幾百雙。《詞品》

《崇蘭館序》云：「綺幔高褰，結金索皆神麥之穗。珠簾不捲，懸銀鈎盡仙蒜之條。」《女紅餘志》

女媧筮，張雲幕，而枚占神明。《歸藏》

漢武帝以衣帶縛麗娟之袖，閉於重幕之中，恐隨風而去也。《洞冥記》

趙飛燕於宵遊宮，鋪黑綈之幕，取夜不見形。《趙后遺事》

同昌公主有瑟瑟幕，色如瑟瑟，輕明虛薄，向空張之，則疏朗之紋如碧絲之貫真珠。雖大雨暴降不能濕溺，云以鮫人瑞香傳也。《杜陽雜編》

粲姬盆幕，融如陽春。《天禄閣外史》

孫權趙夫人巧妙無雙，析髮以神膠續之，織爲羅縠，裁爲幔。内外視之，飄飄如煙氣輕動，而房内自凉。時人謂之「絲絶」。《拾遺記》

宋氏傳父《周官音義》，苻堅命就其家立講堂，以宋氏爲文宣君，書生隔絳紗幔受業焉。《秦書》

梁朝柳惔甚重其婦，頗成畏憚。性愛音樂，女妓精麗，略不敢視。僕射張稷與惔密，而爲惔妻賞敬。稷每詣，惔必先相問夫人。惔每欲見妓，恒因稷請。奏其妻，隔幔坐，妓然後出。《梁書》《南史》同。

范純仁婦以羅爲帷幔，文正公不悦。《蘇氏家語》

昭王與儀姬夜戲帷中。《玄觀手抄》

泉丘人有女，夢以其帷幕孟氏之廟，遂奔之。《讀左日抄》

孔子見衛夫人南子在錦帷中。孔子北面稽首，夫人自帷中再拜，環珮之聲璆璆然。《魚豢典略》

齊孝孟姬使侍御者舒帷以自障蔽。《急就篇補注》

西王母以紫錦爲帷。《漢武故事》

武帝張雲錦之帷，以待西王母。《漢武帝內傳》

趙飛燕爲皇后，其女弟上遺金錯繡帷。《西京雜記》

鄴三老、廷掾嘗爲河伯娶婦，河上張絳帷，女居其中，如嫁女之法。《讀史備忘》

皇太子納妃，有青布碧裏梁下帷一、紺絹青布窗户帷各一。《東宫舊事》

穆帝立，年始二歲，皇太后褚氏設白紗帷於太極殿，抱帝臨軒。《晋陽秋》《晋起居注》同。

懿安張太后居崇寧宫。帝每年正旦朝后，帝四拜，后在帷中荅兩拜，各不相見。《舟車集》

燕昭王處旋娟、提嫫以丹綃華幄。《拾遺記》

皇太子納妃，有絳絹幄。《東宫舊事》

武帝思念李夫人，有方士李少翁言能致夫人之神，乃夜設燭燈於幄帷，令帝别居幄帷中，遥望見李夫人之貌。《桓子新論》

元后未央宫置酒，内者令爲傅太后張幄座於太皇后旁，王莽曰：「定陶太后藩妾，何得與至尊並？」撤去更設座。傅太后聞之，大怒，不肯會。《漢書》

皇太后、皇太妃殿幄局，有殿幄郎君。《遼史》

傅信母疾悸，信取雞鴨置承塵上，落地，母轉怖。《語林》
淳祐間，吳妓徐蘭擅名一時。堂館華麗，至以錦纈爲地衣。《癸辛雜識》
世祖宏吉剌后勤儉有節。宣徽院羊臑皮置不用，后取之合縫爲地毯。《元史》
花蕊夫人《宮詞》：「青錦地衣紅繡毯。」
越將伐吳，越王命於夫人。王背屏，夫人向屏而立，王曰：「自今日之後，內政無出，外政無入。」王出，夫人送王不過屏，因反闔其門，填之以土。《吳越春秋》
漢武帝李夫人以雜寶爲黿甲屏風。《洞冥記》
成帝省減椒房，許皇后上疏曰：「使妾欲作某屏風張於某所，必繩妾以詔書矣。」《漢書》
趙飛燕爲皇后，其女弟在昭陽殿，上襚三十五條，內有雲母屏風、瑠璃屏風。《西京雜記》
孫亮作瑠璃屏風，令愛姬坐屏風內，而外望之如無隔，惟香氣不通於外。《拾遺記》
趙昭儀昭陽殿中，設木畫屏風，文如蜘蛛絲縷。《西京雜記》
吳主亮爲夫人作金螭屏風，鏤祥物一百三十種。一日，亮與夫人戲，觸屏，墜其一鳳，頃之飛去。《南部煙花記》
石虎作金銀鈕屈膝屏風，使皇后、夫人行坐其中。《鄴中記》
皇太子納妃，有床上屏風十二牒，銀鈎鈕；梳頭屏風二十四牒；織成遮地屏風十四牒，銅環鈕。《東宮舊事》

荀介子爲荆州刺史，荀婦大妒，恒在子齋中，客來便閉屏風。有桓參軍者來詣荀諮事，論事已訖，復作餘語。婦在屏風裹語云：「桓參軍論事已訖，何以不去？」桓狼狽走。《俗説》

顔延之愛姬死，以冬月臨哭，忽見妾排屏風以壓延之。延之懼，墜死。《異苑》

周千金公主先嫁突厥，及隋文帝篡周，又滅陳，以陳主叔寶屏風賜主。主因宗國之亡，心懷不平，因書屏風爲詩，敘陳亡自寄。末云：「惟有昭君曲，偏傷遠嫁情。」讀者悲之。《女世説》

煬帝鑄烏銅屏數十面，磨以成鑑，爲屏，環於寢所。帝御女，纖毫皆入鑑中。《迷樓記》

陽文張玳瑁屏風，黄金爲屈膝，長七尺，廣二尺，可以卷舒。《女紅餘志》

玄宗以虹霓屏風賜貴妃。其屏風雕刻前代美人之形，可長三寸，衣服皆用衆寶雜厠而成。水精爲地，外以玳瑁、水犀爲押，絡以珍珠、瑟瑟。間綴精妙，殆非人爲所製。此乃隋義成公主物，貞觀初，與蕭后同歸中國，上因而賜焉。妃歸衛公家，遂持去，安於高樓上，未及將歸。國忠日午偃息樓上，至床，覩屏風在焉。纔就枕，而屏風諸女皆下床前，各通所號曰：裂繒人也，溫定陶人也，穹盧人也，當壚人也，亡吳人也，步蓮人也，桃源人也，斑竹人也，奉五宫人也，温肌人也，曹氏投波人也，吳宫無雙返香人也，拾翠人也，竊香人也，金屋人也，解佩人也，爲雲人也，董雙成也，爲煙人也，畫眉人也，吹蕭人也，笑躄人也，垓中人也，許飛瓊也，趙飛燕也，金谷人也，小鬟人也，光髪人也，薛夜來也，結綺人也，臨春閣人也，扶風女也。諸女各以物列坐。俄有纖腰妓人近十餘輩，曰「楚章華踏謡娘」也，乃連臂而歌之曰：「三朵芙蓉是我流，大楊造得小楊收。」俄而遞爲本藝，呈訖，一一復歸屏上。國忠惶懼，遽走下樓，急令封鎖之。貴妃知之，亦不欲見焉。《太真外傳》

孫夫人有木頞小石屏，號「玉羅漢屏」。《山家清供》

延鈞爲金鳳造水晶屏風，周圍四丈二尺。與金鳳淫狎於內，令宮女隔屏覘之。《金鳳外傳》

王淑妃有水精金脈屏風。《清賞録》

鄧林婦病，積年垂死。韓支爲筮之，使畫野猪著臥處屏風上，一宿遂差。《觀生手鏡》

英英采芳館內，設六角雕羽之屏。《元氏掖庭記》

太子納妃，有絲布碧裹步障三十，漆竿銅鈎。《東宮舊事》

王凝之妻謝氏有才辯。獻之嘗與賓客談論詞理，將屈，謝氏遣婢白獻之曰：「欲與小郎解圍。」乃施青綾步障自蔽，與客申獻之前議，客不能屈。《晉書》

睞娘每夜研墨濡潁，列繡燈，圍以紫絲步障。《觚賸》

寵姐，寧王愛姬。王宴客，妓妾皆在，獨寵姐無得見者。李白恃酒強之，乃設七寶花障，使寵姐於障後歌之，白曰：「雖不許見面，聞其聲亦幸矣。」《侍兒小名録》

皇太后、皇后儀仗，有行障、坐障。《玉海》

諸皇親迎，行障、坐障各一，引障花十。《宋史》

周漢國公主下降楊鎮，其轎前有引障花十、行障、坐障。《南渡宮禁典儀》

行障、坐障，自唐宋有之。皇后重翟車後，皆有行障六、坐障三，左右夾車宮人執之。而《唐書》、《宋史》不載其制。《金史》：「行障長八尺，高六尺。坐障長七尺，高五尺。」明皇后用行障、坐障，皆以紅綾爲之，繪升降鸞鳳雲文。行障繪瑞草於瀝水，坐障繪雲文於頂。《明史》

皇后以下，皆用行障二、坐障一，别有綵繪。皇妃行障、坐障俱紅綾爲之，繪雲鳳香草。《明會典》

丁六娘《十索》詩：「欲防人眼多，從郎索錦障。」《玉臺新詠》

西王母梯几戴勝。郭璞曰：「梯，憑也。」《山海經》注

趙昭儀有玉几。《西京雜記》

帝用樊嫕計，爲后别開遠條館，賜文玉几。《飛燕外傳》

韓康伯母隱古几。《晏公類要》

武后倚檀几與宜都内人語。《李義山文集》

謝蘊玉有七寶靈檀之几。几上有文字，隨意所及，文字輒形隸、篆、真、草，亦如人意。《玄觀手抄》

安南國進皇后方物，有羚羊角几一。《天南行記》

許后五日一朝皇太后於長樂宮，親奉案上食。《漢書》

皇太子納紀，有漆金度足奏案一枚。《東宫舊事》

玉女以金案玉杯盛藥賜沈羲。《神仙傳》

石虎以宫人爲女官，門下通事，以玉案行文書。《鄴中記》

同昌公主琢百寶爲圓案。《杜陽雜編》

孟光舉案齊眉。按《説文》：「几屬也。」用修以案爲今之案卓，非也。至以爲碗，尤無據。《楚漢春秋》：「淮陰侯謝武涉：漢王賜臣玉案之食。」以今度之，想是玉盤而下有足者曰「玉案」，故《説文》以爲几屬耳。《宛委餘編》

古人布席於地，席上置案，如今世滿洲桌是也。梁鴻家或從此制，所以可舉。《天香樓偶得》

嫁女粧奩，卓椅不必鋪螺墊等令價高難置。《婚姻約》

徐敦立言：往時士大夫家，婦女坐倚子、兀子，則人皆譏笑其無法度。《老學庵筆記》

皇后儀仗，有金文椅。《明會典》

薩都剌《題宫人圖》云：「沉香椅上鳳褥光。」《雁門集》

楊褒家甚貧，家姬數人，布裙糲食，而歌舞妙絶。歐陽公《見楊直講侍兒雙彈琵琶》詩：「嬌兒兩幅青布裙，三脚木床坐調曲。」蓋紀實也。《燕談録》

大家用三脚木床以坐歌妓，謂之「鼎杌」。《言鯖》

皇太子納妃，有獨坐褥二。《東宫舊事》

《子夜冬歌》：「炭燭却夜寒，重袍坐疊褥。」《樂府詩集》

宋劉貴妃入宮爲紅霞帔，屢進賢妃，恃寵驕侈。盛夏以水晶飾脚踏。高宗取爲枕，妃懼，乃撤去。《清賞録》

皇后儀仗，有金脚踏。《明會典》

陳後主倚隱囊，置張貴妃於膝上。百司啓奏，令貴妃决之，無所遺脱。《陳書》

姚嫣俞詩：「坐擁烏皮倚隱囊，且翻焚夾静焚香。」《再生餘事》

張祐《病宫人》詩：「四體强扶藤夾膝。」《唐詩歌吹》

帝見王母有一卷書，盛以紫錦之囊。母曰：「此《五嶽真形圖》也。」《漢武内傳》

成帝許美人乳，詔使婢嚴持緑囊書與美人。美人葦篋盛所生男，緘封，及緑囊報書予嚴。《漢書》

安妃侍女帶青革囊。《真誥》

俗之婦人，八月旦，多以錦翠珠寶爲眼明囊，凌晨，取露拭目。梁武帝《眼明囊賦序》

煬帝宫女無數，不得進御者亦極衆。侯夫人一日自經於棟下。臂懸錦囊，中有文。左右取以進帝，乃詩也。帝反覆傷感，厚禮葬之，以其詩令樂府歌焉。《迷樓記》

裴通遠妻女車輿遊觀，日晚而歸。有白頭嫗徒步奔走，車中四小女許以共載。嫗荷愧登車，及至而去，乃於車中遺下小紅錦囊。諸女共開之，中有白羅製爲逝者覆面之物四焉。諸女驚駭，

亟棄於路。不旬日，四女相次而卒。《集異記》

窈窕以相思子兩枚書各其上，與叔良互藏一枚，謂之「留情石」。又作鸞鵲錦囊盛之，繡銘於上，曰「兩心如石，萬載靡斁」。《瑯嬛記》

剡縣民獵經深山，見小屋中女子，年十五六，容色甚美，著青衣，忻然與爲室家。後思歸，女以腕囊與之。語云：「慎勿開也。」既歸，開視，有小青鳥飛去。《搜神後記》

更嬴妻能作鎖雲囊，大如蠶繭，可以開合。佩之陟高山，有雲處，不必開囊，雲氣自入其中。歸家啓視，有雲氣如白綿自囊出。《謝氏詩源》

齊凌波以藕絲連螭錦作囊，四角以鳳毛金飾之，實以辟寒香，以寄鍾觀玉。觀玉方寒夜讀書，一佩而遍室俱暖，芳香襲人。《林下詩談》

禁中臘月三十日爲大節。夜，后妃諸閤皆進歲軸兒及珠翠百事吉利袋。《九朝通略》

宫中有娠，賜紅布袋，盛馬通末，用簇花生色袋副之。《武林舊事》

永樂十三年，賜寧國長公主紅字輪六十個、大吉祥妙輪十一個、大紅明花紵絲袋金字輪三個，共一袋。《弇山堂别集》

九華安真妃侍女，著青衣，捧白玉箱，以絳帶絡之。箱似象牙箱形。《真誥》

靈昭夫人兩侍女，捧赤玉箱二枚，青帶絡之。題白玉檢曰「太上章」，一檢曰「太上文」。《登真隱訣》

周漢國公主下降，房奩有羅鈿柳箱籠百隻，並鍍金銀鎖百具，錦袱百條。《癸辛雜識》

江岳遠遊，以其妾三姐併二箱置友人家。友人家婦女進饌，出即掩其門。竟日危坐，三年而不變。會主人當賀，江妾具禮物甚腆。後主人之婦女窺視其箱，多金寶錦繡。《梅花草堂筆談》

温璜母陸孺人姑沈病且貧，同坐臥一板箱，種火煨粥以爲食。《静志居詩話》

某家新婦于歸之夕，有賊穴壁入，以大木擊死。其家舉火視之，乃所識隣人。惶惑，恐反以餌禍，新婦曰：「無妨。」令空一箱，納賊屍於内，舉至賊門首，剥啄數下。賊婦開門見箱，謂是夫所盗，即舉至内。數日夫不返，發視，乃是夫屍。《耳譚》

陳友諒所愛桑妃，有水晶鏤鳳箱，海賈所進。《雲蕉館紀談》

嫁女粧奩箱櫃，大小不過八，不必鋪螺墊等令價高難置。《婚姻約》

《黄竹子歌》：「江邊黄竹子，堪作女兒箱。」《古樂府集》

女郎張窈窕詩：「衣裳都賣盡，羞見嫁時箱。」《鑑戒録》

金貴妃定哥，先與閻乞兒姦，及寵衰，欲以計納乞兒宫中。恐閽者索之，乃命侍兒以大篋盛褻衣其中，遣人載入宫。閽者索得，悔懼。定哥使人詰責曰：「我天子妃，親體之衣而翫視，何也？」閽者惶恐曰：「死罪。」定哥乃使人以篋盛乞兒載入宫，閽者果不敢復索。《女世説》

張訓妻，故劍俠也。太祖給諸將鎧甲，訓得敝者，不如意。妻曰：「司徒不知耳。」明日，太祖命易之。後賜馬，復得駑弱，妻復言。明日，太祖問訓曰：「爾家事神耶？吾前賜甲，是夜夢一婦人，衣珠衣，告予曰：『公賜張訓甲甚敝，當易之。』今賜馬，復夢前珠衣婦，其故何哉？」訓亦莫之測。訓妻有衣篚，常自啓閉，不爲人所見。會妻出，訓竊啓之，得珠衣一襲。《吴録》

皇太子納妃，有漆文金裝衣篚二具。《東宫舊事》

武悼皇后玄宫，有貯衣蝦蟇篚二。《修復山陵故事》

蘇耽仙去，留一櫃養母，所需即有。《列仙通鑑》

公主出，有數十人各執掃具、鍍金銀水桶前導灑之，名曰「水路」。《東京夢華録》

汪青溪妻有錫熱水器。汪每對之不樂，妻曰：「吾償其值而得之者，何傷於廉？」《桯史》

元吕徽之隱居樂道。雪後，有訪之者，惟草屋三間。忽米桶中有人，乃其妻也。因天寒無衣，坐其中。問徽之所在，答方捕魚溪上。《今世説》

荀邃夫人有志行。歲荒，每來糴者，夫人恒叩其斛。糴者歸量，輒過其本。時人號曰「掾斛夫人」。《荀氏家傳》

上官昭容名婉兒，母鄭氏以遺腹生昭容，將誕之夕，夢人與秤曰：「持此秤，量天下。」鄭氏冀其男也。及生昭容，母戲之，「秤量天下，豈汝耶？」啞啞如應曰「是」。後内秉機政。符其夢云。《景龍文館記》

宫中有娠，賜鐵秤錘五個。《武林舊事》

王戎好治生，夫婦二人以象牙籌晝夜算計家財。《晉書》

皇太子納妃，有銀牙鎖二，綵帶副。《東宮舊事》

劉照爲河間太守，婦亡，葬於後園。後太守至，夢婦人遺一雙鎖。太守不能名，婦曰：「此葳蕤鎖也。以金縷相連屈伸，故以相贈。」後照果迎喪還。《録異傳》

僖宗自内出袍千領，賜塞外吏士。神策軍馬真於袍中得金鎖一枚，詩一首，云：「玉燭製袍夜，金刀呵手裁。鎖寄千里客，鎖心終不開。」真就市貨鎖，爲人取告。主將得詩，奏聞僖宗，訪出作詩宫人，遂以妻真。《全唐詩話》

河靖有一女，數歲而亡。女始病時，弄小刀子，母奪取，不與，傷母手。喪後一年，又産一女，年四歲，問母曰：「前時刀子何在？」母曰：「無也。」女曰：「昔争刀子，故傷母手，云何無耶？」母甚驚怪，告靖。靖曰：「先刀子猶在不？」母曰：「在。」靖曰：「可更取數刀子，合置一處試之。」女见大喜，遂取先者。《史書佔畢》

宫中誕育，賜物有檀香匣，盛唾銅剃刀二把，金鍍銀鎖鑰全，又有鐵鈎五十枚。《武林舊事》

永樂中，賜寧國長主公鍍金銅鈐杵六副。《弇山堂别集》

安南國進皇后方物狀，有紅錦索四條。《天南行記》

宫中有娠，賜彩畫油栲栳、簸箕各一。《武林舊事》

崑山田嫗家傳一簸箕，日以播米，形類蝦蟇殼。有商見之，以五千金買去，蓋殼能圓珠。珠

之凹凸不正者，一經殼中滾之，則圓如芡粒。《説圃識餘》

庚衮兄女將嫁，衮刈荆茗爲箕箒命之。王隱《晉書》

北朝婦人常以正月進箕箒、長生花。《酉陽雜俎》

陶穀使江南，韓熙載夜遣歌妓秦弱蘭，詐爲驛卒之女，敝衣持帚，灑掃驛庭。陶悦之，與狎。因贈一詞，名《風光好》。《玉壺清品》《茗溪漁隱叢話》曰：「《風光好》詞，《江南野録》謂是曹翰使江南贈妓；《本事曲》謂是陶穀使錢塘贈驛女；《冷齋夜話》謂是穀使江南贈韓熙載歌姬。三説互異，《少室山房筆叢》曰：『陶穀、秦弱蘭事見宋士人供狀，當不誣。』」

上元節，人家婦女召帚姑以卜。《熙朝樂事》

弊箒繫裙以卜，名「掃箒姑」，婢子爲之。《便民圖纂》

東海徐氏婢蘭香忽患羸黄，而拂拭異常。共伺察之，見掃帚從壁角來趨婢床。取而焚之，婢乃平復。《異苑》

李氏女被魅，萬尊師設壇訊之，旋風中有物下墜，則糞帚也。折之，鮮血噴出，魅乃絶。《啓禎野乘》

西王母降殿前，有五十天仙，同，執綵旄之節。《漢武內傳》

太上玉晨道君授夫人九色之節。《南岳夫人傳》

皇后儀仗，有響節二。《明會典》

西王母以玉箱杖獻武帝。《漢武內傳》

武帝登少室山，見一女子，以九節杖仰指日，閉左目，開右目，氣且絶，久乃蘇息。武帝使問之，女子不答，東方朔曰：「婦人食日精者。」《劉根别傳》

縻竺家厩側古塚，夜聞涕泣聲。見一婦人袒背而來，訴云：「昔漢末，妾爲赤眉所害，叩棺見剥，乞將軍深埋，並弊衣以掩形體。」竺許之，即命爲棺槨，以青布爲衣衫置塚中。歷一年，忽見前婦人著青布衣語竺曰：「君合遭火厄，今以青蘆杖一枚報君之惠。」竺持杖歸。隣中常見竺家有青氣如龍蛇之形。旬日，火從庫内起，有數十青衣撲火滅。《拾遺記》

郭逸妻以大竹杖打逸前妻之子死，妻因棄市。《晉書》

文宣帝沉湎日甚，婁太后舉杖擊之，曰：「如此父生如此兒。」《北齊書》

開元二年，婦人年八十以上者賜以鳩杖。《孔氏六帖》

陳季常嘗宴客，有妓侑觴。妻柳氏持杖擊照壁大呼，客遂散去。《東坡詩註》

皇后儀仗，有金吾杖四、鐙杖四。皇妃有紅杖二。《明史》

聖婆至岑樓山，渴甚，以竹杖卓地，水隨杖出。《貴州通志》

閨秀倪仁吉高董樵爲人，製方竹杖遺之。《漁洋詩話》

宜春王妃侍春日遊後圃，覩桃花爛開，意欲折而條高，小黃門取綵梯獻。《清異録》

宮中有娠，賜物有緑油柳木槌十個。《武林舊事》

《爾雅》：「嫠婦之笱謂之罶。」《説文》：「罶，寡婦笱。」《詩》云：「惟寡婦之笱。」古之漁笱，亦有制也。《古今原始》

元帝時，臨池觀竹，既枯，后每思其響，夜不能寢。乃作薄玉龍十枚，以縷綫懸於檐外。夜中，因風相擊，聽之與竹無異。民間效之，不敢用龍，以什駿代之。今之鐵馬是其遺制。《芸窗私志》

宮中有娠，賜新羅漆馬銜鐵一副。《武林舊事》

風箏近作女人形，入於雲霄，嬝娜萬狀。《春雨堂雜抄》

李韶英有《看小妹放紙鳶》詩。《浮梁縣志》

閨秀張學典有《見六妹學聖放紙蝶》詞。《美人書》

宮中誕育，賜物有竹柴五十把，眠羊、臥鹿二合各十五事，影金貼羅散花兒二千五百，裝畫子一座。《武林舊事》

一村嫗老而盲，婦炊未熟，夫喚他往，婦囑姑畢炊。嫗無所覩，誤捫溺器盛之。婦歸，不敢言，先取其當中潔者食姑，次饋夫，其器旁惡者乃以自食。未幾，天忽晝暝，其婦暗中得小布囊，貯米三四升，遂足供夕餔。明旦，視囊中米復如故，寶之至今。《睽車志》

李世賢夫人自少患遺溺，每溺輒夢兩宮人捧溺器至，而溺器兩旁悉畫龍鳳。迨公進禮部侍郎，贊皇太子大婚禮，夫人亦入宮中賀。適小遺甚急，作顰顣狀。皇后詰之，夫人以直告，遂命

宫人引至一處，以龍鳳溺器進，恍如平日夢中。《柳南隨筆》

楊貴妃溺器，蓋後人用爲盥水銅盆。《無聲詩史》

鍾益妻饁於田，遇一少男，悦之，隨至家淫焉。自去自來，家人不覩也。初婦秘不肯洩，後少年嗔婦與夫同臥，勒婦投繯。婦懼，語其姑。姑曰：「我聞妖邪懼穢，汝俟其來，執之，推入溺桶中。」婦依計，少年連聲叫曰：「拉圾，拉圾！」漸漸縮小，因以蓋罩定，久之聲息。傾出視之，乃桔槔中一塊柘木鵮漆也。《培壘居雜録》

潘璋妾，每出必以虎子自隨。《夷堅志》

褻器謂之獸子。古貴嬪家獸子皆製以銅，爲馬形，鬣尾皆具，而背爲大穴，用距之以便溺。登距時，如跨馬之狀，意便於坐，備雅觀也。今則褻器盡以木爲之，名爲「馬子」，或本乎獸子而變通之耶！《在園雜志》

安平俗，男女厠籌皆用瓦礫代紙。安平，唐博陵縣。崔鶯鶯，縣人也。不能不爲鶯鶯要處掩鼻。《甲乙剩言》

裕宗徽仁皇后侍姑昭睿皇后不離左右。至溷厠所用紙，亦以面揉令柔軟以進。《元史》

月水布燒作灰，婦人來，即取少許置門閫門限，婦人即留連不能去。《感應類從志》

令婦不妒，取月水布裹蝦蟇於厠前埋之。《博物志》

童女月經衣治霍亂。《千金方》

今世婦人褻服中有巾帨之類，用於穢處，而呼其名曰「陳姥姥」。雖委巷之談，非無自也。陳棱討杜伏威，伏威拒之，棱閉壁不戰，伏威送以婦人褻服，謂之「陳姥姥」。豈沿其稱歟？《言鯖》

嚴世蕃與婦人合，用新白綾汗巾爲穢巾。每合一次，輒棄其一於床下。歲終數之，爲淫籌焉。《笑史》

奩史卷八十六

東吴王初桐于陽纂述
范陽劉翰周東屏校刊

器用門三

舟車

周昭王没於江漢，延娟、延娱二美女夾擁王身同没。數十年間，人見王與二女乘舟於水際。《拾遺記》

漢成帝與飛燕泛舟太液池，以沙棠爲舟，雲母飾於鷁首，一名雲母舟。《西京雜記》

趙婕妤於太液池作千人舟，號「合宫之舟」。《飛燕外傳》

太液池有越女舟。《西京雜記》

皇后御翔螭舟，諸妃嬪乘浮景舟。《大業雜記》

錢忠過吴江，遇一女子攜舟獨棹於煙波浩渺間，忠作詩贈之。女子攜歸呈其父，父遂以女奉忠。泛舟同入煙波，不知所往。《青瑣集》

成都四月十九日，士女泛舟浣花溪之百花潭，相傳唐冀國夫人故事也。《老學庵筆記》

柳惲書：「請以一小蘭葉，載桃葉小姬以往。」《叙小志》

張士誠常以彩漆金花舟施錦帆，載美人泛於川，列妓女於上，使唱「尋香採芳」之曲。《壟起雜事》

王修微居無住著，嘗輕舟載書畫，往來五湖間。許玉斧《修微道人生誌銘》

李纘詩：「雙鬟小妓木蘭舟。」《草堂雅集》

甘棠娼溫琬《泛舟》詩：「醉擁笙歌綵艦搖，落花飛絮撲蘭橈。碧波行處新荷小，驚起鴛鴦拂畫橋。」《彤管集》

鄭定《高郵女兒歌》：「高郵女兒能盪舟。」《湖洄集》

漢武帝使宮人乘舟弄月，有遊月船、觸月船。《洞冥記》

漢昭帝與宮人水嬉，以文梓爲船，木蘭爲柁，刻飛鸞翔鷁飾於船首，隨風輕漾，畢景忘歸。《拾遺記》

漾綵船，貴人、美人、夫人所乘。《大業雜記》

貞元間，有俞大娘船最大。《國史補》

蜀中多是婦人刺船。《杜詩》邵注

小脚船，專載小妓女、燒香婆嫂。《夢粱録》

秦淮燈船之盛，天下所無。火龍蜿蜒，光耀天地，名姬艷粧，粉香狼籍。《板橋雜記》

修微道人每欲製一船，合玄真子舴艋、皮襲美五泄、陶峴孟雲卿三舟爲式，布帆桂檝，浮沉煙外。許玉斧《修微道人生誌銘》

《黄竹子歌》：「一船使二槳，得娘還故鄉。」《古樂府》

朱灝《宫詞》：「采蓮宫女分花了，笑把蘭篙學刺船。」《中州集》

楊維禎《西湖竹枝詞》：「小小渡船如缺瓜，船中少婦竹枝歌。」

煬帝龍舟，蕭妃鳳舸，錦帆綵纜，窮極侈靡。每舟擇妙麗長白女子千人爲殿脚女，擢吳絳仙爲首檝，號曰「崆峒夫人」。《大業拾遺記》

青凫舸、凌波舸、飛羽舫，宫人習水者乘之。《大業雜記》

端陽日，金鳳造綵舫數十於西湖。每舫載宫女二十餘人，衣短衣，鼓楫爭先。金鳳作《樂遊曲》，使宫女同聲歌之。《金鳳外傳》

樓叔韶至一精舍，主人乃少年僧。推窗，平湖當前數十百頃。僧以麈尾敲闌干數聲，俄有小畫舫傍湖而來。二美人徑出登岸，靚粧麗質，王公家不過也。《談藪》

王端淑嘗夢坐安妃畫舫。《本事詩》

錢芳標詞：「淡粧人在小煙波。」注：小煙波，舫名。《湘瑟詞》

朱烏航、蒼螭航，宫人習水者乘之。《大業雜記》

靈帝於西園起裸遊館千間，引渠繞砌，畫船遊漾，選玉色輕體以執篙檝。其水清澄，盛暑時，使舟覆没，視宮人玉體者。《拾遺記》

女娟者，趙津吏之女也。簡子欲殺津吏，娟懼，持檝走前曰：「願以微軀易父之死。」備員用檝，遂與渡中流，爲《河激之歌》。簡子大悦，歸納爲夫人。《列女傳》

殿脚女千人，皆執雕板鏤金檝。中有吴絳仙者，有寵於帝。帝因吟《持檝篇》賜之。曰：「舊曲歌桃葉，新粧艷落梅。轉身倚輕檝，知是渡江來。」《隋遺録》

龍舟用綵纜十條，每條用殿脚女四十人牽之。《開河記》

東海聖姑從海中乘船張石帆至。《會稽記》

劉道真遭亂，於河側自牽船，見一老嫗搖艣，曰：「女子何不調機利杵而搖艣？」答曰：「丈夫何不跨馬揮鞭而牽船？」《古言》

紫姑《詠櫓》詩：「寒崖雪壓松枝折，班班剥盡青虬血。運斤巧匠斲削成，劍脊半開魚尾裂。五湖仙子多奇志，欲駕扁舟探禹穴。碧雲不動曉山横，數聲搖落江天月。」《齊東野語》

徐堅《棹女》詩：「影入桃花浪，香飄杜若洲。」《唐詩鏡》

娥皇泛於海上，以桂枝爲表，結芳茅爲旌，刻玉爲鳩，置於表端，言四時之候。即今之相風也。《拾遺記》

左芬有《相風賦》。《古今文致》

西王母乘翠鳳之輦，前導文虎、文豹，後列雕麟、紫麏。《仙傳拾遺》

西王母乘紫雲之輦，駕九色斑龍。《漢武帝內傳》

梁冀妻孫壽乘輦，張羽蓋，飾以金錦。王韶《晉紀》

皇太后拜陵乘畫輪車，以輦爲副。《晉起居注》

慕容夫人段氏得幸於苻堅，與之同輦。《十六國春秋》

皇后出蠶，乘羽蓋金華輦。《趙書》

石虎皇后出，乘嵩路輦，或玉路輦，或朱漆臥輦，純以雲母代紗，中外四望皆通徹。《鄴中記》

乾象輦，太皇太后助祭郊廟則乘之。《後魏書》

徐太后、太妃同禱青城山，乘平底大車，下設四臥，軸安五輪，牽以駿馬。其去如飛，謂之「流星輦」。《前蜀紀事》

皇太后所乘輿名「太安輦」。《宋史》

神宗製小輦，極爲輕巧，以珠玉飾之，進於太皇太后，遂載而至凉殿。太后扶其左，神宗扶其右。太皇太后下輦曰：「官家、太后親自扶輦，當時在曹家作女時，安知有今日之盛。」喜見顏色。孔平仲《談苑》

皇太后乘平頭輦。《遼史》

崇禎時，上與后妃密往章醮。上乘小輦，前立兩宮娥，其次后輦，又次田、袁兩妃輦。《玉堂薈記》

《霍光傳》：皇太后乘小馬車。張晏曰：「小馬車，皇太后所駕遊宮中輦也。」《漢雋》

周制，皇后輦有翣，緝雉羽以障翳風塵。崔豹《古今注》

皇后輦車有翣羽，蓋以翳日。《通典》

飛燕既得幸成帝，樊嫕進言：「飛燕有女弟合德，容體與飛燕比。」帝令以百寶鳳毛步輦迎合德。合德乃至，帝見於雲華殿。《飛燕外傳》

公主出降七香步輦，四面香玉香囊，貯辟邪香。《唐會要》

同昌公主乘七寶步輦，四面皆綴五色香囊，囊中辟寒香、辟邪香、瑞麟香、金鳳香，仍雜以龍腦、金屑。刻鏤水精、瑪瑙、辟塵犀爲龍鳳花，其上仍絡以真珠、玳瑁，又金絲爲流蘇，雕輕玉爲浮動。每一出遊，則芬馥滿路，晶熒照灼。《杜陽雜編》

玉輅，納后用之。金絡，皇太子納妃用之。《宋會要》

聖宗仁德皇后有巧思，嘗造九龍輅。《遼史》

皇后輅高一丈一尺三寸有奇，駕以八馬。《明會典》

玄女爲皇帝製司南車、記里車。《黃帝內傳》

皇后五色安車。應劭《漢官鹵簿圖》

皇后安車，其制高九尺七寸。《明史·輿服志》

漢魏皇后親蠶，乘畫雲母安車，駕六騩馬。《初學記》

皇后乘油畫雲母安車，駕驂馬。《晉儀注》

宣帝外祖母王媪詣闕時，乘黄牛車。《漢書》

韓仲伯避賊出武關，慮婦色美，因以泥塗婦面。載以鹿車，身自推之。《後漢書》

太后法駕御金根車，非法駕則乘紫罽軿車。《吴書》

金根車，公主亦乘之，但右騑而已。《後魏書》

公主乘金根車，自趙國莊懿公主始。《唐書》

帝以文車十乘迎薛靈芸，車皆鏤金爲輪輞，丹畫其轂，軛前有雜寶爲龍鳳，銜百子鈴，鏘鏘和鳴，響於林野。駕青色之牛，日行三百里。道側燒石葉之香，靈芸未至京師數十里，膏燭之光，相續不滅。車徒咽路，塵起蔽於星月，時人謂爲「塵宵」。帝乘雕玉之輦，以望車徒之盛，嗟曰：「昔言：朝爲行雲，暮爲行雨。今非雲非雨，非朝非暮。」改靈芸名曰「夜來」。《拾遺記》

皇太子納妃，有四望車，前後羽葆鼓吹。《東宫舊事》

郤詵母病苦車，及亡，不以車載。王隱《晉書》

莊帝姊壽陽公主行犯清路御史，令棒破其車。《魏書》

杜蘭香降張碩，碩既成婚，香便去。年餘，見香乘車行山際。碩驚喜，欲登其車，婢舉手排之。《杜蘭香別傳》

劉凝之妻郭不事榮華，夫妻共乘薄笨車。《宋書》

紫元夫人羽寶雲車，駕九龍。《真誥》

南岳夫人乘隱輪之車。《南岳魏夫人傳》

王眉壽小妹中侯夫人乘白牛車。《上清訣》

北齊穆后車無故陷入地，是年齊滅。《隋書》

皇太子妃厭翟車，亦乘漆畫輪車。蕭子顯《齊書》

皇太子納妃，妃乘厭翟車，車上設紫色團蓋。《東京夢華録》

《蘇小小歌》：「妾乘油壁車。」小小，南齊時名倡。《樂府廣題》

太平公主，武后所生，后愛之傾諸女。擇薛紹尚之。假萬年縣爲婚館，門隘不能容翟車，有司毁垣以入。自興安門設燎相屬，道樾爲枯。《唐詩紀事》

貴妃姊妹競飾車服，一犢車飾以金銀，間以珠翠。一車之費，不啻數千萬。《明皇雜録》

長安南山下一書生，作小圃，蒔花木。一日，有金犢車麗女，從數女奴，皆艶麗，下飲於庭。邀生同坐，甚款洽。將别，出小碧牋，題詩曰：「相思無路莫相思，風裏楊花只片時。惆悵深閨獨歸處，曉鶯嘛斷緑楊枝。」《侯鯖録》《宣室志》、《花史》皆云：書生，謝翱也。

公主下降，舊例，以銀裝車。大中二年，萬壽公主適鄭顥，宣宗令依外命婦，以銅裝車。《楮記室》

后土夫人乘黄犢之車，車有金璧寳玉之飾，蓋人間所謂庫車也，上有飛傘覆之。張泌《韋安道傳》

成都諸名族婦女，出入皆乘犢車，惟城北郭氏車最鮮華，爲一城之冠，謂之「郭家車子」。《老學庵筆記》

聖宗仁德皇后所乘車，置龍首、鴟尾，飾以黄金。《遼史》

仁德皇后有巧思，造諸子車。《遼史》

遼后述律氏，見女子乘青牛車，倉卒忽不見。《遼史拾遺》

五雲車有五箱，中箱爲帝座，外四座爲妃嬪座。《元氏掖庭記》

公主下嫁，賜青幰車。《遼史》

容車，婦人所載小車也，其蓋施帷。《釋名》

皇后歸謁家廟，服團冠背兒，乘小車。《武林舊事》

蘭香自稱南陽人，建興元年，數詣張碩。婢通言：「阿母所生，遣授配君。」碩前視女，可十七八，説事邈然久遠。有婢子二人，大曰萱枝，小曰松枝。鈿車青牛上，飲食皆備。《杜蘭香傳》

郭后與楊、尚二美人争寵，后以此廢，而楊、尚二美人寵益甚。仁宗未能去也。閻文應早暮入侍，言之不已，仁宗強應曰：「諾」。文應即命氈車載二美人出，以尚氏爲女道士，居洞真宮；楊氏別宅安置。《東都事略》

歐陽玄詞：「貂袖豹袪銀鼠襮，美人來往氈車逐。」《圭齋集》

爪哇王偕妻出，夫婦各坐塔車，車高丈餘。《瀛涯勝覽》

新陽縣溫泉，昔有玉女乘車自投此泉，今人見乘車女子，姿儀光麗，往來倏忽。《荆州記》

吴元瑜《瑶池圖》，王母冠玉冠，乘金車，駕二龍。攀龍者，二䯰髻女童。《雲煙過眼續録》

火失房，梁朝后妃之宫車也。《灤京雜詠》注

煬帝自都抵汴，何妥進御女車。車幰垂鮫綃網，雜綴片玉鳴鈴，行搖玲瓏，以混車中笑語。《大業拾遺記》

何稠進御童女車。車之制度絶小，衹容一人。有機處於其中，以機礙女之手足，女纖毫不能動。帝以處女試之，極喜。《迷樓記》

何稠又進轉關車，車中御女則自搖動。帝大喜，賜名「任意車」。《迷樓記》

《青驄白馬》云：「問君可憐六萌車，迎取窈窕西曲娘。」《樂苑》

盧思道《美女篇》：「時搖五明扇，聊駐七香車。」《盧武陽集》

陳子良《七夕看新婦隔巷停車》詩：「隔巷遥停幰，非復爲來遲。只言更尚淺，未是渡河

時。」《唐詩紀事》

陳維崧詞：「兜娘嬾上卓金車。」《烏絲詞》

宋子京過御街，遇内家車子，有褰簾者曰：「小宋也。」子京遂作詞曰：「寶幰雕輪狹路逢，一聲腸斷繡幃中。身無彩鳳雙飛翼，心有靈犀一點通。金作屋，玉爲櫳。車如流水馬如龍。劉郎已恨蓬山遠，更隔蓬山幾萬重。」其詞達禁中，仁宗知之，問内人：「第幾車子，何人呼小宋？」有内人自陳。上召子京，從容語及，笑曰：「蓬山不遠。」以内人賜之。《花庵絶妙詞選》

蘭香詩：「縱轡代摩奴。」摩奴是蘭香御車奴，曾忤其旨，是以自御。《杜蘭香傳》

成帝趙昭儀方大幸，常從在屬車豹尾中。《漢書》

《晉志》稱：「漢世祖以幸姬趙飛燕置屬車豹尾中。」豈武帝世别有一趙飛燕耶？抑李夫人之誤也？《宛委餘編》

崔象以雕幰載妓遊觀。《摭言》

清明節，禁中出車駕，詣奉先寺，祀諸宫人墳。莫非金裝紺幰，錦額珠簾，繡扇雙遮，紗籠前導。《東京夢華録》

劉禹錫《泰娘歌》：「紺幰迎入專城居。」《劉賓客集》

西王母駕玄鸞之輿。《洞冥記》

王母乘九蓋華輿，衆真侍衛。《上清隱書龍文經》

王母乘緑景輿。《茅君内傳》

王母乘八景輿。《西王母傳》

玄母乘三素之輿。《上清訣》

西華玉女乘八景飛輿。《南岳魏夫人傳》

南岳夫人乘玉輿。《南岳魏夫人傳》

杜黄裳爲相，其夫人出，僅乘緑輿。《幽閑鼓吹》

皇太后坐六龍輿，張傘。《宋史》

苗劉兵變，孟太后乘黑竹輿宣諭。《揮麈後録》

皇太后、皇太妃車輿局，有車輿郎君。《遼史》

世以板輿爲奉母事，取潘安仁《閑居賦》「太夫人乃御板輿」之意。《野客叢書》

甯猪狗母年七十餘，造板輿載母，夫婦共舁行園田以娱之。《元史》

諸王親迎，用塗金銀裝肩輿。《宋史》

耿文恪公女適人，止乘兩人所舁肩輿。《先進遺風》

轎者，肩行之車。宋中興以後，皇后嘗乘龍肩輿。《明史》

武后幸玉泉祠，以道險，欲御腰輿，王琳奏罷之。《唐書》

泉、福二州婦人轎子，則用婦人荷。《雞肋》

皇妃鳳轎。《明史》

客氏歸私第，過下馬門，即乘八人大圍轎。《酌中志略》

貴家士女小轎，插花，不垂簾幙。《東京夢華録》

客氏在宮中乘小轎，撥内官近侍擡走。如先廟妃嬪禮，止少一青紗蓋耳。《酌中志略》

洞庭山富家婦，少而美，夫死獨居。一日，聞街頭鼓樂，謂侍兒曰：「誰家娶婦？盍往觀之。」遂出門，坐花轎中，下太湖中去。富家訟之縣，緝捕甚急。娶親者懼，以其婦盛粧送宜興，大見寵悦。《霜猿集》

新人花轎懸竹簾，上畫八卦。《赤嵌筆談》

皇妃鳳轎，紅油絹雨轎衣；親王妃鳳轎，木紅平羅轎衣；小轎，礬紅素紵絲轎衣。《明會典》

親迎之禮，姆奉女出中門，婿舉轎簾以俟。《文公家禮》

齊孝公遊琅琊，孟姬從行，馬奔車裂，公使駟馬立車載姬。姬命侍御者舒帷以自障，而使傅母答使者曰：「妾聞妃后踰閾，必乘安車輜軿。今立車無軿，何以防内外？不敢受。」命使者取輜軿至乃歸。《列女傳》《字林》：「軿車有屏蔽無後轅者，謂之輜，婦人乘牛車也。」

長公主赤罽軿車。《後漢書》

南岳夫人駕九蓋之軿。《南岳夫人傳》

李白詞：河漢女，玉練顏，雲軿往往在人間。」《能改齋漫録》

吳文英《贈道女陳華山夫人》云：「飛軿天際。」《夢窗丙稿》

兜子，亦名兜籠，巴蜀婦人所用。《事物紀原》

巴蜀婦人出入有兜籠。文宗令胥吏、商賈之妻老者乘葦軬兜籠，舁以二人。《唐書》

天水仙哥容常常，但蘊藉不惡。劉覃年少登第，聞衆譽天水，則連增所購，終無難色。會他日，天水實有所苦，不赴召。覃賄府吏李全，全能制諸妓，徑入曲，追天水入兜輿中。至蓬頭垢面，涕泗交下。褰簾一覩，亟使舁回，而所費已數百金矣。《北里志》

申王每醉，即使宫妓將錦綵結一兜子，舁歸寢室，呼曰「醉輿」。《開元天寶遺事》

張仲舉詞：「忍淚上雲兜。」《蜕巖樂府》

先是，婦人猶乘輿車，唐乾元以來，乃用檐子。咸亨中，勑云：「比來婦人曾不乘車，别坐檐子。」《孔氏雜説》

文昭王順聖夫人彭氏，常上香報恩寺。寺僧問夫人何家婦女？夫人以其辭之忽也，遽索檐子歸。《三楚新録》

皇太后、皇后所乘檐子，比尋常檐子稍增廣，花樣皆龍，前後檐皆剪椶。士庶家與貴家婚嫁，亦乘檐子，只無脊上銅。《東京夢華録》

欽成朱皇后檐子，飾以龍鳳。《東都事略》

南渡，太后用龍輿，后惟用檐子。《宋史》

周漢國公主下降，皇后親送，乘九龍檐子。《南渡宫禁典儀》

公主下降，乘金銅檐子，覆以剪椶，朱紅梁脊，上列滲金銅鑄雲鳳花朵。檐子約高五尺許，深八尺，闊四尺，内容六人，四維垂繡額珠璫，白藤間花。匡箱之外，兩壁欄檻皆縷金花，裝雕木人物神仙。出隊兩竿十二人，竿前後皆緑絲條金魚鉤子勾定。《東京夢華録》

五代汪華妻，出入張真珠凉傘。一日驟風掣傘入雲，良久墮下，珠悉落。後生草綴珠，名「真珠傘」。《蓬窗夜話》

汀西丘坑口，撥土寸許即有珠。相傳聖七娘率師至此，有珍珠傘爲敵所破，當即咒曰：「男拈之成水，女拈之成粉。」至今男女得珠者，誠如所傳。《閩小紀》

欽成朱皇后傘用紅羅。《東都事略》

皇后儀仗，有紫方傘二，紅大傘四；皇妃青方傘四，紅繡圓傘一；東宫妃紅素圓傘二，繡圓傘一；親王妃紅彩畫雲鳳傘一；郡王妃青方傘一，紅圓傘一。《明史》

正統六年，賜淮王也克妃凉傘。《賞賫考》

蠻俗，嫁之日，新婦執彩旒傘步行。《廣西通志》

猺婦人嫁則荷傘，懸草履，歸於夫室。《峒谿纖志》

臺俗，婦女靚粧入市，以傘障面而行。《臺海采風圖》

孫乞見一女，戴青傘，通身紫衣，遂要之。其夕雷光照室，乃是大貍。乞抽刀斫之，傘是荷

葉。《異苑》

方回詩：「青荷葉傘茜裙紅，隨母歸寧省外翁。」《桐江集》

金闕聖君授夫人青瓊之板，丹緑爲文，位爲南岳夫人，給曲晨飛蓋，以遊九宫。《南岳魏夫人傳》

盧眉娘善作飛仙蓋，以絲一縷分爲三縷，染成五彩，於掌中結爲華蓋五重，其中有十洲三島、天人玉女、臺殿麟鳳之象而外，例執幢捧節之童，亦不啻千數。其蓋闊一丈，秤之無數兩。自煎靈香膏傅之，則虬硬不斷。上嘆其功，謂之神助。《杜陽雜編》

皇太后、皇后儀仗，有錦曲蓋、錦花蓋。《玉海》

仁宗張妃怙寵，欲假后蓋出遊，帝使自請於后，曹后與之。妃喜，還以告帝，帝曰：「國家文物儀章，上下有秩，汝張之而出外庭，不汝置也。」妃不懌而罷。《宋史》

洋州士女出遊，人持一青繒小蓋，飾以茸綵，直有用珠璣編綴者。《蔡交洋州詩》自注

南岳夫人錦旍虎旌。《真誥》

皇妃儀仗，有清道旍二。《明史》

神龜元年，皇太后遣比丘惠生向西域取經，太后敕付五色百尺幡千口。《洛陽伽藍記》

中央黄老君授夫人十絶華旛，使登行上清，攝真命仙。《南岳魏夫人傳》

皇后儀仗，有五色繡旛六；皇妃有絳引旛二。《明史》

鍠，秦制也，今王妃、公主通建之。《中華古今注》
皇太后、皇后儀仗，有錦六柱絳麾。《玉海》
徽宗册鄭貴妃爲后，后以國用未足，乞罷黄麾仗、小駕鹵簿等儀。《宋史》
皇后儀仗，有黄麾二。《明史》
皇后儀衛，有立瓜四、卧瓜四、金骨朵二。《明會典》
皇太后、皇后儀仗，有玉蹬。《玉海》
曇陽子見善根者，予以香銀牌。《曇陽子傳》

奩史卷八十七

東吳王初桐于陽纂述
蘭陵孫星衍淵如校刊

綺羅門

綺羅

楊素後庭伎妾，曳綺羅者以千數。《宛委餘編》

袁術後宮數百，皆服羅綺。《魏志》

洪武元年，賜張良佐妻文綺紗羅各二疋。永樂三年，賜罕賓法祖母、母、妻織金文紗羅各五十疋。《賞賚考》

傅玄《相逢行》：「大婦織綺羅，中婦織流黄。」《傅鶉觚集》

皇太子納妃，有絳地織成綺、七綵杯文綺。《東宫舊事》

太祖見宫人遺綺在地，召諸姬至而責之。《翦勝野聞》

古詩咏羅敷云：「湘綺爲下裳，紫綺爲上襦。」《樂府雜録》

漢武帝用紫羅薦地，以待西王母。《漢武內傳》

趙飛燕爲皇后，女弟上羅帷、羅幌、羅帳、羅幬。《西京雜記》

宮中有娠，賜羅二百疋。《武林舊事》

鄭允端《謝高氏姊惠素羅》云：「雪色香羅照眼明，阿兄相贈見深情。」《肅雝集》

永樂十三年，賜寧國長公主各色羅十表裏。《弇山堂别集·賞賚考》

慶一娘回定之儀，有宮緑公服羅一疋，藉用紅玉條紗。《長安客話》

皇后謁家廟後，散付親屬物件，有生色羅。《武林舊事》

頒賜國王妃羅二疋，一黑緑，一青素。《琉球使略》

廣川王幸姬陶望卿爲修靡夫人，主繒帛，盡取善繒匄諸宮人。《漢書》

獻帝新遷都，宮人多亡衣服。帝欲發御府繒以作之，李傕曰：「宮人有衣服，何爲復作耶！」《獻帝春秋》

馮太后不好華飾，躬御縵繒而已。《魏書》

朱百陽居山陰，有時出山爲妻買繒綵三五事。好飲酒，遇醉或失之。《宋書》

垂拱中，鄭生曉度洛橋，見一艷女，遂載歸，號曰汜人。能誦楚詞《九歌》、《招魂》、《九辯》之書。亦常擬爲怨歌，其詞艷麗。生居貧，汜人常出輕繒一端賣之，有胡人酬以千金。一夕，謂生曰：「我湖中蛟室之姝也，謫而從君，今歲滿矣。」乃與生訣。後十餘年，生兄爲岳州刺史，會上巳日，與家徒登岳陽樓。望鄂渚，有畫舫浮漾而來，中爲彩樓，高百餘尺。有彈絃鼓吹者，皆神仙蛾眉。中一人起舞，含嚬怨，類氾人。須臾風濤崩怒，遂不知所在。《異聞集》《宣室志》「輕繒」作「絳綃」。

鄭舉舉者，善令章，巧談諧，爲諸朝士所眷。名賢醵宴，盡得其歡，各取彩繒遺酬。《北里志》

魏氏王娶妃、公主嫁之禮，用絹百九十匹。《西晉文紀》

崔基寓居青州。朱氏女姿容絶倫，崔約女爲妾。後三更，忽聞扣門，崔披衣出迎，女嗚咽云：「適得暴疾喪亡，忻愛永奪。」於懷中抽二疋與崔，曰：「近自織此絹，欲爲君作單衫，未得裁縫，今以贈離。」崔以錦八尺答之，女取錦，倏然而滅。至旦，告其父，父曰：「女昨夜忽然病亡。」崔曰：「君家絹疋無零失耶？」答曰：「女舊織餘絹兩疋，女亡，婦出絹欲裁爲送終衣，轉盼失之。」《述異記》

朱氏寡婦病死復蘇，云被執至一所，見府吏，言：「汝前生負我家絹若干匹，今放汝歸，急至某處送還我母。」及送還其母，具言其兒狀貌悉同。《冥報拾遺》

宋太祖賜蜀太后李氏絹十匹。《十國春秋》

蘇小小，錢塘名娼也。容色俊麗，頗工詩詞。其姊名盼奴，與太學生趙不敏相洽。不敏貧，盼奴周給之，使篤於業，遂捷南省，得官授襄陽府司户。盼奴未能落籍，不得偕行。不敏赴官三載，想成疾而卒。有禄俸餘資，屬其弟趙院判送盼奴。爲言盼奴有妹小小，可謀致之，佳偶也。院判如言至錢塘，托錢塘倅召盼奴領其物。倅爲召之，有蒼頭至云：「盼奴於一月前已抱病歿，小小亦爲於潛官絹事繫獄。」倅遂呼小小出，詰之，小小曰：「於潛官絹，此亡姊盼奴之事。」倅因問：「汝識襄陽趙司户耶？」小小曰：「趙司户未仕之日，姊盼奴周給，後中科授官去久，盼奴想念，因是致疾而卒。」倅曰：「趙司户亦謝世矣。遣人附一緘及餘物外，有伊弟院判一緘付爾，開之。」小小自謂：「不識院判何人。」及拆書，惟一詩曰：「昔時名妓鎮東吴，不戀黄金只好書。借問錢塘蘇小小，風流還似大蘇無？」小小默然。倅令和之，援筆立成，云：「君住襄江妾住吴，無情人寄有情書。當時若也來相訪，還有於潛絹事無。」倅大喜，盡以所寄與之，力爲作主，命小小歸院判，偕老焉。《武林紀事》　《七修類稿》曰：「小小，一本作小娟，蓋抄之者之誤。緣《武林紀事》無刻本也。」

宫中有娠，賜絹一千六百疋釘設産閣。《武林舊事》

安南國進皇后方物，有五色細絹五十疋。《天南行記》

永樂八年，賜寧國長公主綵絹三百疋。《弇山堂别集》

張江陵奉母入京，上賜江陵母裏絹四疋。《明逸編》

正統九年，賜可汗妃綵絹三十二疋。《弇山堂别集·賞賚考》

大和中，蕭曠遊洛，夜憩雙美亭，月下取琴彈之。俄有一美人至，曰：「洛浦神女也。適聞君琴韵清雅，願一聽之。」乃彈《別鶴操》，神女嘆：「美焉！」俄有一青衣引一女，曰：「織綃娘子至矣。」神女曰：「洛浦龍君之愛女，善織綃於水府，適令召之耳。」遂命雙鬟持茵席，具酒殽而至。傳觴敘語，情況昵洽，蘭艶動人，若左瓊枝而右玉樹，繾綣永夕，咸暢其懷。將曉，神女出明珠、翠羽二物贈曠曰：「此乃陳思王賦所云『或拾明珠，或拾翠羽』者也。」龍女出輕綃一疋贈曠曰：「若有胡人購之，非萬金不可。」贈訖，超然躡虛而去。《洛神傳》

貞元中，鄭德璘舟泊江夏旁，有鹺賈韋生，乘巨舟抵湘潭。其夜，與隣舟告別飲酒，韋生有女，居於舟之柁艫，隣舟女亦來訪別，二女同處笑語。夜將半，聞江中有秀才吟詩者。隣舟女善筆札，因覩韋氏粧奩中有紅牋一幅，取而題所聞之句，哦吟良久。及曉，東西而去。德璘舟與韋氏舟同離鄂渚。信宿至洞庭畔，復與韋生舟相近。韋氏女美而艶，日暮於水窗垂釣，德璘窺見之，甚悦。遂以紅綃一尺，題詩於上。強惹其鈎，女收取之，然不工刀札，恥無所報，遂以夜來隣女所題紅牋者投之。德璘謂女所製，甚喜，然無計遂其款曲。韋舟遽張帆而去，風勢將緊，德璘小舟不敢發。俄有漁人語德璘曰：「向者賈客巨舟，全家没於洞庭矣。」德璘悲惋，作《弔江姝》詩酬而投之。至誠感應，遂有水神持詣水府。府君覽之，召溺者數輩曰：「誰是鄭生所愛？」有主者搜韋氏臂，見紅綃，語府君。府君即使主者攜韋氏送鄭生，時已三更。德璘有物觸舟，秉炬拯之，乃韋氏也，繫臂紅綃尚在。德璘喜且駭。良久，女蘇息，乃説府君感君而活我命，德璘遂納爲室。《古今小説》

汾州妓張慧玉，年十五，色藝雙絶，工小詩，巧伺人意。與雷笏山定情，臨别，出紅綃半縷，賦詩相贈。所書小楷，學衛夫人。《本事詩》

曹植《洛神賦》：「曳霧綃之輕裾。」《陳思王集》

張建章往渤海，風濤，遇仙女於島，遺一鮫綃，軸之如箸。夏月展之，則滿室凜然。《北夢瑣言》

猺女握兵符者，得曳蝶綃、冰蠶所緝，織作蝶紋。輕逾火浣，服之避暑。《赤雅》

楊汝士開宴，營妓咸集，人與紅綾一疋。《北里志》

寇萊公有妾曰蒨桃。公因高會贈歌姬以束綾，蒨桃作詩呈公曰：「一曲清歌一束綾，美人猶自意嫌輕。不知織女螢窗下，幾度抛梭織得成。」《翰苑名談》

霍光妻遺淳于衍散花綾二十五疋，綾出巨鹿陳寶光家。寶光妻傳其法，霍顯召入其第，使作之。織用一百二十鑷，六十日成一疋。《西京雜記》

越溪進耀光綾，帝以賜司花女治絳仙。《隋遺録》

女王國貢龍油綾，文彩尤異。入水不濡濕，云有龍油故也。《杜陽雜記》

拂林國婦人皆衣胡綾，紺文雜錦。《海國聞見録》

安南國進皇后方物狀，有五色綾一百疋。《天南行記》

永樂十五年，賜寧國長公主綵緞三十疋。《弇山堂别集》

正統四年，賜可汗妃織金獅子、白澤、虎豹、麒麟、朵雲、細花等段十六疋。《賞賚考》

安南國進皇后方物狀，有西洋國黄毛段子二疋、天絲緞子三疋。《天南行記》

宋寧宗宫人積梅雨水，以二蠶璽繰絲織紬，有自然碧色，名曰松陰色。《紫桃軒雜綴》

世祖宏吉剌后率宫人親執女工，拘舊弓絃練之，緝爲紬，以爲衣，韌密比綾綺。《元史》

《神女賦》：「動霧縠以徐步。」注云：「縠，細如霧。」揚子《法言》：「霧縠之麗，女工之蠹。」《學林就正》

光穆皇后鍾氏，不事玩好，副笄大練，淡如也。《南唐書》

寧國長公主生辰，賜紗五百錠。《弇山堂别集》

仁聖太后賜張江陵母彩衣紗六疋。《明逸編》

泉女織紗，輕如蟬翼，名「蟬紗」。《韻學事類》

元稹詩：「紅羅著壓逐時新，杏子花紗嫩麴塵。」《元氏長慶集》

劉子翬《汴京紀事》詩：「機女猶挑韻字紗。」《屏山先生集》

楊后《宫詞》：「内家衫子新番出，淺色新裁艾虎紗。」

王建《宫詞》：「嫌羅不著愛輕容。」唐《類苑》云：「輕容，無花薄紗也。」蓋今銀條紗之類。《丹鉛總録》

李嬴遇神女，遺以匹素。後胡人以三百萬易之，曰：「此龍頷髯所織，三十小劫方斷一

絲。」《楊氏六帖》

永樂八年，賜寧國長公主素二十四疋、大紅四疋、深青四疋、紅三疋、翠藍四疋、明綠五疋、出爐銀紅四疋。《弇山堂別集·賞賚考》

焦仲卿妻，十三能織素。《玉臺新詠》

班婕妤詩：「新製齊紈素，皎潔如霜雪。」《萬寶詩山》

焦仲卿妻，腰著流紈素。《玉臺新詠》

沈休文雨夜齋中獨坐，風開竹扉，有一女子攜絡絲具，入門便坐。風飄細雨如絲，女隨風引絡，絡繹不斷，斷時亦就口續之，若真絲焉。燭未及跋，得數兩，起贈沈曰：「此謂冰絲，贈君造以爲冰紈。」忽不見。沈後織成紈，鮮潔明淨，不異於冰。製扇，當夏日，甫攜在手，不搖而自涼。《嫏嬛記》

獻帝敗走，六宮皆步行出營。后手持縑數疋，董承奪之。殺傍侍者，血濺后衣。華嶠《後漢書》

程偉妻能通神變化。偉當從出，無衣，甚愁。妻即爲致兩縑，得以爲衣。謝承《後漢書》《桓譚新論》作「兩疋繒」。

文明太后賜楊津縑百疋。《後魏書》

嚴蕊，字幼芳，天台營妓。唐仲友守台日，嘗命蕊賦紅白桃花。蕊應聲成《如夢令》云：

「道是梨花不是，道是杏花不是，白白與紅紅，別有東風情味。曾記！曾記！人在武陵微醉。」仲友悦，賜以雙縑。《妝笈新鹽》

後周以枲紵爲衫，貴女功始也。《續事始》

頒賜國王妃，有紵絲二疋、黑緑花一疋、深青素一疋。陳侃《琉球使略》

永樂八年，賜寧國長公主紵絲五十匹。《弇山堂別集·賞賚考》

仁聖太后賜張江陵母紵絲六表裏。《弇山堂別集》

唐玄宗時，柳婕妤妹適趙氏，性巧，使雕工鏤板爲雜花，打爲夾纈。初獻皇后一疋，代宗賞之，敕宮中依樣製造。《潘氏紀聞譚》

柳婕妤始製夾纈。《事物紀原》

薛濤詩：「夾纈籠裙繡地衣。」《洪度集》

杜牧在湖州見一女奇色，贈羅纈一篋爲質。後十四載，刺湖州。此女適人已三載，有子二人矣。因贈詩云：「自是尋春去較遲，不須惆悵怨芳時。狂風落盡深紅色，緑葉成陰子滿枝。」《漢唐秘史》

婦人衣青碧纈。《唐書》

魚子纈，水波紗，言婦女衣服之美。段成式詩：「醉袂幾侵魚子纈。」《海録碎事》

宮中有娠，賜碼碯纈絹一疋。《武林舊事》

慶一娘回定之儀，有開合鎖金纈一匹，藉用紅玉文虎紗。《長安客話》

景初中，賜倭女王綵百疋、蒨絳五十疋、紺青五十疋。《魏志》

薛瑤英於七月七日令諸婢共剪輕綵，作連理花千餘朵，以陽起石染之。當午散於庭中，隨風而上，遍空中如五色雲霞，久之方没。謂之「渡河吉慶花」，籍以乞巧。《致虚閣雜俎》

宋内職官，有綵製帥。《宋書》

天后賜王方慶雜綵六十段，並瑞錦等物。《唐書》

五月五日，集五綵繒，謂之辟兵。伏君曰：「青、赤、白、黑爲之四面，黄居中央，名曰襞方。綴之於複，以示婦人養蠶之工也。傳聲者誤以爲辟兵。」《裴元新言》

姜廉入神祠，覩捧印女子，塑容端麗，有惑志焉。戲解手帕，繫其臂爲定。方歸，即被疾。忽聞外間呵殿聲，一女子絶色，自轎出，上堂拜姜母曰：「妾與郎君有嘉約，願得一見。」姜聞，欣然而起。妻時引避，女請曰：「不可以我故，間汝夫婦之情。」妻亦相拊接，懽如姊妹。女事姑甚謹。值端午節，一夕製綵絲百副，盡餉族黨。其人物花卉，字畫點綴，歷歷可數。自是皆以仙姑稱之。居無何，與姑言：「新婦有大厄，乞暫適他所避之。」再拜出門，遂不見。頃之，一道士來曰：「此女劍仙也。先與一人綢繆，遽舍而從汝，以故欲殺汝二人，我來救汝耳。」因令姜就榻堅卧。久之，刀劍擊戛之聲不絶。忽有一髑髏墜榻下，道士出藥滲之，化爲水。道士去，女即來，同室如初。《劍俠傳》

正統四年，賜可汗妃綵幣十表裏。《弇山堂别集·賞賚考》
慶一娘回定之儀，有開合利市綵一匹，藉用紅玉文虎紗。《長安客話》
汲太子妻李氏與夫書曰：「並致納一端。」《北堂書鈔》
天子見西王母，獻組百純，西王母再拜受之。《穆天子傳》
錦繡，西施造。《事始》
王彦伯秉燭理琴，見一女取琴調之。遲明，女取錦繡贈别，彦伯以玉琴答之而去。《誠齋雜記》
穆王持白珪、重錦以爲王母壽。《西王母傳》
盛姬之喪，天子使嬖人贈用文錦。《穆天子傳》
梁元帝有《爲妾夏玉豐謝東宫賚錦啓》。《續補侍兒小名録》
南詔婦人，貴者綾錦裙襦，上施錦一副。《唐書》
古里班卒國女，被短髮，假錦纏頭，紅油布繫身。《島衣志》
宋太祖賜蜀太后李氏錦綺千匹。《十國春秋》
仁宗初，賜寧國長公主錦六疋。《弇山堂别集》
樂府有《美人聯錦篇》。《詞品》
霍光妻遺淳于衍蒲桃錦二十四疋。《西京雜記》

開平三年，阿保機母、妻各進雲霞錦一疋。《册府元龜》

明霞錦，光耀芬馥，唐宫中貴之。《坦齋通編》

女王國有魚油錦，入水不濡，以有魚油故也。《杜陽雜編》

吳趙達之妹巧妙無雙，能於指間以彩絲爲雲龍虬鳳之錦，大則盈尺，小則方寸。《拾遺記》

景初中，賜倭女王絳地交龍錦五疋、紺地勾文錦三疋。《魏志》

后始加大號，婕妤上二十六物，使侍兒郭語瓊拜上，内有鴛鴦萬金錦一疋。《飛燕外傳》

樊嫕既進合德，帝立，賜嫕鮫文萬金錦二十四疋。《飛燕外傳》

張貴妃以近上元，令織異色錦。文彦博遂令工人織金綫燈籠爲錦紋，貴妃衣之。明年上元日，中官有詩曰：「無人更進燈籠錦，紅粉宫中憶佞臣。」《碧雲騢》

宋仁宗張貴妃侍上元宴，有燈籠錦，上怪問，曰：「文彦博所獻。」上不樂。《言行録》

慶一娘回定之儀，有畫眉五色錦一匹，藉用紅玉條紗。《長安客話》

倭國婦人服飾，有扇子錦。《戒庵漫筆》

拂林國婦人皆服珠錦。《杜環經行記》

安南國進皇后方物狀，有蠻錦一百疋。《天南行記》

蕭統詩：「大婦成貝錦，中婦飾粉絁。」《梁昭明集》

和凝詞：「鶯錦蟬紗馥麝臍。」《紅葉稿》

唐禁中，老宮人每引泉，先於池底鋪錦。王建《宮詞》云：「只今池底休鋪錦，綾角雞頭積漸多。」《李石開城録》

皇太子納妃，有碧紗座袿半繡一。《東宮舊事》

石崇後房數百，皆曳紈綉珥，金翠絲竹，盡一時之選。《續文章志》

定州織刻絲，婦人一衣，終歲方就。《蓼花洲閑録》

蘭香降張碩家，與碩織成袴衫。《杜蘭香傳》

高柔婦與柔書曰：「今奉織成袜一量。」《太平御覽》

茫蠻婦人披五色婆羅。《蠻書》

周憲王《元宮詞》：「剪絨緞子御前分。」《誠齋新録》

唐童謠曰：「天上女兒鋪白氈。」《集異記》

羌女人披太華氈，以爲盛服。《廣志》

奇蠻貴家女常披氈。《蠻書》

安定公主嫁回鶻，來歸，詔使勞問，以黠戛所獻白貂皮賜之。《唐書》

須女四星，主布帛。《春秋元命苞》

靈太后幸左藏公主，嬪女已下，從者百餘人，皆令任力負布絹，即以賜之。《魏書》

衛人有妻禱而祝曰：「使我無故得百束布。」其夫曰：「何少也？」妻曰：「益則子將取

妾。」《韓子》

郢大夫江乙母亡布，謁楚王曰：「令尹使人盜之。」王驚問故，母曰：「昔孫叔敖爲令尹，道不拾遺。今令尹之治，盜賊公行，故使盜得盜妾布，與使人盜何異？」《女世說》

馬太后左右但著布，無薰香之飾。《後漢書》

安南國進皇后方物狀，有闍婆國布十疋。《天南行記》

宮中有娠，賜銀、絹等物，內有濾藥布二條、金漆箱兒金鈕地黃汗布二條。《武林舊事》

頒賜國王妃白氎絲布十疋。《琉球使略》

永樂十三年，賜寧國長公主各色氎絲布五疋、各色將樂布十疋、高麗布十疋。《琉球使略》

越王使越婦女入山採葛，作黃絲之布，以獻吳王。采葛婦傷越王用心之苦，乃作《若何之歌》。《吳越春秋》

蛾眉縣出符文布，女績蔴爲之。《石湖居士集》

公主歲禄，未受封者，歲支夏布三十疋、木棉布三十疋；親王女未封者，歲支夏布、木棉布，減公主未封之半。《弇山堂別集》

杜薄國女子作白氎華布。《唐書》

越草，布也。《後漢・馬后傳》：「白越三千端。」《潛夫論》：「葛子升越，筒中女布。」盛弘之《荊州記》：「秭歸縣室多幽閑，其女盡織布，至數十升，謂之升越。」《丹鉛

明帝崩，諸貴人當徙居南宮，馬太后感析别之懷，賜白越三千端、雜帛二千疋。《後漢書》

宋内職官，有後宮穀帛帥、後宮穀帛治職、後宮穀帛内史。《宋書》

有一姥餉郭祖深早青瓜，祖深報以疋帛。《梁書》

莊穆夫人吴氏常遊奉國寺，王命載帛百縑以備散施。夫人曰：「妾備嘗機杼之勞，遽以遊賞靡費，非恤民之道。」遂不受。《吴越備史》

金陵宮人挼薔薇水染生帛，一夕忘收，爲濃露所漬，色倍鮮翠。《楊文公談苑》

同昌公主下降韋氏。一日大會韋氏之族，玉饌俱列。暑氣將盛，公主命取澄水帛以水蘸之，掛於南軒。良久，滿座皆思挾纊。澄水帛長八九尺，似布而細，明薄可鑒，云其中有龍涎，故消暑毒也。《杜陽雜編》

宋仁宗詔禁女子不得衣白褐毛段並黲褐帛。《文獻通考》

袁術求吕布女，及布爲曹所攻，乃以綿纏女身，縛著馬上，夜自送女出與術，求救。《英雄記》

曹操夫人與楊彪夫人書：「送房子官綿百斤。」《困學紀聞》

公主歲禄，未受封者，歲支綿二百兩。親王女未封者，歲支綿減公主未封之半。《弇山堂别集》

同昌公主有火蠶綿，云得之炎洲。絮衣一襲用一兩，稍過度則熇蒸之氣不可近。《杜陽雜編》

永樂十三年，賜寧國長公主兜羅綿十床。《弇山堂別集》

薄太后以冒絮提文帝。《史記》

皇后以親蠶絲絮作巾絮。《漢舊儀》

吳隱之妻爲太守妻，冬月無被，欲澣衣則披絮。《晉書》

禮，女始行服纁。纁，絳也。蔡邕《女誡》

端午，賜后妃諸閤紫練、白葛、紅蕉之類。《乾淳歲時記》

李後主內人染碧，夕露中庭，爲露所染，其色特好，名「天水碧」。《五朝故事》《乘異記》：「後主宮人競服碧衣，取靛青花盛天雨澄水染之，号天水碧。」

正統十四年，賜可汗妃暗八寶天花柏枝緑二匹、素柏枝緑二匹、暗八寶天花雲紅二匹。《弇山堂別集·賞賚考》

今人染弗肯紅名玉色，非也，當名肉色耳。唐詩：「粉光深紫膩，肉色退紅嬌。」退紅，即今之粉紅也，宜婦女服。《甕牖閑評》

奩史卷八十八

東吳王初桐于陽纂述
樂陵朱之瑶盤涯校刊

珠寶門一

珠玉

禹母有莘氏，曰修巳，含珠孕禹。《蜀王本紀》

昭靈后名含始。遊於洛池，有玉雞銜珠，刻曰：「吞此者王。」含始吞之而孕，生漢高祖。《帝王世紀》

李敬遷趙相，其奴於鼠穴中得繫珠及璫珥，以問主簿，對曰：「前相夫人常亡珠，不知所在。疑其子婦竊之，因去婦。」敬送珠付前相，前相還去婦。謝承《後漢書》

珠崖令卒官，妻息送喪還。漢法：內珠入關者死。妻棄其繫臂珠。前妻子初年九歲，好而取之，置其母鏡奩中。至關，吏搜索得珠，劾問：「誰當坐者？」前妻子初曰：「我當坐。」繼母曰：「兒不知也，妾當坐。」初又曰：「夫人哀初之孤，欲以活初耳。」因號泣，傍人莫不酸鼻

隕涕。吏執筆不能就一字，乃棄珠遺之。《列女傳》

梁冀守藏婢盜白珠、紫金。《梁冀別傳》

許遜母夢金鳳銜珠墜於掌中，吞之有娠，生遜。《史纂》

石崇屑沉水之香如塵末，布象床上，使所愛者踐之。無跡者賜珠百琲，有跡者節其飲食，令身輕弱。故閨中相戲曰：「爾非骨細輕軀，那得百琲真珠。」《拾遺記》

梁元帝母阮修容曾失一珠，元帝時絶幼，吞之，謂是左右所盜，乃炙魚眼以厭之。信宿之間，珠從便出，元帝一目致眇。《靈應傳》

有貨珠子老媼攜珠子至李郡君家，既去，遺珠子在地，郡君收之。一日媼至，精神恍惚，詰之，曰：「向所貨珠子，歸則失去，因憂愁感疾。」郡君曰：「珠子當時遺在地，我得之，今在此。」媼驚喜涕下，願致金六兩以請。郡君取還之，金不受也。後微疾，夢至大官府，有二偉人坐堂上。一吏持大簿書至案，偉人曰：「記得還珠子事否？婦人而不愛珠寶，此可尚也，展壽二十年。」俾人送還。驚悟而起，後二十年乃卒。《隨手雜録》

壽聖皇太后生辰，小劉婉容進自製《十色菊》、《千秋歲》曲破，内人瓊瓊、柔柔對舞。上於閣子庫支賜五兩數珠子一號。《西湖遊覽志餘》

沈偕遊京師，欲訪蔡奴。時蔡奴聲價甲於都下，沈乃呼賣珠人於其門首茶肆中議價，再三不售，撒其珠於屋上，賣珠者窘甚。沈笑曰：「第隨我來，依汝所索還錢。」蔡於簾中窺見，令取

視之，珠也。大驚，惟恐其不來。後數日，乃詣之，其家喜相報曰：「前日撒珠郎至矣。」接之甚至。《齊東野語》

汪某娶婦甫一月即行賈，婦刺繡易食，以其餘積歲置一珠，用綵絲繫焉，曰「紀珠」。夫歸，婦没已三載。啓篋得珠，已積二十餘顆矣。《餘事集》

梅妃素有寵，因楊貴妃得幸，遂遷上陽宫。一日，上在花萼樓封珍珠一斛密賜妃，妃不受，以詩進御曰：「柳葉雙眉久不描，殘粧和淚污紅綃。長門盡日無梳洗，何必珍珠慰寂寥。」明皇令樂府以新聲度之，號「一斛珠」。《梅妃傳》

慶歷中，有蕃商死，珍珠没官，上命取禁中錢易之，以賜張貴妃，因此同輩有於上前乞旨和買者，京師珠價騰踊，上知之。一日内殿賞牡丹，張貴妃後至，以所賜珍珠爲首飾，欲誇同輩。上望見，以袖掩面曰：「滿頭白紛紛，更没忌諱。」貴妃慙赧，遽起易之，上乃大悦，令人各簪牡丹一朵。自是禁中不帶珍珠，珠價大減。《元城先生語録》

陳倩嬖陳子高，其女從窗隙窺之，感想形於夢寐，遂與侍婢謀通焉。嘗盜其母珠寶與之，價值萬計，贈以詩扇。子高恃寵，漸與人語，自是遠近播揚。《吴興志》

緑珠姓梁氏，白州人，石崇以真珠三斛致之。《緑珠傳》

望蠻婦人聯珂貝、巴齒、真珠斜絡其身。《南夷志》

安南國進皇后方物狀，有金懸珥結真珠一雙，真珠二百七十六顆，大二、中四、小七十、如

鬒石樣二百，玳瑁盞一口，色珠十六顆，黄泥珠四、紫尼珠四、碧尼珠四、石榴珠四。《天南行記》

樂史母夢異人令吞五色珠而生。《東都事略》

倭國女王獻真白珠五十、孔青大勾珠二枚。《魏志》

震蒙氏女竊黄帝玄珠，汎江而死，爲江瀆神。《蜀檮杌》

霍光妻遺淳于衍走珠一琲。《西京雜記》

盜發堯女塚，獲一大珠並玉碗，人不能計其直，餘寶器極多，世莫之識也。《尚書故實》

和熹鄧太后時新遭大憂，法禁未設。宫中亡大珠一篋，主名不立。太后乃親自臨見宫人，察其顔色，開示恩信。宫人盜者，即時首服。《東觀漢記》

昌樂縣君劉氏，魏濤之夫人也。濤爲獄掾，里豪有獄，因乳醫獻大珠數萬，夫人不取，遂絶醫。《後山集》

狄氏者，京師貴家女，所嫁亦貴家，明艷絶世，名動一時。都城婦女至相忿詆，輒曰：「若美如狄夫人耶？乃相凌我。」有滕生者，因其出遊見之，駭慕喪魂魄。歸，悒悒不聊。生訪狄氏所厚善者，或曰：「尼慧澄與之習。」生過尼，厚遺之。尼愧謝問故，生以狄氏告，尼難之曰：「此豈可動耶？」生曰：「然則有所好乎？」曰：「惟旬日前屬我求珠頗急。」生大喜，即索馬馳去。俄懷大珠二囊示尼，曰：「直二萬緡。」尼曰：「其夫方使北，豈能遽辦如許償耶！」

生曰：「但可動，不願一錢也。」尼乃持詣狄氏，果大喜，玩不已。問須直幾何？尼以二萬緡告。狄氏曰：「我未能辨，奈何？」尼因屏人曰：「不必錢，此一官欲祝事耳！」狄氏曰：「何事？」曰：「雪央官耳。夫人兄弟夫族，皆可爲也。」狄氏徐思之，曰：「我爲營之，良易。」尼曰：「事有難言者，二萬緡物付一秃媪，而主客不相問，使彼何以爲信？」狄氏曰：「奈何？」尼曰：「夫人以設齋來院中，使彼若邂逅者可乎？」狄氏赧面搖手曰：「不可。」尼曰：「非有他，但欲言雪官事，使彼無疑耳。」狄氏乃徐曰：「後二日，我亡兄忌日，可往。然立語亟遣之。」尼曰：「固也。」及期，尼爲治齋具，而生匿小室中，具酒殽俟之。晡時，狄氏嚴飾而至。屏從者，獨攜一小侍兒。見尼曰：「其人來乎？」曰：「來也。」唄祝畢，尼使童子主侍兒，引狄氏至小室。搴簾見生及飲具，大驚，欲避去。生出拜，狄氏答拜。尼曰：「郎君欲以一卮爲夫人壽，願勿辭。」生固頎秀，狄氏頗心動，睇而笑曰：「有事第言之。」尼固挽使坐，生持酒勸之，狄氏不能却，爲釂卮，即持酒酬生。生因徙坐，擁狄氏，曰：「爲子且死，不意果得子。」擁之即帷中，狄氏亦歡然，恨相見之晚也。比夜散去，猶徘徊顧生，挈其手曰：「非今日，幾虚作一世人。夜當與子會。」自是夜輒開垣門召生無闕夕。所以奉生者，靡不至，惟恐絲毫不當其意也。數月，狄氏夫歸。生小人也，陰計已得狄氏，不能棄重賄。伺其夫與客坐，遣僕入白曰：「某官嘗以珠直二萬緡賣第中，久未得直，且訟於官。」夫謂眙，入詰，狄氏語塞，曰：「然。」夫督取還之。生得珠，復遣尼謝狄氏：「我安得此，貸於親戚，以動子耳！」狄氏

雖恚甚，終不能忘生。夫出，輒召與通。逾年夫覺，閉之嚴，狄氏以念生病死。《清尊録》

李惜兒，京師名娼也。景帝愛幸，召入寘宮中，賞賜其家鉅萬。及睿皇復辟，惜兒死於獄。籍其家，大珠如芡子者百八粒，他物稱是。《稗史彙編》

有婦人夜漚麻於大水盎中，忽見一物來，入盎中飲水。其身通明如月。婦細視之，乃一白蜘蛛，其大如五斗栲栳。婦以大雞籠罩之，割其腹，得一珠如彈丸大，照明一室。《癸辛雜識》

漢女所弄珠，如荊雞卵。《韓詩外集》

吳王夫差小女紫玉悦童子韓重，欲嫁之，王不許，玉結氣死，葬閶門外。重遊學歸，感其意，乃具帛幣吊墓前。玉魂出見，延頸而歌曰：「南山有烏，北山張羅。烏既高飛，羅將奈何？意欲從君，讒言恐多。悲結生疾，没命黄壚。命之不造，冤如之何？羽族之長，名爲鳳凰。一日失雄，三年感傷。雖有衆鳥，不爲匹雙。故見鄙姿，逢君輝光。身遠心近，何當暫忘！」歌畢，要重還冢。宴三日夜，盡夫婦之禮。臨出，取徑寸明珠以送重。重既出，遂詣王，自説其事。王大怒，趣收重。重脱走，至玉墓所訴之，玉即見王，請勿治重。王大驚愕，夫人聞之，出而抱之，玉如煙然。《吳女紫玉傳》

葛可久多幻戲。其妻欲赴貴家飲，患無珍奇服，曰：「閉門勿通問，吾爲若料理之。」居密室三日，則持徑寸珠百八粒而出。佩項上而往，諸女伴争奇鬬珍，一見葛氏姥，不覺心折。《稗史彙編》

朱仲者，會稽市販珠人也。高后時，獻三寸珠。魯元公主私以七百金從仲求珠，仲獻四寸之珠。《列女傳》

突厥與中國交市，有明珠一篋，價值八百萬。或白文獻獨孤皇后市之，后曰：「非我所須也，未若以八百萬賞將士有功者。」《隋書》

煬帝命宮女灑明珠於龍舟上，以擬雨雹之聲。《隋遺録》

吳絳仙有夜明珠，赤如丹砂，恒繫於蓮花帶上，著胸前。夜行，他人遠望，但見赤光如初日輪，不辨人也。《女紅餘志》

鮫人之淚，圓者成明珠，長者成玉筯。《記事珠》

玄宗武惠妃窗上皆掛明光之珠。《女紅餘志》

一士人娶得陳宮人，夜注火則惡煤氣，士人易以蠟，復惡其影蕩人。士人因詰之，「汝後宮何以照夜？」宮人曰：「惟室中懸珠一顆耳。」《南部煙花記》

唐太宗盛飾宮掖，明燃燈燭，延蕭后同觀，謂曰：「朕施設孰與隋主？」后笑而不答。固問之，對曰：「每至除夜，殿前諸院設火山數十，盡沉香木根，每一山焚沉香數車，以甲煎沃之，焰起數丈，香聞數十里。房中不然膏火，懸寶珠一百二十照之。今陛下殿前所焚是柴木，殿內所爇是膏油，但覺煙熏耳。」《女世説》

王師伐江南，大將獲李後主寵姬。夜見燈，閉目云：「煙氣！」易以爉，亦閉目云：「煙氣

愈甚！」曰：「然則宮中未嘗點燭耶？」云：「宮中本閣，每至夜，則懸大寶珠，光照一室，如日中也。」王銍《默記》

后始加大號，婕妤上二十六物，使侍兒郭語瓊拜上，内有枕前不夜珠一枚。《西京雜記》

真臘國獻萬年蛤、不夜珠，光彩皆若月，照人無妍醜，皆美艷。帝以蛤賜后，以珠賜婕妤。后以蛤粧五成金霞帳，帳中常若滿月。久之，帝謂婕妤曰：「吾晝視后，不若夜視之美。每旦，令人忽忽如有所失。」婕妤聞之，即以珠號爲「枕前不夜珠」爲后壽。《飛燕外傳》

貴妃宮中設上清珠，光明潔白，可照一室。視之，則出仙人、玉女、雲鶴、絳節之象，搖動於其中。《杜陽雜編》

郎玉嗜酒，而家赤貧。遇仙女於嵩山中，投以一珠，曰：「此醉龍珠也。諸龍含之，以代酒，味踰下若。」玉甫視珠，而女忽不見矣。《致虚閣雜俎》

成武丁進沙摩掩日珠，懸之中庭，一庭日色寒於夜月。一小宮人愛眠，當晝起，拭目曰：「如何夜半鳥啼如此，喚人醒也。」帝聞之大笑。《異聞録》

履水珠，持以入水，則步驟波上如平地。長慶中，嬪御試弄於海池上，忽化爲黑龍，入於池内。《杜陽雜編》

西王母獻穆王雲澤之珠，病者含之，應時而愈。《道篇》

漳州范某妻夜起，見地上紅光亂滾，遂摸得所戴冠子蓋之。取火視，乃一大珠，藏之粧匣。

匣惟一簪，明日啓視，得簪無算。簪竟而珠現，其色紅，光彩爛爍。大驚喜，意其爲聚寶珠也。因試以銀錢等物，無不皆然。然須妻試之始驗，若夫則否。妻亦須至夜始驗，若日間則否。故其妻製錦囊珠，日則佩之，夜則寘粧匣中。不二年，遂成巨富。後其媳爲姑浣衣，入沸水中，失解佩珠，珠遂失光，試之，竟不驗矣。《曠園雜志》

白厚娶劉純材女，厚送烏璫十事，純材答以象田珠十升，厚大慚。《耕桑偶記》

周憲王《元宫詞》：「賜得西洋塔納珠。」《誠齋新録》

廣東老媪剖巨蚌，得大珠，藏之絮中。夜輒飛去，及時復還。媪懼去，以大釜煮之，至夜，有光燭天。隣里驚爲火也，競赴之。光自釜中出，乃珠也。其大如彈丸，中有北斗七星隱然而見，煮之半枯矣。《聞見雜録》

袁博女得壞牆中璫珠百餘。《吴録》

焦生從烏桓贖李娥爲妻，璫珠二雙、珠三斗。《王朗雜事》

王章死，妻子徙合浦，以採珠致産數百萬。《漢世説》

東海龍王第七女，掌龍王珠藏，小龍千數護衛此珠。其洞穴在震澤洞庭山南。梁武帝以問杰公，公曰：「龍畏蠟，愛美玉及空青，而嗜燕。若遣使通信，可得寶珠。」帝聞大喜。使羅子春以蠟塗身，齎燒燕五百枚、美玉二函、空青二函入洞穴。小龍聞蠟氣，伏不敢動。乃以燒燕獻龍女，龍女食之，大嘉。又上玉函、青函，具陳帝旨。龍女因以大珠三、小珠七、雜珠一石以報帝，命子春乘龍載珠還國。帝得珠以示烋公，公曰：「三珠，其一是天帝如意珠之下者，其二是驪龍珠之中者。七珠，二是蟲珠，五是海蚌珠，人間之上者。雜珠，是蚌蛤等珠也。」《龍女傳》

麻姑見蔡經母及經弟婦。弟婦新産，麻姑望見之，曰：「噫！且止勿前。」即求少許米擲地，米皆成珠。《神仙傳》

元宗嘗欲真珠數升，耿先生曰：「易致耳。」取小麥淘洗，以銀釜炒之，食頃勻圓成珠。《南唐近事》

西藏婦女帶密蠟珠，有大如盞者。《衛藏圖識》

明皇賜虢國夫人照夜璣，蓋希代之珍。《太真外集》

貴妃及諸姨從幸華清宮，瑟瑟珠璣，狼藉於道。《唐書》

虢國夫人造中堂，既成，授匠二百萬，復以金杯二、瑟瑟三斗爲賞。《明皇雜録》

于闐國婦人戴瑟瑟珠，一珠可易一良馬。《五代史》

曹植《美女篇》：「明珠交玉體，珊瑚間木難。」注引《南越志》云：「木難，金翅鳥沫所成碧色珠也，大秦珍之。」《文選》注

李愿姬玄寶，腕繩恒貫莫難珠。《女紅餘志》

漢元封中，鬱林郡獻珊瑚婦人。帝命植於殿前，謂之「女珊瑚」。《述異志》

漢成帝爲趙飛燕造服湯殿，緑琉璃爲户。《漢武故事》

唐末，婦女尚琉璃釵釧。流離，播遷之兆。《五行志》

咸淳末，婦女悉以琉璃代玉。民謠曰：「滿頭多是假，無處不琉璃。」，假，謂賈似道。琉璃，謂流離也。《佩韋齋輯聞》

桀伐岷山，岷山獻二美女，桀愛之，刻其名於苕華之玉。《燉煌紀年》

趙昭儀有四玉鎮，皆達照無瑕缺。《西京雜記》

石季倫愛婢翔風，妙別玉聲，知其出處。言西方、北方玉聲沉重，而性溫潤，佩服者益人性靈；東方、南方玉聲輕潔，而性清凉，佩服者利人精神。《拾遺記》

魏孝武帝有二玉鉢，相盛可轉而不可出，西域鬼作奇寶也。後元韶娶后，奇寶隨后入韶家。《春風堂隨筆》

崔珏母夢仙童擎一盒，曰：「帝賜盒中物，令汝吞之。」啓盒，是二枚美玉，取吞之，覺而有娠。《列仙傳》

同昌公主帶如意玉，上有七孔，通明之象也。《杜陽雜編》

吳宮夜讀，有少孀乘月奔之，宮峻拒。次日，令婢持雙玉魚來贈。宮厲聲責之，婢慚而退。《迂論》

南宋宮人有寒光水玉魚，係楊太真潤肺物。《談薈》

天后嘗召諸皇孫，觀其嬉戲。出玉環釧、杯盤，縱令爭取，獨上端坐不動。后大奇之，撫其

背曰：「此兒當爲太平天子。」因命取玉龍子以賜。玉龍子，太宗於晉陽宮得之，文德皇后常置之衣箱中。《明皇雜録》

沈攸之愛妾馮月華，臂上玉馬穿以綵繩，臥輒置枕下。夜或失之，旦則如故。視其蹄，必有泥跡。《渚宮故事》

玉女洗頭盆，内有玉女馬一匹。《真誥》

李輔國有香玉辟邪，爲怪不已，輔國惡而碎之。輔國嬖妾慕容宫人知異常物，隱屑二合，其香可聞數百步，雖鎖之金函石匱，終不能掩其氣。或以衣裾拂之，芬馥經年，縱澣濯數四，亦不消歇。《説郛》

徐中寶婦見白氣斜飛，中若有物。以手攫之，得玉蛺蝶一枚，製作精工。《江表志》

盛生好遊青樓。一日閑行某庵，庵中老尼，生所善也。見生至，笑生曰：「兩日作何好夢，令汝快活死。」生問故，尼曰：「五日後可蚤來，幸秘勿洩。」生唯唯。至日生至，則鳴鼓禮佛號，僧尼麕聚，幾無容足處。生不知其意，稍坐即趨出，尼曰：「且吃齋去。」挽入一小堂，桌上明燭，酒殽豐美，令生坐，扃門而出。生遍視室中，設四榻，茵褥帷帳，悉豪家物。每榻爇一爐，香氣郁然。帳内先有三少年，各臥一榻，見生來，亦不驚異。生坐更餘，聞笑語，啓鑰，尼秉燭引四婦人來，皆冶粧澹服。見生而笑，生却避不敢前。尼引生袖付一少婦，三少年亦自帳内出，婦人各攜其一就坐酌酒，浪謔歡洽。尼起，諸婦各擁少年入帳。盛生所主最少，尤妖艶，淫蕩已極。四鼓，尼開帳進巵酒，門外輿從雜沓，燈火繽紛，各起整粧。少婦贈生金合子、玉鴛鴦惜別，登輿而去。生偃息至曉，歸家，竟不知誰家眷屬也。《桐下听然》

李龜溪之子娶韓平原之女，奩具中有白玉香獅子，高二尺五寸，精妙無比。《癸辛雜識》

西王母云：元昌城玉女夜出，玉光如火。《漢武內傳》

玉之精名「委然」，狀如美女。夜見美女秉燭入石，石中有玉也。以桃戈刺之而呼其名，即得之。《地鏡圖》

江巖採藥清泉山，遙見一美女，紫衣，獨踞石而歌，有碣石之音。巖往，未及數十步，輒失女處，惟見所踞石耳。如此數日，巖乃擊破石，遂從石中得一紫玉，廣長一尺。後不復見女。《録異傳》

西王母上藥，有赤河絳璧。《漢武內傳》

武帝賜王夫人璧。《漢書》

吳王有女勝玉自殺，葬於閶門外。文石爲椁，金鼎、玉杯、銀樽、珠襦之寶，皆以送女。《吳越春秋》

高德正除冀州刺史，其妻出寶物滿四床。《北齊書》

開元中，李氏女子爲尼，名真如。七月七日，有五色雲自東方來，雲中有人引手授一囊，有寶五段。及肅宗元年，真如忽見皂衣二人，引去東南，至一城，見天帝，復授以八寶。八寶：一曰如意寶珠，二曰紅靺鞨，三曰琅玕珠，四曰玉印，五曰皇后採桑鈎二枚，六曰雷公石二枚。其五寶：一曰玄黄天符，二曰玉雞，三曰穀璧，四曰王母玉環二枚。《鄭輅得寶記》

張江陵奉母入京，上賜江陵母銀八寶一百兩，慈聖太后賜江陵母銀八寶五十兩。《弇山堂别集》

李章武於華州市北見一婦人，甚美，遂僦居於其家。主人姓王，美人則其子婦也，乃悦而私焉。無何章武繫事，告歸，殷勤敘别。章武留交頸錦綺一端，仍贈詩曰：「鴛鴦綺，知結幾千絲。别後難尋見，翻傷未别時。」子婦答以白玉指環，曰：「念指環，相思重相憶。願君永持翫，循環無終極。」既别，積八九年不相聞。貞元十一年，章武至華州，將舍於王氏，其門闃然。見東隣之婦，就而訪之，則子婦殁已再周矣。乃求鄰婦爲開門，命從者治食物。忽有一婦人持箒出房，云：「王家亡婦感郎恩情，將見會。」章武許諾，執箒人即不見。至二更，聞西北角悉窣有聲，如有人形冉冉而至。五六步，即辨其容色衣服，乃主人子婦也。章武下床，迎擁攜手，款若平生之歡。自云：在冥録中，都忘親戚，但思君子之心如平昔耳。章武倍與狎暱。至五更，子婦泣下床，與章武别。自於裙帶上解錦囊，囊中取一物似彈丸，其色紺碧，質又堅密，似玉而冷，狀如小葉。章武不之識，子婦曰：「此所謂靺鞨寶也。妾近與西岳玉京夫人戲，見此物在衆寶璫中，愛而訪之，夫人遂解以相授。以郎奉道精誠，故以投贈。」章武取白玉寶簪一以酬之。敘别訖，遂却赴西北隅，不復見。《才鬼録》

后始加大號，婕妤上二十六物，使侍兒郭語瓊拜上，内有獨搖寶蓮一鋪。《飛燕外傳》

紫竹有南番桃花，片重數錢，色如桃花，而明瑩如榴肉，異寶也。《嫏嬛記》

水仙子爲南溟夫人侍者，手恒弄一圓石，如鳥卵，色類玉。一日忽大風雨，其石裂破，有一蟲走出，乘風飛去，蓋龍也。石隨合，略無縫痕。《修真録》

張牧過點蒼山，拾一圓石，經寸，明於水晶。映月視之，則有緑樹陰，陰下有一女子坐繩床，觀白兔搗藥。兔不停，樹葉若風動，女子亦時時以手拂鬢髻，或微笑，意其爲嫦娥也。一夕召客看月，出以視之，忽躍入空中，明於月，不知所之。《採蘭雜志》

姚月華時以石華遺達，云：「出丹洞玉池，異於他處。色如南水晶，清明而瑩，久服延年。」《嫏嬛記》

同昌公主帶蠲忿犀，圓如彈丸，帶之蠲忿。《杜陽雜編》

太初中，女蠻貢雙龍犀。《杜陽雜編》

忠懿王繼妃俞氏，宋太祖時進犀二十株，通犀𧴝犀玉帶三十二條。《吴越備史》

安南國進皇后方物狀，有犀角二十株、大烏犀角五株、花犀三株、象牙三十扎。《天南行記》

奩史卷八十九

東吴王初桐于陽纂述
同里曹仁虎習庵校刊

珠寶門二

金銀

女華者，桀之愛妾也，湯事之以千金。《管子》

田子爲相三年歸休，以金百鎰奉其母，母曰：「不義之物，不入於館。」子慙愧走出，自歸於王，還金，請退就獄。王赦田子罪，以金賜其母。《韓詩外傳》

樂羊子嘗行路，得遺金一餅，還以與妻，妻曰：「君子不以利污行。」羊子慙而棄之。《語林》

陳皇后退居長門宫，愁悶悲思。聞司馬相如工文章，奉黄金百斤，爲解愁之辭。相如爲作《長門賦》，帝見而傷之，復得親幸。《樂府解題》

隆慮公主子昭平君尚武帝女夷安公主，隆慮困病，以金千斤、錢千萬爲昭平君贖死罪。

《漢書》

霍光妻遺淳于衍黄金百兩。《西京雜記》

應嫗見神光照社，試探之，乃得黄金。《後漢書》

永康王子婦孫氏，見二黄鳥鬭於浣石上，疾往掩取，變成黄金。及石破，内空二鳥處。

《異苑》

韓翃以練囊盛麩金寄柳姬。《章臺柳傳》

李杲夜坐，見一女子從地中出，甚美。杲曰：「汝何神何鬼耶？」女取筆書几上曰：「許身愧比雙南。」遂復入地中。杲知爲金也，掘之，得金一筩。《嘉蓮燕語》

劉寧夫人安氏方櫛髮，有以瓜盛銀餽者，安氏被髮，呼僕送還。《明語林》

有餽金於鄭曉夫人者，上覆以茗。夫人撥茗見金，即歸之。《涌言》

王修微急人之困，揮數千金不惜。許玉斧《修微道人生誌銘》

楊嫗少寡，鞠一孤，年三十不能娶。嫗百計營聘，尚少數金。嫗許富家爲賃舂，乞其直，得娶婦。婦入門，索其姑不見，終不肯成禮。夫語之故，婦泣曰：「妾槖中金足相當。」立趣贖姑。夫夜馳往，蒼猝未持金。已而來索，婦曰：「金適已付汝矣。」夫大詫愕。蓋貧家壁皆編葦，鄰人竊聞其語，詭作其夫取金去也。婦羞見紿，又無餘金，痛姑不得贖，遂縊死。質明，雷擊盜金者死户外，金故在手，而孝婦氣絶復甦。《學餘堂文集》

西王母有金液玉漿。《漢武内傳》

賈后飡金屑而死。《晉後略》

楊維禎母李氏，夢金鈎自月墮於懷。《鐵崖傳》

開元宮中有黄色蛇，常夜自寶庫中出，光彩照灼，不可擒捕。宮人擲珊瑚玦擊之，遂並玦而去。掌庫者以告，上令遍搜庫内，乃得黄金蛇，珊瑚玦著其首。上曰：「昔隋煬帝以黄金蛇贈陳夫人，不知是否？」左右因覩頷下有「麼」字，蓋煬帝小字阿麼也。《杜陽雜録》

梅妃除夕與宮人戲鎔黄金瀉入水中，視巧拙，以卜來年否泰。梅妃一瀉得金鳳一隻，首尾足翅無不悉備。《膠葛》

咸陽公子眷一妓，訂盟婚娶。臨别，贈黄金鴛鴦。《瑣窗閑話》

有一貧女遊行，得一金珠。見七賢塔中佛像面上金色缺壞，欲補之。爾時迦葉作鍛金師，女即倩令修造。金師歡喜，用補像面，因共立願：「願我二人常爲夫婦。」後托生婆羅門，至年十五，欲聘妻，惟有一女端正殊好，即是往日施金女也。《法藏經》

同昌公主以金銀爲井欄、甕鐺之屬。《杜陽雜編》

忠懿王繼妃俞氏，宋太祖時進金銀十餘萬。《吴越備史》

宮中有娠，賜物有金二十四兩八錢七分二釐，銀四千四百四十兩，金銀果子五百個。《武林舊事》

景泰好色，嘗以銀豆、金錢灑地，令宮人爭拾，以供戲笑。《鴻書》

有兒丐食於嶽廟。一日，有婦人挈包而進，禮拜甚久，忘包而出。兒取視之，皆黃白也，藏包以俟。見婦人悲號來覓，兒即還之。婦人以銀一錠酬之，兒曰：「母誤矣，欲得之，不罄所有乎？」婦曰：「兒何所依？」兒曰：「無依，故丐耳。」婦即攜歸，爲夫訴屈，夫蓋指揮使指揮，無嗣，竟以此兒承襲祖蔭。《白醉瑣言》

洪武二十一年，賜信國公湯和夫人胡氏黃金二百兩、白金一千兩。《弇山堂别集》

黃寅夜讀書，聞人扣户，出視之，乃雙髻女子，微笑而言曰：「我只在西邊住，聞君讀書聲，歡喜無限。」寅留坐，即捻書册玩誦。寅微言挑之，略不羞避，遂就寢。雞鳴而去，復約再會。往還幾半月，其所親柳仲恭者拉以入都，女子知之，倏來告别，攜手而泣。寅發篋，出銀五兩以贈。旦而行，可二十里，見一廟，神座傍侍女宛然是所遇者，銀在手中，初未嘗啓封也。《夷堅志》

葛佑爲金谿監銀吏，熬練不成，拷掠幾死。有二女，相與齧齒發誓，願以身代父死。明日，同躍爐中。俄有陰雲四起，烈風雷雨，衆皆驚異。即發爐取其骨，已化爲銀矣。《説寶》

一女巫夢白皙婦人二十七輩，皆赭衣，前拜曰：「願伏事君家。」自此數夢之。後開山得一窖，中藏銀二十七鋌，皆漢裹蹄樣也。《諧史》

有鬻菜夫鬻荳芽菜，一婦人用錢買菜求益，夫不與，婦人引手其筥取之，袖中銀一錠落於其

筥。夫持歸告妻，妻略不視，曰：「爾得之而喜，彼失之者不戚乎？」立命夫還之。《稗史彙編》

康保裔母年八十四，封陳國太夫人，遣內司賓勞問，賜白金五十兩。《東都事略》

永樂四年，賜滿剌國王妃白金二百兩。《弇山堂別集·賞賚考》

郕王賜諸妃白金三萬餘兩。《中官考》

朱奉濂家一養女，有姿色，善女紅，年可十六七。一日倦繡，停針兀坐，忽見一偉丈夫從檐下，曰：「某夙世負汝白鏹六十餘金，今當奉償。」女即昏瞶，鬼遂隱入女腹。乃令其女垂簾賣卜，剖斷如神。每朝所獲，止許給一日薪水之費，餘俱歸女橐幾。及三年，約足六十金之數，其鬼乃去，扣之亦不靈矣。《馬弢庵聞見録》

漢期門郎程偉妻煎水銀成銀。《真誥》

程偉好黃白術，作金不成。其妻出囊中藥試之，食頃便成銀。偉驚，請傳其術，妻曰：「得之須有命者。」偉日夜説誘，終不告，乃謀撾持伏之。妻曰：「道必當傳其人。得其人，道路相遇，輒教之；如非其人，雖寸斷支解，而道終不出也。」《女世説》

元宗取水銀以硾紙重複裹之，題封甚密，耿先生納於懷中。良久，忽若裂帛聲，元宗起視，題處如舊。發之，已爲銀矣。又嘗大雪擁爐，索金盆貯雪。耿先生取雪，削之爲銀錠狀，投熾炭中。過食頃，乃持以出，赫然洞赤。置之於地，爛然盡白鋌也，而刀痕具在。反視其下，若垂酥滴乳之狀，蓋初爲火所融釋也。《耿先生傳》

宜春郡民家，一日晚，有美婦詣門求宿，諸婦欣然，待之夜深而罷。有一子弟心悦之，囑其乳母別止一室，夜深潛就之。其人身體如冰，生大驚，命燭視之，乃一銀人，重可百斤。《玉堂閑話》

四川有孝廉公車過陝，留宿狹邪，以假銀給之。入闈，恍惚見妓，不終場而罷歸。途復經前處，隣人告曰：「自君行後，妓以銀付鴇母。母識是假，怒而扑之，身無完膚，妓即投繯死矣。」《樂郊私語》

陸左丞愛女死，用水銀殮。《樂郊私語》

吕生就寢，見一嫗容服潔白，於室之北隅緩步而來，漸迫其榻，生叱之，遂没。生乃以劍置榻下。是夕又來，生以劍揮之，嫗忽上榻，以臂揕生。久之，又有一嫗上榻上，復以臂揕生。生以劍亂揮，俄爲十餘嫗，環走四垣，俱至榻前，翕然合爲一嫗，與始見者不異。生懼甚，嫗笑曰：「吾來戲君耳，非敢害也。」言畢，退於北隅而没。明日，生於北隅發之，得一瓶水銀，方悟嫗乃水銀精也。《宣室志》

錢財

童謡云：「河間姹女工數錢，以錢爲室，金爲堂。」言靈帝母永樂太后好聚金錢也。《後漢書》

館陶公主爲子求郎，不許，而賜錢千萬。《後漢書》

王夷甫常嫉其婦貪濁，口未嘗言錢字。婦欲試之，令婢以錢繞床，使不得行。夷甫晨起，見錢閡行，呼婢曰：「舉却阿堵物！」《世説新語》

王戎女適裴頠，貸錢數萬。女歸，戎色不悦，女遽還錢，乃釋然。《世説新語》

宋文袁皇后家本貧薄，后每就上求錢帛以贈之。上性儉，所得不過錢三五萬、帛三五十疋。後潘淑妃有寵，愛傾後宫，咸言所求無不得。后聞之，未知信否，乃因潘求三十萬錢與家，以觀上意，宿昔便得。因此恚恨成疾，不復見上。上每入，必他處回避。上數掩伺之，不能得。《南史》

海陵城邊海岸崩，見一漆棺，棺中老姥釵髻、衣服及枕履悉粲然若新。爾夜，村人之婦夢見嫗云：「我墻屋毁廢，骸形飄露，今以直一千托爲修治。」置錢便去。明覺，果得，即用改殯。《異苑》

有盗其母之錢而逃者，請投之四裔。太后聞之而怒曰：「豈有無父母之鄉乎？」於是轘而殺之。《前秦録》

封贈綾羅、紙價錢，宣教郎以下，母七貫三百五十，妻六貫四百五十；朝奉大夫、遥郡刺史以上，妻七貫二百五十。后妃才人以上同。《趨朝事類》

隆祐孟太后節儉，月供錢千緡而止。《宋史》

臨江惠歷寺初造輪藏成，僧限千錢則轉一匝。有營妓喪夫，家極貧，欲轉藏以資冥福，累月終不滿一千。乃攜所聚之錢，號泣藏前，擲錢拜地。輪藏自轉，闔寺駭異。《括異志》

開封有老翁，長子娶婦別居，次子聘某氏，未婚。適周王選宮女，女家懼選，促男家完娶。翁苦貧，乃典其身於富家，得錢以充聘禮。新婦入門，拜姑而不見翁，密問之，姑漏言焉。婦大慟，遂取簪珥之屬，令人質錢以贖翁。錢置床頭，期以明日往贖。適長婦來，具以情告。長婦不孝而貪，乃乘間竊錢去。明旦，婦檢錢，無有也。夫疑婦中悔而匿其錢，婦不能自明，又傷翁無可贖，乃投繯而死。夫殮，而厝柩他所。三日，姑令長婦攜簞食往祭婦柩。雷雨俄作，尋聞喚門聲，姑問：「爲誰？」曰：「我新婦也。」姑曰：「爾人耶鬼耶？」曰：「新婦，人也。」姑曰：「爾死已三日，何由再生？」婦曰：「我初如睡夢中，神魂飄搖，不知底止。適聞大震一聲，不覺身乃在此。」姑呼婦入室，復偕隣婦往柩觀之。棺蓋已揭，長婦踣死於地，原錢俱在手中。《稗史彙編》

皇后謁家廟後，散付親屬物件，有金錢、銀錢。《武林舊事》

霍定遊曲江，以千金購人竊貴家亭榭中蘭花。自持往羅綺叢中賣之，士女爭買，抛擲金錢。《曲江春宴録》

黄泳應童子試，徽宗命歷見，后嬪爭遺以金錢。《莆田志》

宮中有娠，賜物有銀錢三貫足。《武林舊事》

張窈窕以古錢一枚贈姜叔良，色緑青而凸起，叔良時置袖間。一日，忽瑩潤而小凹，叔良第謂弄久，剥落耳。明日，則又復青緑凸起矣。心甚異之。後語窈窕，窈窕言同。蓋窈窕有二古錢，贈一留一，留者瑩潤而小凹，乃時復類贈者焉。自後察之，張藏者，隻日則青緑而凸；姜藏者，隻日則瑩潤而凹。《志奇》

《四愁》詩：「美人贈我金錯刀。」金錯刀，王莽錢名。《藝苑雌黄》

武德四年，行「開元通寶」錢。初進樣，文德皇后掐一甲痕，因鑄之。今錢背有文，如初月者。《譚賓録》

開元錢，乃明皇所鑄，上有甲痕，乃貴妃掐迹。《青瑣集》

《青瑣集》謂開元通寶錢事由明皇貴妃。彼徒見「開元」字便謂明皇，亦不考實之過。《錢譜》

《通鑑考異》：「薛當《聖運圖》云：開元錢係文德皇后甲痕。凌璠《唐政要録》以爲竇皇后。」按是時竇后已亡，文德未立，皆不取。《涉世録》乃謂「開元錢所有爪甲，乃錢樣將上，貴妃以爪掐之，帝命勿改，故至今有甲痕。」此説尤妄。《考古質疑》

開元通寶錢，或謂是唐明皇開元中年號所鑄，錢背有半月手甲文，俗謂是楊妃甲痕。非也。案《唐書·食貨志》：「武德四年，鑄開元通寶錢。有司進錢模，太穆皇后誤以指甲損其模，遂鑄甲文。」蓋開元者，唐高祖所撰錢寶之號，非年號也。《學林》

梁時，鑄四銖半錢，謂之「男錢」，云佩之即生男也。又別鑄，除其肉郭，謂之「公式女錢」。鄭樵《通志》

女錢，小錢也。《諧史》

蘇州北寺鑄彌勒銅像，爐方熾，一貧女過解少小所佩一錢投之，蓋花欄隆慶也。像成，錢現於腹之心中，剉去復見。《現果隨録》

唐睿宗女荆山公主出降，鑄撒帳金錢，每十文繫一綵絛。敕近臣及修文館學士送婚捨錢。《言鯖》

顧德輝《元宫詞》：「月錢常是散千緡，大例關支不是恩。」《玉堂雅集》

禁中臘月三十日爲大節。夜，后妃諸閣皆進隨年金錢一百二十文。《西湖遊覽志餘》

七夕錢，文爲牽牛、織女相對形，婦女喜佩之。《泉志》

王蓮蓮，字沼容，微有風貌，女弟小仙已下數輩皆不及。但假母有愛錢之癖，諸妓皆攫金特甚。詣其門者，或酬酢稍不至，多被盡留車服儀衛而返。《北里志》

甌寧王氏，事姑孝。貧無養，天雨錢以給之。《大有奇書》

龐儉母鑿井得錢千餘萬，遂巨富。《風俗通》

李景讓母王氏孀居，嘗值久雨墻坍，忽見一槽船，實以散錢。王氏曰：「吾聞不勤而獲禄，君子所慎。」乃令婢僕亟掩之。《金華子雜編》

天聖五年，嚴州崇勝院設道場，皇太后賜銀三十兩，皇太妃施錢二十貫，皇妃施錢十貫，朱淑儀施錢五貫。《老學庵筆記》

宣和用兵，厚賜天下緡錢。有海州楊秀才妻劉氏寡居，積餘錢十屋。劉氏遂請於官，以緡錢一百萬獻納，以充下户之輸。《春渚紀聞》

元祐初，宣仁太皇太后出粧粉錢，重建上清宫。《東京記》

大定中，大長公主降錢三百萬，建昊天寺。《長安記》

鄒吕大者，婢所出也。其母私畜淨錢萬餘於篋，時見空中蛺蝶飛出。啓篋視之，錢已去七八，尚有錢化蛺蝶未成者。《見聞録》

毘陵李氏女，方年一十六歲，頗能詩。有《拾得破錢》詩云：「半輪殘月掩塵埃，依稀猶有開元字。想得清光未破時，買盡人間不平事。」《西樵野記》

中州女子鄭蘭芬有才名，嘗作錢卦。《樵窗贕話》

賈秋壑侍女與蒼頭兒有情，嘗以繡羅錢篋乘暗投之，兒亦以玳瑁指盒爲贈。後爲同輩所覺，同賜死於西湖斷橋之下。《冥感記》

泰定帝賜壽寧公主鈔五千錠。《元史》

洪武三十年，賜田琛母楊氏鈔四百錠。《弇山堂别集》

永樂四年，賜滿剌國王妃鈔五千貫。《弇山堂别集·賞賚考》

永樂十年，賜夏原吉母鈔二百錠。《皇明通紀》

劉裕起兵討逆，同謀孟昶謂妻周氏曰：「我決當作賊，幸早離絶。」周氏曰：「君父母在堂，欲建大謀，豈婦人所能諫。事若不成，當於奚官中奉養大家，義無歸志也。」昶起，周氏追昶坐，曰：「觀君舉措，非謀及婦人者，不過欲得財物耳。」指懷中兒示之，曰：「此兒可賣，亦當不惜。」遂傾貲以給之。《容齋隨筆》

王逵妻某氏，妾嘗辱之，不較也。或問之，曰：「彼將去矣，不必較也。」已而逵怒，逐之。某盡歸其裝，一家皆諫止之，曰：「此自彼有，我何與焉？然亦非彼所有也。」妾遇盗，盡亡其資。《後山談叢》

孫皓愛妾使人至市，劫奪百姓財物。《吳志》

阮允之母周氏卒，遺財百萬，盡歸允姊。《貧士傳》

唐進士趙中立，以豪俠耗女商荆十三娘之財，荆十三娘殊不介意。《劍俠傳》

李充兄弟二人，妻竊謂充曰：「妾有私財，可分異獨居。」充跪白其母而遣之，婦行泣而去。《汝南記》

鉛錫之精爲老婢。《元中記》

奩史卷九十

東吳王初桐于陽纂述
雲間王　昶述庵校刊

蘭麝門一

香

宮人蘊蘭麝而披羅綺，曰熏服。見賈誼《新書》。《丹鉛録》

秦嘉與婦徐淑書曰：「今奉麝一斤，可辟惡氣。」《太平御覽》

王懷之見樹杪嫗披白羅裙，亭然虛立。還家述之，其女忽變作樹杪鬼狀。乃與麝香服之，尋復如常。《異苑》

東昏侯潘妃行處，塗地以麝香。《齊書》

僖宗幸關中，道傍之瓜悉皆萎死。蓋宮嬪多帶麝香，所熏遂皆萎落耳。《負喧雜録》

鄭注赴河中，姬妾帶麝香，所過之地瓜盡死。《叙小志》

趙飛燕爲皇后，其女弟在昭陽殿，上襚三十五條，內有青木香、沉水香、九真雄麝香。《西京

雜記》

王建《宮詞》：「添爐欲爇燻衣麝，憶得分時不忍燒。」

合德上飛燕三十五襚，飛燕報以沉水香。《飛燕外傳》

吳隱之罷郡，見妻篋中有沉香一片，遂取投石門內水中。後人謂之「沉香浦」，亦曰「投香浦」。《太平寰宇記》

安南國進皇后方物狀，有白檀香十斤、梅檀香七十斤、甘梅然香一百斤。《天南行記》

樂府：「盧家蘭室桂爲梁，中有鬱金蘇合香。」沈佺期詩：「盧家少婦鬱金堂。」鬱金堂，以鬱金然於堂也。庾信詩：「然香鬱金屋。」《李義山詩注》　李時珍曰：「與染衣之鬱金不同。」

唐宮中，每行幸，即以鬱金布地。《文昌雜録》

左芬《鬱金頌》云：「芳草酷烈，悦目怡心。」《左貴嬪集》

燕昭王爲舞女二人散荃蕪之香。香出波弋國，浸地則土石皆香；著朽木腐草，莫不鬱茂；以薰枯骨，則肌肉皆生。以屑噴地，厚四五寸，使二女舞其上，彌日無跡，體輕故也。《拾遺記》

漢武帝息於延凉室，夢李夫人授帝蘅蕪之香，帝驚起，而香氣猶著衣枕，歷月不歇。帝彌思求，終不復見。涕泣洽席，遂改延凉室爲遺芬夢室。《拾遺記》

荃蘼香，婦人帶之，彌月芬馥。《洞冥記》

蘅薇香，夫婦佩之則相愛。《玉芝堂談薈》

張道陵母夢大人自魁星中以蘅薇香授之，遂感而孕。《誠齋雜記》

唐詩：「情人一去無窮已，欲贈蘹香恨不逢。」蘹香，即杜蘅，亦名蘅薇香，見《大戴禮注》。《天禄識餘》

晉咸寧中，芳蔬園有異菜名芸薇，一名芸芝。宫人採帶其莖，香氣歷日不散。《拾遺記》

董姬所爇黄熟香，間有梅英半舒，荷鵝梨密脾之氣，靜參鼻觀。《影梅庵憶語》

乳香，治婦人血氣。《本草拾遺》

皇后謁家廟後，散付親屬物件，有龍涎香。《武林舊事》

有士人於錢塘江漲橋爲狹斜之遊，後陷河南不返。其友寄以龍涎香，士人酬之云：「認得吳家心字香，玉窗春夢紫羅囊。」《能改齋漫録》

交趾貢龍腦香，有蟬、蠶之狀，禁中呼爲「瑞龍腦」。上賜貴妃十枚，妃私發明駞使，持三枚遺禄山。《明皇雜録》

同昌公主玉香囊中，貯辟邪香、瑞麝香、金鳳香，仍雜以龍腦、金屑。每一出遊，則所過芬馥。《杜陽雜編》

小黄女子名觀，失其姓。與書生喬子曠筆札周旋，子曠寄觀詩曰：「美人心共石頭堅，翹首佳期空黯然。安得千金遺侍者，一燒鵲腦繡房前。」《志林》云：「鵲腦，燒之令人相思。」《林下詩談》《淮南萬畢術》：「取鵲腦，雌雄各一，燒之，丙寅日入酒中，飲令人相思。」

王廣見一女，云是何參軍女，年十四而夭，爲西王母養，使與下士人交。廣與之纏綿，其日於席上得手巾裹雞舌香。其母取巾燒之，乃是火浣布。《續搜神記》

元宗爲太子時，愛妾號鸞兒，多從中貴處逍遥微行，以輕羅造梨花散蘂，裛以月麟香，號「袖裏春」，所至暗遺之。《史諱録》

文帝迎靈芸，道側燒石葉之香。《拾遺記》

西王母降，燒兜末香。《漢武故事》

祖法：兒婦女皆以沉檀、俺八兒諸香熏衣。所過街市，香經時不散。《明史》

袁運嘗以奇香一丸與莊姬，藏於笥，終歲潤澤，香達於外。其冬，閣中諸蟲不死，冒寒而鳴。姬以告袁，袁曰：「此香製自宫中，其間當有返魂乎？」《真率齋筆記》

漢武夕坐，有神女至，散明天發日之香。《漢武故事》

同昌公主薨，焚升霄降靈之香。《杜陽雜編》

夢得香物，婦女歸也。《緯略》引《夢書》

秦嘉與婦徐淑書曰：「今奉好香四種，各一斤，芬芳可以馥身。」淑答書：「未侍帷帳，則芬芳不發。」《太平御覽》

王氏妻葬有年，後開墓，香火猶燃。《述征記》

后始加大號，婕妤上二十六物，使侍兒郭語瓊拜上，內有龍香握魚二首、通香虎皮檀象一座。《飛燕外傳》

王雙每獨寢，即有一女子來就之。常以一奩香見遺，氣甚清芬。後發薦，見一大蚯蚓斃之奩，乃螺殼香，則菖蒲根。《異苑》

齊潘妃殿內有和香，香氣芬馥，聞之使人歡悦，生諸雅態。《金樓子》

唐虢、韓、秦三國夫人朝天，曾有人俯身一窺其車，香氣數日不絶。《海蠡編》

玉女擎玉爐，焚九和之香。《三洞珠囊》

郭元振婢妾十人，宴罷，散九和握香。《讀書偶然録》

西王母降，燔百和之香。《漢武帝內傳》

刀圭第一香，蓋咸通所製，賜同昌公主者。酷烈清妙，雖焚豆大，亦終日旖旎。《清異録》

宋光宗妃合和奇香，號「東閣雲頭香」。《香乘》

徐鉉姬妾月夜露坐，爇佳香一炷，號「伴月香」。《江南録》

燕城婦女夜游，其前令一人持香辟人，名「辟人香」。《歲時記》

明皇正寵妃子，安禄山進助情花香百粒，大小如粳米而色紅。每當寢處之際，則含香一粒，助情發興，筋力不倦。帝秘之曰：「此漢之慎恤膠也。」《開元天寶遺事》

同昌公主有辟寒香，外國所貢。大寒焚之，暖氣烘然，人皆減衣。《述異記》

宮中媚香號「化樓臺」。《徵文玉井》

意可香，初名宜愛，或云：「此江南宮中香，有美人字曰宜愛，此香故名宜愛。」山谷曰：「香殊不凡，而名乃有脂粉氣，易名意可。」《珍珠船》

金日磾既入侍，欲衣服香潔，自合奇香。由是宮人皆用薰衣香，以增其媚。《事文玉屑》

緬俗，婦人不施胭粉，惟和白檀、麝香、當歸、姜黄末，傅於身及頭面，以爲奇。《香嚴三昧》

婦人夜夢鬼交，安息香同臭黄燒熏丹穴。《海藥本草》

縉雲令李長卿女，慧性過人，染疾而逝，殯於仙巖寺。後有曹穎來館其東，一夕，有女子打扃而至。與語，皆出塵氣。穎詰其姓氏，曰：「姓李名蕚字英華。知子鰥居，故來相慰。」倡和無虛日。曹有親陳觀察挽之從軍，將就道，英華與訣曰：「妾與君之緣斷矣。君他日當有兵難，敬授靈香一瓣，有急當爇以告，當陰有所護。」及曹獲譴麾下，追惟英華之言，欲取所遺香爇之。軍行無宿火，卒正法。《耆舊續聞》

孫亮愛姬四人皆絶色，一名朝姝，二名麗居，三名洛珍，四名潔華，爲四人合四氣香。此香異國所出，香氣沾衣，歷年彌盛，百浣不歇，因名「百濯香」。或以人名香，故有朝姝香、麗居香、洛珍香、潔華香。亮每遊，四人同輿，以香名前後爲次。所居室名「思香媚寢」。《拾遺記》

卞山有無價香，一老母拾得，文石光可玩。偶墜火中，異香聞於遠近，收而寶之。《天中記》

解州俞保補戍騰越，妻王氏將粒米作信香，日夕懇禱關聖祠。歲餘，保在伍夢關聖呼曰：

「爾婦爲汝虔禱，故來視爾，爾欲歸乎？」保伏地願歸，已不覺隨其馬蹄馳行，獵獵猛風，吹送有聲。已落平沙柳林中，識是解州城外。因抵家叩門，王氏始疑，保具道所以，方啓户，相抱痛哭，隨詣廟謝。明日，復詣州言狀，移文騰越察之，稱保離伍僅一日，而軍籍後有「關聖免勾」四字，保遂得免。王氏有詩曰：「信香一粒米，客路萬重山。一香一點淚，流恨入蕭關。」《耳談》

真西洋香方，董姬手製百丸，誠閨中異品。有一種名蓬萊香，久烝衾枕間，和以肌香，甜艷非常，夢魂俱適。《影梅庵憶語》

吳王遺美人採香於香山，有採香徑。《吳地記》

河伯少女常市香於蔡天生。《真誥》

韓熙載令諸姬對花焚香，著《五宜説》。木犀宜龍腦，酴醿宜沉水，蘭宜四絶，含笑宜麝，薝蔔宜檀。《香史》

侍臣入直，賜青綾，被妙選侍女五夜添香。唐詩：「春風侍女護朝衣」，又「侍女新添五夜香」。《丹鉛總録》

和凝詞：「幾度試香纖手暖。」《紅葉稿》

端溪陸氏妾善司香，字曰香東。《本事詩》

內宮有祈禱，賜香於天竺大士。《朝野類要》

賈充女聰慧過人。時韓壽美姿容，充辟以爲掾。充每聚會賓客，賈女於青瑣中見壽，説之，恒懷存想。後婢往壽家，具述之，並言女光麗。壽聞心動，遂請婢潛修音問。及期往宿，壽蹻捷絶人，踰牆而入，家中莫知。自是，充覺女盛自拂拭。後會諸吏，聞壽有奇香之氣，是外國所貢，一著人則歷月不歇。充計武帝唯賜己及陳騫，餘家無此香，疑壽與女通。而垣墻重密，門閤急峻，何由得爾？乃托言有盗，令人修墻。使反曰：「其餘無異，唯東北角如有人跡，而墻高非人所踰。」充乃取女諸婢考問，即以狀對。充秘之，以女妻壽。《世説新語》

陳騫以韓壽爲掾。每會，聞壽有異香氣，是外國所貢。騫計武帝惟賜己及賈充，他家無此香。嫌壽與己女通，考問左右婢，具以實對。騫以女妻壽。《郭子》

太祖顧命曰：「餘香可分與諸夫人。」《鄴都故事》

唐時，内人各攜名香比試優劣，名曰「鬭香」。《香乘》

有書生幼時貧賤，每爲人侮害，極其悲憤。一日閑步，經觀音里，有一婦人姿甚美，生屢回顧之。有惡少年數人，於路相謂：此婦有邪行。生聞賤之，不復有相顧意。生後與妻坐燭下，偶及此事，妻曰：「此吾異姓之從女弟也。聞其獨與一侍兒居，立身最高潔，何等惡少年污衊之也。」生聞之大怒，欲爲報之。翌日，婦侍兒來曰：「主母感郎君恩，即爲郎君死無恨。幸與郎君有夙緣，後日可一見於某所第。未可饗邇，盡歡有日也。」生如期往，果得望見，各以目逆之。翼日，侍兒復至，曰：「主母治杯醴，屈郎君少坐。」及至，酒饌甚盛，几筵所陳器，皆人間所無。獨命生坐中堂。飲半，侍兒負一革囊至，曰：「主母所命也。」啓視，則人頭數個，顏色未變，乃向侮害生者也。生驚，欲避去。侍兒曰：「郎君請無驚，必不相累。主母固預命以藥物待之矣。」懷中出少藥，用小指甲每頭彈斷處粟米許，頭漸縮小，至於李子大。侍兒食之，吐核，亦李也。侍兒又曰：「主母惡少年，無須臾忘，亦欲假手於郎君。」生愧謝弗能。婦人又命侍兒進一香丸，曰：「不勞君舉腕，君第掃淨室夜坐，焚此香於爐，香煙所至，君急隨之，即得志矣。有所獲，須將納於革囊歸，勿畏也。」生如指焚香，隨煙而往。初不覺有牆壁礙，行處皆有光，亦不類闇夜。每至一處，煙嫋嫋繞惡少年頸，三繞而頭自落。生悉以頭納革囊中。於是煙復嫋嫋而旋，生復隨而返。到家，未三鼓也。煙復收，火已寒矣。探之，其香變成金色，圓若彈，倏然飛去，鏗鏗有聲。生恐婦復須此物，無以復命。正惶急，侍兒不由門户，忽爾在前，取頭彈藥食之。生告曰：「香丸飛去，奈何？」侍兒曰：「得之久矣。主母傳語郎君，此畏關也，此關一過，無所不可爲。姑了天下事，共作神仙也。」後生與婦俱徙去，不知所之。《女紅餘志》

王珪《宫詞》：「暗花香印錦紋頭。」

甘棠妓溫琬賦《香篆》云：「還同薄命增惆悵，萬轉千回不自由。」《青瑣高議》

奩史卷九十一

東吳王初桐于陽纂述
茂苑宋思仁雲亭校刊

蘭麝門二

香器

李煜僞長秋周氏，居柔儀殿，有主香宫女。其焚香之器，曰把子蓮、三雲鳳、折腰獅子、小三神、卍字金鳳口罌、玉太古、容華鼎，凡數十種，金玉爲之。《清異録》

閨人燒香器，有有鎖者。李商隱詩：「鎖香金屈戍」，又「金蟾齧鎖燒香入」。《研北雜志》

陶弘景母郝氏夢天人手執香爐至其所，因有娠。《南史》

隋煬帝每行幸，令宫人擎香爐在輦前行，嬪妃皆遥辨香氣，以知恩澤。《南部煙花記》

懿德皇后《回心院》詞：「爇熏爐，待君娱。」《焚椒録》

黄帝有博山香爐，蓋西王母遺帝者。《事物紀原》

泰元中，皇太子納妃王氏，有銀塗博山蓮槃三斗香爐一、銅博山香爐十。《東宫舊事》

趙飛燕爲皇后，其女弟在昭陽殿，上襚三十五條，内有五層金博山香爐。《西京雜記》

趙昭儀作九層博山香爐，鏤爲奇禽怪獸，窮諸靈異，皆自然運動。《西京雜記》

漢成帝賜飛燕赤金九層博山香爐。《飛燕外傳》

昭儀作臥褥香爐一，名「被中香爐」。爲機環，轉運四周，而爐體常平，可置之褥被。《西京雜記》

后始加大號，婕妤上二十六物以賀，内有紫金被褥香爐三枚。《飛燕外傳》

楊玉香有文燕香爐。《瑣窗纖志》

宋玉賢既稟女質，厥志彌高。年及笄，應適，許氏密具法服，既至夫門，更著黄金裙，手執鵲尾香爐，不親婦禮。夫家力不能屈，乃聽出家。《香譜》

劉夢鼎母夢羽人捧三足香爐至其家，遂孕。《崇安縣志》

安樂公主造百寶香爐，高三尺，開四門，絳橋勾欄，花草、飛禽、走獸、諸天妓樂、麒麟、鸞鳳、白鶴、飛仙，絲來綫去，鬼出神入，隱起鈒鏤，窈窕便娟。真珠、瑪瑙、瑠璃、琥珀、玻瓈、珊瑚、琿璖、琬琰，一切寶貝。《朝野僉載》

石虎御女，爲複帳，四角安純金銀鑿鏤香爐。《鄴中記》

太子屬疾，宫人誤觸金香爐，仆地有聲，太子驚悸，轉劇。《建炎以來朝野雜記》

皇后儀衛，有金香爐一。《明會典》

貴人、公主有純銀香爐四枚、銅香爐三十枚。魏武上《雜物疏》

庾仲文嫁女，具銅香爐，四人舉乃勝。《南史》

娶婦，車前用銅香爐二。《徐爰家儀》

大食窑以銅作身，用藥燒成五色，如香爐、合兒之類，最宜婦人閨閣中用。《格古要論》

司馬相如《美人賦》「金鉔熏香」注云：「香，球也。」意即《西京雜記》所云「褥爐」也。《天祿識餘》

李清照詞：「玉鴨熏爐閒瑞瑙。」《漱玉集》

客氏轎前提爐數對，燃沉香如霧。《酌中志略》

唐制，宮人用玉龜藏香。《天祿識餘》

宋宮中，導從有女冠二人，執香罏、香盤。《大明集禮》

皇后儀衛，有金香合一。《明會典》

古者，婦始見舅姑，持香纓以拜，五色采爲之。隋牛弘議以素絹八尺，中擗，名曰「帛拜」。以代香纓。《事始》

《禮記》：「女子許嫁，纓。纓有二，一少時所佩。」《內則》云：「女子未笄，給纓一，許嫁時所繫。」《昏禮》：「士人親脱婦纓。」鄭注：「婦人十五許嫁，笄而禮之，因著纓。」《天祿識餘》

《爾雅》：「婦人之褘謂之縭。」注：「即今之香纓。」《天香樓偶得》

史良好一女子，許嫁而未果，良怒殺之。夜夢見曰：「還君物。」覺而得昔所與香纓、金釵之屬。《搜神記》

京師官子張生元宵遊乾明寺，拾得紅綃帕裹一香囊，有細書絶句詩，詩尾書曰：「有情者若得此，欲與妾一面，請來年燈節於相藍後門，車前有雙鴛鴦燈者是也。」生如期往候，果見雕輪繡轂，掛鴛鴦燈一盞。乃誦詩於車後，女遂令尼約生次日與之歡合。生問之，女告曰：「妾乃節度使李侍妾。李公老邁，誤妾芳年。」遂與侍婢彩雲隨生逃，隱姑蘇偕老。《玉芝堂談薈》

文文山歐陽夫人疾，問浣婢索衣上舊香囊，云：「此落齒時得之父母者也。吾死，必懸吾心前。」《紀年録》

劉盼春者，汴梁樂工女，年十八，與汴人周恭定情。恭父嚴禁之，盼春杜門謝客。有雲間富商齎金帛往，母欲奪其志，不從，痛加箠楚。恭知之，致書，使從母命。綴一小詞云：「阻佳期，盼佳期，欲寄鸞箋雁字稀。新詞和淚題。怕分離，又分離，無限相思訴與誰？此情風月知。」盼春得詞，投繯死。及火其尸，餘燼悉焚，獨所佩香囊鮮好。發之，中藏恭詞簡一紙，宛然如故。周藩誠齋爲傳奇，曰《香囊怨》。《青泥蓮花記》

繁欽《定情詩》：「何以致叩叩，香囊繫肘後。」《樂苑》

白居易詩：「拂胸輕粉絮，暖手小香囊。」《長慶集》

一人爲河伯邀去，謂云：「小女聰明，欲以給君箕帚。」即有數十青衣捧一女郎出，年可十八九，姿容婉媚，便成婚。三日後，敕云：「當發遣去。」女郎以金甌麝香囊與婿，泣涕而別，又與錢十萬、藥方三卷。《法苑珠林》

宋宫人採玫瑰花雜腦麝作香囊，氣甚清馥。《花史》

端午，賜后妃經筒、香囊、軟香龍涎佩帶。《乾淳歲時記》

同昌公主帶玉香囊。《杜陽雜編》

淳熙十一年，進太皇后物内有真珠香囊。《乾淳起居注》

明皇夢一小鬼竊太真紫香囊。沈括《補筆談》

貴妃初瘞馬嵬。至德二年，上皇令中官移葬。肌膚已消釋矣，胸前猶有錦香囊在焉。中官以獻，上皇置之懷袖。《太真外傳》

肅宗時，詔令改葬太真，惟高力士知其所瘞在馬嵬坡驛西北十餘步。當時但以紫褥而窆之，及改葬之時，皆已朽壞，惟有胸前紫綃香囊中尚得水麝香。持以進，上皇泣而佩之。《津陽門詩注》

非煙，武公業愛妾。比隣趙象於隙中窺見之，發狂心蕩，乃取薛濤牋題絶句，密緘之，祈門媪達非煙。煙酬篇寫於金鳳牋，封付門媪，令遺象。象啓緘，吟諷數四，拊掌喜曰：「吾事諧矣。」又以剡溪玉葉紙題詩以謝。旬日，門媪復來，因授象以連蟬錦香囊並碧苔牋詩。象結錦囊

於懷，乃剪烏絲闌爲回簡。《步非煙傳》

梁閣老妓英奴，以麗水囊貯香，遊九星院中，花木皆枯。《增彙侍兒小名録》

范寬之得妓人結絲合歡香囊，寄詞云：「謝娘梔子，賈妃荑佩。」《比紅兒詩話》

高觀國詞：「合字香囊半影金。」《竹屋癡語》

神龜元年，皇太后遣大比丘惠生向西域取經。太后敕付香袋百五枚。《洛陽伽藍記》

京師承平時，宗室戚里歲時入禁中婦女，上犢車，皆用二小鬟持香毬在旁，而袖中又自持兩小香毬。車馳過，香煙如雲，數里不絶，塵土皆香。《老學庵筆記》

香珠以泥香捏成，貫以綵絲，婦人好帶之。《桂海虞衡志》

葉紈紈有《詠香撲》詞。《愁言》

奩史卷九十二

東吳王初桐于陽纂述
懷寧余鵬年伯扶校刊

花木門一

花

維摩室有一天女，見諸天人聞所説法便現其身，即以天花散諸菩薩爲供養。《維摩詰經》

天帝令玉女以天花散諸菩薩，悉皆墮落，惟塵劫未盡者沾身不落。《淨土指南》

秦少游宿廬山宫亭湖廟下，夜夢美人，自言維摩詰散花天女也。《冷齋夜話》

竭义國城門樓上大張幃幕，夫人、采女皆在其中。王入城時，夫人、采女散衆花，紛紛而下。《佛國記》

揚州瓊花天下惟一，本后土夫人司之。《中興集》

迎輦花，即洛陽所進合蒂花也。煬帝令袁寶兒持之，號曰「司花女」。《南部煙花記》

鶴林寺杜鵑花最盛，每春末爛漫時，有女子紅裳艷粧遊花下，蓋花神也。道人殷七七九月初

七日宿寺中，中夜，女子來曰：「妾司此花，今爲道者開之。」明日花蘂重九日大開如春時。《續仙傳》

武后將遊上苑，宣詔曰：「明朝遊上苑，火急報春知。花須連夜發，莫待曉風吹。」凌晨，百花盡開。《卓異記》

白樂天之母因看花墮井。《南部新書》

葉夫人嘗注水給洗，水中忽現梅、菊、水仙花。夫人喜祝曰：「願見蓮花。」質明，蓮花如畫。《梅花草堂筆談》

筆洞細君《花殿最》一卷。薛素素《花瑣事》一卷。《然脂集》

文俶有《惜花美人圖》。《啓禎野乘》

曼殊生時，母夢鄰嫗以白花一當使賣奶奶廟。《西河合集》

女學士：王賽玉，小字儒卿，名玉兒，行六花，當紫微。女太史：楊璆姬，小字婆喜，名新匀，行二，當蓮花。女狀元：蔣蘭玉，小字雙雙，名淑芳，行四，當杏花。女榜眼：齊愛春，小字愛兒，名淑芳，行五，當桃花。女探花：姜賓竹，小字玉兒，名如真，行八，當西府海棠。女會元：徐瓊英，小字愛兒，名文賓，行三，當梅花。女會魁：趙連城，小字延齡，名彩鴛，行五，當芍藥。女會魁：陳玉英，小字八十兒，名士蘭，行八，當繡毬。女解元：陳文姝，小字回兒，名素芳，行五，當桂花。女經魁：張如英，小字奴兒，名友真，行五，當芙蓉。女經魁：蔣文仙，小字耐經，名娽屏，行五，當葵花。儲材：陳瓊姬，小字芳春，行十，當蕙草。儲材：玉蕊梅，名賓儒，行一，當芝草。《蓮臺仙會品》

余嘗評花，以爲杏有閨門之態，桃如倚門市娼，李如東郭貧女。《三柳軒雜識》

花之有使令，猶中宮之有嬪御，閨房之有妾媵也。梅花以迎春、瑞香、山茶爲婢；海棠以蘋婆、林檎、丁香爲婢；牡丹以玫瑰、薔薇、木香爲婢；芍藥以罌粟、蜀葵爲婢；石榴以紫薇、大紅千葉、木槿爲婢；蓮花以山礬、玉簪爲婢；木犀以芙蓉爲婢；菊以黄白山茶、秋海棠爲婢；蠟梅以水仙爲婢。諸婢姿態各盛一時，濃淡雅俗亦有品評。水仙神骨清絶，織女之梁玉清也；山茶鮮妍，瑞香芬烈，玫瑰旖旎，芙蓉明艷，石氏之翔風、羊家之淨琬也；林檎、蘋婆姿媚可人，潘生之解愁也；罌粟、蜀葵妍於籬落，司空圖之鸞臺也；山礬潔而逸，有林下風，魚玄機之緑翹也；黄白茶韻勝其姿，郭將軍之春風也；丁香瘦，玉簪寒，秋海棠嬌，然有酸態，鄭康成、崔秀才之侍兒也。《瓶史》

崔元微春夜獨處，有女伴過，曰姓楊氏、李氏、陶氏，一緋衣小女，曰姓石名阿措。坐未定，報封家十八姨來。命酒，各歌以送之，言辭泠泠，有林下風。色皆殊絶，芳香襲人。十八姨持盞翻酒，污阿措衣，阿措拂衣而起。十八姨曰：「小娘子弄酒。」皆起至門外別。明夜又來，阿措曰：「諸女伴皆住苑中，每歲被惡風所撓，常求十八娘相庇。昨阿措不能依回，應難取力，處士見庇，必有微報。請作一朱旛，上圖日月五星之文。二月一日，於苑東立之。」處士依言立旛。是日，東風振地，苑中繁花不動。乃悟諸女皆衆花之精，阿措即安石榴，封十八姨乃風神也。後數夜，諸女來謝，各裹桃李花數斗勸崔生，服之可延年却老。《博異記》

李瑛郊居，一日見雙鬟冉冉而來，高髻靚粧，色甚殊艷。迎謂瑛曰：「娘子傳語郎君，特來相候。」俄而青衣持茵蓆帷帳陳設堂中，珠玉輝映，異香滿室。忽繡車一乘，一美人年可十六七，丰姿綽約，降車入門，與瑛相見。瑛甚疑懼，美人遽命從者設饌杯皿，食物皆非人間所有。酒再行，語稍款洽，瑛因問：「女郎何來？」美人曰：「吾洛陽花神也。謁紫院妃歸，見此地名花，欲與君作半日清玩耳。當此雅敘，何惜一詩？」命雙鬟進碧羅箋，瑛即賦一絶《美人辭》。去引燭升車，未數十步，恍惚而没。《三徑怡閑録》《曠園雜志》曰：「花神姓窓，號臘之。」

梅妃，莆田人。開元中，高力士使閩粤，選歸侍明皇，大見寵幸。淡粧雅服，姿態明秀，筆不可描畫。性喜梅，所居闌檻悉植數株，榜曰「梅亭」。梅間，賦賞至夜分，尚顧戀花下不能去。上以其所好，戲名曰「梅妃」。《梅妃傳》

南華夫人封梅爲寄春君。《女紅餘志》

僞吴從嘉嘗於梅花間用銷金羅爲亭，與愛姬花氏對酌其中。《花史》

瑶光殿梅花，昭惠后手植。《南唐書》

袁豐之宅後有梅花六株盛開，嘆曰：「冰姿玉骨，世外佳人，但恨無傾城笑耳。」即使妓秋蟾出比之，乃云：「可與並驅爭先。」《桂林記》

吴縣王氏女，母夢女童授梅花而生。《山居新録》

董姬於梅花含蕊時，先相枝之横斜與几上軍持相受。至花放，即採入供使。冷韻幽香，恒霏微於曲房斗室。《影梅庵憶語》

美人淡粧簪戴，此花之宜稱也。妙妓淡粧雅歌，此花之榮寵也。《梅品》

上林有趙昭儀所植同心梅，疑是鴛鴦梅。《盤洲集》

趙師雄遊羅浮，日暮見美人淡粧素服出遊，因與醉寢。東方既白，起視，乃在梅花樹下。翠羽啾嘈，月落參横，但惆悵而已，美人蓋梅花神也。《龍城録》

有一女人性愛梅，後遂變爲梅樹。《碩揆禪師語録》

吴下女子葛秀英，字玉貞，母夢吞梅花而生。幼時，有老尼見而驚曰：「此青玄宫道真女也。」《隨園詩話補遺》

揚州太守園中，有杏數十株。每至爛開，張大宴，一株令一妓倚其傍，名其館曰「爭春」。宴罷，夜闌，人聞花有嘆聲。《揚州事蹟》

李冠卿所居堂前，杏一株，花多而不實。適有一媒姥曰：「來春與嫁了此杏。」冬深，忽攜酒一樽來，云是婚家撞門酒，索處子裙一腰繫杏上。已而奠酒祝辭，家人莫不笑之。來春，此杏結子無數。《文昌雜録》

北齊盧士琛妻崔氏，春日以桃花和雪與兒靧面，咒曰：「取桃花，取白雪，與兒洗面作光

悦。取白雪，取桃花，與兒洗面作妍華。取花紅，取雪白，與兒洗面作光澤。取雪白，取花紅，與兒洗面作華容。」《湘煙録》

千葉桃花盛開，帝與貴妃日逐宴於樹下。《開元天寶遺事》

桃花陰乾，爲末，服之令婦人美容顔。《居家宜忌》

杜子美母名海棠，故子美不作海棠詩。《王禹偁詩話》

蜀潘炕有嬖妾解愁，姓趙氏，其母夢吞海棠花蘂而生。見《外史檮杌》。《海堂譜》

范烈女許字未婚而夫死，女聞即自縊。庭前有海棠一株方開，甚穠艶。女死，花忽變白。《揮麈新談》

宋璧母喪，海棠花變白色，因呼「孝棠」。《宋氏詩册》

垂絲海棠，一名醉美人。《竹齋詩餘》

重葉海棠爲花命婦。《牡丹榮辱志》

昔有婦人思所歡不見，恒灑淚於北牆之下。後灑處生草，其花甚媚，色如婦面，其葉正緑反紅，秋開，名「斷腸花」，又名「八月春」，即今秋海棠也。《採蘭雜志》

秋海棠嬌冶柔軟，真同美人倦粧。《遵生八牋》

海棠肖美人，秋海棠更肖美人。春花肖美人之已嫁者，秋花肖美人之待年者；春花肖美人之綽約可愛者，秋花肖美人之纖弱可憐者。《閑情偶寄》

張學典，字古政，張佚女也。所刻《秋海棠唱和小箋》，别有一種憨稚之態。《秋海棠小語》

錢塘閨秀陳汝凝魄妹氏《秋海棠啓》云：「玉露濡庭，金風肅砌。砧杵動授衣之念，梧桐驚一葉之凋。時有海棠，嫣處墻陰。芳姿可擷，甘居牖北。幽質獨妍，伴淮南之叢桂。暫倩香魂，候彭澤之黄花。先舒逸態，漢宫秋冷。猶然春睡，嬌痴隋苑。喬粧曾似天生，嫵媚見兹尤物。諒必同憐，聊移數本，以助淡粧。亟置香閨，何勞夜燭。」《玉麈集》

無瑕嘗著素桂裳折桂，明年開花，潔白如玉。女伴折取簪髻，號「無瑕玉花」。《花史》

石亨舟次綏德河，聞一女子溯流啼哭，亨命拯之。容貌妍絶，問之，曰：「姓桂名芳華。」遂納爲副室。凡相親愛者，輒令出見，芳華亦無難色。後于謙至其第，亨呼芳華出見，竟不出。亨欲斬之，芳華走入壁中，語曰：「妾乃一古桂，久竊日月精華，故成人耳。于公社稷之器，安敢輕諸！妾於此永别矣。」《西樵野記》

狄明善見酒肆中一女甚美，云姓桂名淑芳，相與就寢，極其繾綣，欷歔而别。明年秋，復往訪之，杳無酒肆，惟一老桂花耳。《北墅抱瓮録》

杜鵑即映山紅，又名「紅躑躅」。王建《宫詞》云：「太儀前日暖房來，囑向昭陽乞藥栽。敕賜一窠紅躑躅，謝恩未了奏花開。」其重如此。《客房隨筆》〔一〕

〔一〕《客房隨筆》之書未見，應爲《客齋隨筆》之誤，本條見於《客齋隨筆》卷十「玉蕊杜鵑」，諸書援引亦皆作此。

崔秀玉《詠杜鵑花》云：「恰喜花名似鳥名。」《䊹佳閣集》

詩曰：「木蘭開遍女郎花。」《粧樓記》

唐人謂辛夷爲「女郎花」。《劍南詩稿》

秦約有《辛夷仕女圖詩》。《歷代吟譜》

丁香有粗大如山茱萸者，謂之「女丁香」。《本草蒙筌》

唐昌觀玉蕊花，乃唐昌公主所植。《玉蕊辨證》

昔有黄氏女遺落鬢插紅瓣，遂生山丹花。《臺海采風圖考》

紫微王夫人詩：「仰掇碧柰花。」《真誥》

徐悱妻劉三孃《摘同心梔子贈謝孃詩》云：「同心何處恨，梔子最關人。」《玉臺新詠》

梁武帝女爲尼於浮槎山，建道林寺。寺有榴花，即帝女手植。《方輿勝覧》

北齊安德王新納妃，母宋氏薦二石榴於帝前。石榴房中多子，欲子孫衆多也。《海録碎事》

七聖殿繞殿石榴，皆太真妃手植。《洪氏雜俎》

端午，賜后妃諸閣翠葉五色葵榴。《乾淳歲時記》

新羅女主德曼最明敏，唐太宗遺使遺《牡丹花圖》並花子，德曼曰：「此花絶艶而畫無蜂蝶，是必無香。」種其子，果然。《朝鮮使略》

女弟子舞隊，有佳人剪牡丹。《宋史·樂志》

王富英，儒家女也，其母夢吞牡丹花而生。《香祖筆記》
洗粧紅，如美人洗去朱粉見天真之肌。《洛陽牡丹記》
醉西施，粉白，花中間紅暈，狀如酡顔。《天彭牡丹譜》
牡丹有楊妃沉醉、飛燕紅粧、肉西施、香西施。《亳州牡丹表》
牡丹有名雪夫人者。《清異録》
上官昭容《詠雙頭牡丹》詩云：「勢如連壁友，心似嗅蘭人。」《唐詩紀事》《許彦周詩話》曰：「昭容《雙頭牡丹》一聯計之，必一英奇女子也。」《龍城録》曰：「《雙頭牡丹》詩，惟上官昭容一聯絶麗。」
顧德輝《元宫詞》：「各宫分賜牡丹叢。」《草堂雅集》
紫姑神賦《一捻紅牡丹》詞甚工。《詞綜》
鄭翰卿晝夢黄衣少年要至廡下共飲。少焉，一麗人至。少年自起舞，歌春遊之曲，云：「芳草多情，王孫未歸。遲我良朋，東風吹衣。」次及麗人，作迎風之舞，歌春愁之曲，云：「金衣公子話春愁，幾度留春更不留。昨日漫天吹柳絮，玉人從此懶登樓。」飲正歡，少年駭曰：「文羌校尉來矣！」見一人緑袍，張目至前，遂罷席而寤。起視庭中，牡丹一花映日婉媚，一黄蝶猶未去，則少年也；一螳螂長二寸，集葉上，是爲文羌校尉。麗人則牡丹花神云。《静志居詩話》
明皇宿酒初醒，凭妃子肩同看木芍藥。上親折一枝與妃子遞嗅，曰：「此花香艷能醒酒。」

《開元天寶遺事》

芍藥，一名「將離」，故鄭之士女取以相贈。《粧樓記》

盧儲迎內子至官舍，芍藥正開，因題詩曰：「芍藥斬新栽，當庭數朵開。東風與拘束，留待細君來。」《南唐新書》

芍藥有醉西施，有觀音紅。《芍藥譜》

十姊妹一蓓十花，又有七朵一蓓者，名七姊妹。《草花譜》

陳後主與張麗華遊後園，有柳絮點衣，麗華曰：「何事點人衣？」後主曰：「輕薄物也。」麗華笑而不答。《詩學事類》

玄宗幸連昌，見楊花點妃子衣，曰：「似解人意。」《花史》

寡婦樹蘭，生而不芳。《晏子》

蘭待女子同種則香，故名「待女」。《粧樓記》

南華夫人封蘭爲世愛君。《女紅餘志》

蘭爲女子之事，女子喜佩之，一名女蘭。《女士殿最》

英妃在檀芽峰，撫長琴，歌《怨蘭花》曲。其辭曰：「人間一别，下視微茫。蘭花發色，在彼閑房。自離妾手，懼其弗芳。蘭乎蘭乎，展不可忘。」《修真録》

梅妃有《蘭花賦》。《梅妃傳》

晁采閣中蘭花始發，其姑命目之，采應聲曰：「隱於谷底，顯於澧潯。貴比於白玉，重比於黄金。既入燕姬之夢，還鳴宋玉之琴。」《內觀日疏》

全州赤蘭亭前有合抱二大松，上生草如寄生，葉似建蘭，花開赤色，香聞數里。相傳此松乃楊六郎夫人手植，赤蘭其靈跡也。《粤西偶記》

寶兒每夜採水仙花一斗，覆裙襦其上。詰朝，服以見帝，帝謂之「肉身水仙」。《花史》

明皇賜虢國夫人紅水仙十二盆，盆皆金玉七寶所造。《明皇雜録》

姚姥夢觀星墜地，化爲水仙花一叢，摘食之。覺而産女，長而令淑有文，因以名焉，觀星即女史，故水仙名女史花，又名姚女花。《內觀日疏》

謝夫人母夢一仙女畀水仙花，明日生夫人。《喻林》

薛蘿於窗欞內閑窺，見一女子獨步中庭，嘆曰：「良人遊學，難於會面。對此風景，能無悵然？」於袖中出一畫蘭卷子，對之微笑，復淚下吟詩。聞有人聲，遂隱於水仙花下。忽一男子從叢蘭中出，曰：「娘子久離，必應相念。阻於跬步，不啻萬里。」亦歌詩二篇。歌已，仍入叢蘭中。一時謂二花爲夫婦花。《山樵暇語》

太液池千葉白蓮盛開，明皇與左右嘆羨久之。帝指貴妃示於左右曰：「爭如吾解語花。」《開元天寶遺事》

王夫人夢一僧手持蓮花，令摘五葉餌之。後生五子，皆貴顯。《桐陰舊事》

大名民家有男女，私情不遂，赴水死。後三日，二屍相攜而出。是歲，此陂荷花無不並蒂。《敬齋集》

雙頭蓮，一名「催生草」，婦人難産，左手把之即生。《本草綱目》

淋池植分枝荷，一名低光花。葉芬馥，食之口氣常香。宫人貴之，遊宴出入，必皆含嚼。《拾遺記》

趙飛燕爲皇后，其女弟在昭陽殿，上遺三十五條，内有獨遥寶蓮一鋪。《西京雜記》

浣花女《詠芙蓉》云：「芙蓉花發滿江紅，盡道芙蓉勝妾容。昨日妾從隄上過，如何人不看芙蓉。」《顧氏積書巖選》

晉傅統妻有《菊花頌》。《花史》

女節、女華，菊花名也。崔實《月令》

古有女子與人約曰：「秋以爲期。」，至上冬，猶未相從。其人使謂之曰：「菊花枯矣，秋期若何？」女曰：「雖枯，要當更生。」明日，菊更生蕊，因名菊爲「更生花」。《金剛鑽》

董姬愛菊，尤愛剪桃紅。每晚高燒翠燭，圍六曲鏡屏，設小座於花間，位置菊影，極其參横妙麗，始以身入菊，菊與人俱在影中。《影梅庵憶語》

楊妃菊，菊之柔媚爲悦者也。淑卿《詠楊妃菊》云：「霓裳舞罷小腰肢，低首臨風幾許思。莫怪姿容太妖冶，半緣卯酒半臙脂。」《説聽》

曹太虛見大黄菊當心生一紅子漸大，三日若櫻桃焉。有隣女周少夫者，年十六，同女伴來看，竟摘食之，忽乘風飛去。太虛驚報其家，父母姊妹向天號哭。初不反顧，自首及足漸没於青天之中。《元虛子仙志》

中秋夜，女人手下罌粟子，明年花盛。《花譜》

禾中産罌粟，相傳八月十五夜俾女郎解衣播種，則花倍繁。《倦圃蒔植記》

項王美人名虞，葬處生草，能舞，人呼「虞美人草」。《碧雞漫志》《延綏新志》：「俗云舜母，傅會殊謬。」

虞美人草，唱《虞美人曲》，則應拍而舞。《益州草木記》

曾子宣夫人魏氏有《虞美人草行》。《詩話總龜》

張恭人《玉簪花》詩云：「落枕無聲但有香。」《南野堂筆記》

珠江南岸爲莊頭村，家以藝素馨爲業，多至一二百畝。昔南漢劉鋹有美人小字素馨者居此，故其植獨繁，而芬芳酷烈，亦勝他所，是曰「花田」。《龜山志》

金鳳花，宫闈媄語謂之鳳兒花。光宗李后之生，有鷟鷟來儀，名曰鳳娘。迨正坤極，六宫避之，呼金鳳花爲「好女兒花」。《四朝聞見録》《宋史》云：「后生，有黑鳳來集。」

謝長裾夫人見鳳仙花，命侍兒進金膏，以麈尾梢染膏灑之，折一枝插倒影三山環側。明年此花金色不去，至今有斑點若灑者，名「倒影花」。《花麈》

水木犀花，一名「指甲花」，染指甲，紅於鳳仙。《遵生八牋》

七里香，一名「指甲花」，搗其葉，染指甲甚紅。《廣群芳譜》

鄭榮作《金錢花》詩，夢一紅裳女子擲錢與之，曰：「爲君潤筆。」及覺，探懷中，得花數朵，遂呼爲「潤筆花」。《國老談葩》

青浦周士亨、江有年，九月往渭塘，泊舟一樓下。樓上二女，一白面，一紅顔，倚窗笑語。周、江仰視間，漫賦一詩，二女曰：「舟中有詩，樓上豈無詩乎？」遂朗吟二韻。乃以蓮房藕梢俯擲生舟。兩人共起，欲登樓躡之。恍惚不見，但見蘆花白、蓼花紅耳。《緝柳編》

金陵女子周潔，見諸姊作假花，戲題云：「鏤花雕葉百般新，巧手分明遂奪真。」《雲巢集》

奩史卷九十三

東吳王初桐于陽纂述
同里曹仁虎習庵校刊

花木門二

木

武后封柏爲夫人。《紀談録》

福聖院有仙女吳彩鸞手植羅漢柏。《吉安府志》

羅愷妻孫氏避兵松下，兵獲之，孫抱松大呼，遂見害，三日猶抱松不仆。《池北偶談》

魯處女見女貞木，作《女貞歌》。《詩淵》

玉女冢喬木叢生，名爲「女貞林」。《荆州記》

《山海經》有帝女桑。婦女主桑，故名帝女桑。《草木志》

南方赤帝女，學道得仙，居崿山桑樹上，銜柴作巢。或作白鵲，或作女人。赤帝見之悲慟，誘之不從，以火焚之，女即升天。因名帝女桑。《廣異記》

恩縣有古槐一章，俗傳四女同植者。《韻石齋筆談》

劉泰娘門前有櫻樹一株，過其門者題云：「尋常凡木最輕樗，今日尋樗桂不如。」《北里志》

石虎皇后玉室種西王母長生樹。《鄴中記》

英華殿前菩提樹兩株，李太后所植。結子瑩潤圓整，可作佛珠。《天啓宮詞》注

西王母軒砌之下植白環之樹、丹剛之林，無風而神籟自韻，琅琅然皆九奏八會之音也。《玉芝堂談薈》

九仙殿有梨二株，枝葉交結，宫人呼爲雌雄樹。《雲仙雜記》

常山嫗手植一樹，言是蜻蜓樹。《酉陽雜俎》

潘璋夫婦死葬，塚木交枝，號「並枕樹」。《三吴記》

閩宫婢春燕姓李氏，閩主悦之，行則同輿，坐則同席。死葬蓮花山側，冢上有樹生異花，似鴛鴦交頸，人不知名，但曰鴛鴦樹。時有歌曰：「願作墳上鴛鴦來，作雙飛去作雙歸。」《海物異名記》《閩録》同。

相思樹葉圓而紅，故老云：昔有人北没於邊，其妻思之，泣於樹下而卒，因號「相思樹」。《零陵總記》

韓馮夫婦冢木交錯，宋人號曰「相思樹」。《搜神記》

戰國時，有民從征戍久不返，妻思而卒。既葬，塚上生木，枝葉皆向夫所在而傾，因謂之

「相思木」。《述異記》

相思樹，送行之所贈也。《羅浮山記》

相思子即紅豆，赤如珊瑚。詩所謂「贈君頻采摘，此物最相思」。《粧樓記》

相思子，韓朋墓木也。《霍小玉傳》有之。《宛委餘編》

海石若荳瓣，入醋能移動，曰「相思子」。《玉臺清照》

紅荳名相思子，相傳怨婦望夫樹下，血淚染枝，旋結爲子。《觚賸》

登仙木，漢劉綱妻樊夫人登此木上昇。《姚江逸志》

華清宫有皂莢一株，合數人抱，相傳明皇、貴妃共植於此。每歲結實，必有一數莢合歡也。《墨客揮犀》

無憂樹，女人觸之花方開。《華夷考》

女樹生海中山陽，天明生嬰兒，日日如此。《物類訓》

淫樹種有雌雄，必二種並種乃生花。去根尺餘有男女陰形，以别雌雄二形。晝開夜合，故又以夜合爲名，又謂之有情樹。雌實大，雄實小。男食雌實，女食雄實，可以愈虚損。《採蘭雜志》

枸緣子，女工競雕鏤花鳥，巧麗無比。《南方草木狀》

榼子，婦女取子中仁帶之，令人有媚。《本草拾遺》

竹

南華夫人封竹爲户牖君。《女紅餘志》

舜崩於蒼梧之野，二妃娥皇、女英傷其不從，以淚灑竹，竹盡成斑，至今號「湘妃竹」。《續竹譜》

凝波竹實，服之肌滑體輕。趙飛燕舞於手掌上，服此實也。《芸窗私記》

草

零陵女子博寧宅內生芝草五本，葉紫色。《論衡》

肅宗上元二年，皇后含輝院生金芝。《唐春秋》

蕭照有《採芝仙女圖》。《書畫彙考》

皮日休詩：「白月半窗抄《术序》。」《术序》，紫微夫人作。《詩藪》

紫微王夫人《术序》云：「吾察草木之勝速益於己者，並不及术之多驗也。」《吐納經》

宮中有娠，賜物內有生艾一斤。《武林舊事》

崔煒見乞食老嫗覆人酒瓮，脱衣爲出所直。嫗異日來曰：「謝子脱難。吾善灸贅疣，今有越井岡艾少許奉子。」後煒墮大枯井中，一白蛇長數丈，細視之，唇吻有疣。有遥火飄入穴，煒然艾灸之，是贅應手墮地。跨蛇而去，觸一石門，入見小青衣笑曰：「玉京子送崔家郎君至矣。」

須臾，有四女曰：「上帝已配田夫人奉箕帚。中元日，吾輩當送田夫人往。知有鮑姑艾，可留少許。」出穴後，及中元日，果見四女伴田夫人至。問：「鮑姑何人？」曰：「鮑靚女，葛洪妻也。」曰：「呼蛇爲玉京子，何也？」曰：「安期生常跨斯龍朝玉京，故謂之玉京子。」《傳奇》

鮑姑用越井岡艾行炙南海。《南海古蹟記》

世傳鮑姑艾，五月五日曾灼龍女。《茅山志》

梁高祖母張后諱尚柔，嘗見菖蒲生花，光彩照灼，驚異之，謂侍者曰：「汝見否？」皆曰不見。后曰：「嘗聞見菖蒲花當貴。」因取食之，生高祖。《五代新語》

趙隱之母蔣氏於山澗中見菖蒲花，大如車輪，傍有神人守護，誡之「勿泄，長享富貴」。年九十四，向子孫言之，言訖而卒。《物類相感志》

薛濤好種菖蒲，故元禎贈詩曰：「別後相思隔煙水，菖蒲花發五雲高。」《郡閣雅談》

開元中，有僧遊雁門山。入一石洞，見數女子鬒髮飄雲，草裳葉袄。僧問之，女子曰：「我秦人也。蒙恬築城，役及婦人，我等避於此，哺菖蒲，皆不死。」僧辭去，後再溯之，不知洞之所在矣。《大有奇書》

馮天章秋夕獨臥，忽覩一女，緑衣翠裳，映窗而立。叱問之，斂袂而拜曰：「妾焦氏也。」言畢忽然入户，熟視之，肌體鮮妍，舉止輕逸，真絶色也。天章疑其非人，極力摻其衣，秪持緑羅裳半幅，天章置之席底。俟旦視之，乃半葉芭蕉也。試合之庭外蕉葉，不差尺寸。《西樵野記》

參用《庚巳編》

美人蕉不能過霜節，惟鄭皇后宅過冬更能作花，此亦后隨北駕美人憔悴之應。《楓窗小牘》

天啓時，宮中異花有紅水仙、蛺蝶菊、番蘭柹之屬。陳悰《天啓宮詞》：「一樹番蘭分外紅。」又云「即美人蕉」。《香祖筆記》

萱，一名宜男，一名岐女。《本草經》

賈似道家藏有薛濤《萱草》詩。《清河書畫舫》

婦人帶宜男草，生男。《録異記》

宜男草，一名鹿葱，懷姙婦人佩之，必生男。《風土記》《南方草木狀》：「水葱，花葉如鹿葱。婦人懷姙，佩之即生男者，乃此花也。」

脂麻，夫婦同種則茂。《大觀本草》

相傳芝麻必夫婦同下種。唐女郎葛鵶兒《懷良人》詩云：「胡蔴好種無人種，合是歸時秪不歸。」《群芳譜》

姜維母與維書，並當歸。《魏氏春秋同異》

婦女相招召，則贈之以文無，亦名「當歸」。欲忘人之憂，則贈以丹棘，一名「忘憂草」。欲蠲人之忿，則贈之青棠，一名「合昏」。《玉臺清照》

當歸調血，爲女人要藥，有思夫之意。《本草綱目》

薛濤有《鴛鴦草》詩。《蜀中方物記》

青要之山有荀草，美人服之，色更美艷。《北户録》

姑媱之山，帝女死焉，化爲䔄草，服之媚於人。《山海經》

無風獨摇草，帶之令夫婦相愛。《樵書》

葳蕤草，一名「麗華」，又呼「女草」，江浙呼「娃草」。《酉陽雜俎》

宫人草，花色紅翠，楚靈王宫人墓上所生。《述異記》

女香草，婦女佩之則香聞數里，男子佩之則臭。昔海上有丈夫拾得此香，嫌其臭，棄之。有女子拾之，香甚。其人跡而欲奪之，逐之不及，乃止。故語曰：「欲知女子強，轉臭得成香。」《吕氏春秋》云：「海上有逐臭之夫。」疑即此事。《奚囊橘柚》

嬾婦箴，一名「睡草」，亦名「醉草」。《述異記》

南丹山中有相憐草，媚藥也。或有所矚，密以草少許擲之，草著其身，必相從不舍。《癸辛雜識》

秦趙間有相思草，節節相續，又名斷腸草、孀婦草、寡婦莎。《粧樓記》

斷腸草，貞婦哭泣所染。《樾館詩集》

懷夢草出鍾火山，懷之即夢。漢武帝思李夫人之容不可得，東方朔獻之，帝懷之，果夢。《洞冥記》

夏帝之季女名瑶姬，死化爲草，摘而服焉，人必與媚；煮而服焉，必興夢，謂之「夢芝」。《襄陽耆舊傳》

晉太始中，外國獻蔓金苔，宫人有幸者賜之。置漆盤中，照耀滿室，名「夜明苔」。《拾遺記》

桃朱術，婦人帶之，與夫相和。《千金月令》

苓耳子，如婦人耳璫，謂之「耳璫草」。《毛詩疏義》

婆婆指甲菜，葉像女人指甲。《野菜博録》

宫中有娠，賜物有乾蓐草一束。《武林舊事》

奩史卷九十四

東吴王初桐于陽纂述
襄平張寶材蕙圃校刊

禽蟲門一

鳥

函山有鳥，名王母使者。《酉陽雜俎》

王母鳥，狀如燕，色紺翠，尾甚長。《天録識餘》

七月七日，上在承華殿，忽有一青鳥從西方來集殿前，上問東方朔，曰：「此西王母欲來也。」有頃，西王母至，有二青鳥夾侍王母旁。《漢武故事》

西王母有三鳥，一曰青鸞，二曰鶴，三曰燕子。常令三鳥送書於漢武帝也。《鄉嬛記》

青溪小姑廟有鳥，常産育庭樹。謝慶彈殺數頭，至夜，夢一女子衣裳楚楚，怒云：「此鳥是我所養，何故見侵？」經數日謝卒。《異苑》

范陽女子邊洞元好餵養鳥雀，歲月既深，鳥雀望而識之。或飛鳴前導，或翔舞後隨。《邊洞元

昇天記》

西王母曰：「仙之次藥，有靈丘倉鸞之血。」《漢武內傳》

晉女孫瓊性好養鶴。《致知編》

建昌有娉婷鎮，仙女吳彩鸞曾舞鶴於此。《江西大志》

周昉有《舞鶴士女圖》。《宣和畫譜》

張伯玉有《宫人馴鶴圖》。《中州集》

晁采畜一白鶴，名素素。嘗爲采致書於其夫，其夫即歸。《內觀日疏》

闔閭女死，化爲白鶴，舞於吳市。《吳越春秋》

徐褒出行，有女子延之，遂經日不返。其兄追覓，見與女對坐。兄以杖擊女，即化成白鶴，翻然高飛。《異苑》

長安慈恩寺塔，月夜有一美人從三四青衣，繞塔言笑，忽顧侍婢白院僧借筆硯，題詩云：「黃子坡頭好月明，忘却華亭到曉行。煙收山低翠黛横，折得荷花遠恨生。」僧燭之，化爲白鶴去。《河東記》

元張主簿於臨安得一妾，欲犯之，不從，凡五六年。有一貧士至，張舍之。一夕聞其在妾臥室談笑，張亟入，見二鶴冲霄而去。《楮記室》

元興中，有少年女子甚麗，自云姓蘇名瓊，忽化雌白鵠飛去。《讀書叢殘》

霍小玉母名淨持，霍王之寵婢也。小玉所居庭間有四櫻桃樹，西北懸一鸚鵡籠。李十郎初至，鸚鵡語曰：「李郎入來，急下簾者。」十郎逡巡不敢進，於是媒氏十一娘引小玉母淨持下堦相迎。《霍小玉傳》

蔡持正侍兒名琵琶，嘗養一鸚鵡。持正每呼琵琶，即扣一響板，鸚鵡傳言呼之。琵琶卒後，誤觸響板，鸚鵡猶傳呼不已，公悒悒不樂。有詩云：「鸚鵡言猶在，琵琶事已非。傷心瘴江水，同渡不同歸。」《侯鯖録》

張玉娘自號一貞居士，侍兒紫娥、霞娥皆有才色，所畜鸚鵡亦辯慧，因號「閨房三清」。玉娘死，侍兒皆哭之慟。踰月，霞娥以憂卒，紫娥遂自經。詰旦，鸚鵡亦悲鳴而殞。家人皆從殉於墓，時或稱張玉娘墓爲「鸚鵡冢」。張玉娘《蘭雪集》附録 王詔《張玉娘傳》「霞娥」作「霜娘」。

唐武后畜白鸚鵡名雪衣，性靈慧，能誦《心經》。后愛之，貯以金絲籠，不離左右。一日，戲曰：「能作偈求解脱，當放出籠。」雪衣朗吟曰：「憔悴秋翎似禿衿，别來隴樹歲時深。開籠若放雪衣女，常念南無觀世音。」后喜，即爲啓籠。居數日，立化於玉球紐上。后悲之，以紫檀作棺，葬之後苑。《群談採餘》

武太后時，宫中養鳥能人言，又常稱萬歲。《舊唐書》

開元中，嶺南獻白鸚鵡，養之宫中，頗聰慧，洞曉言辭。上及貴妃皆呼「雪衣女」。性極馴擾，上每與貴妃及嬪御博戲，上稍不勝，雪衣女即飛入局中，鼓舞以亂其行列。忽一日飛上貴妃鏡臺，語曰：「雪衣娘昨夜夢爲鷙鳥所博，將盡於此乎？」上使貴妃授以《多心經》，記誦頗精熟，日夜不息，若懼禍難有所禳者。上與貴妃出於别殿，命從官校獵於殿下。雪衣娘方戲於殿上，瞥有鷹博之而斃。上與貴妃嘆息久之，遂命瘞苑中，作冢，呼爲「鸚鵡冢」。《明皇雜録》

明皇時，太真妃所愛白鸚鵡死，宫人多於金花紙上寫《心經》追薦。《韓奉議鸚鵡傳》

河間王琛有妓朝雲善歌，有緑鸚鵡善語，朝雲每歌，則鸚鵡和之，遂呼鸚鵡爲「緑朝雲」。《採蘭雜志》

楊崇義妻劉氏有國色，與鄰舍李弇私通，因害其夫，埋之。佯令童僕四散尋覓，遂經府陳詞。縣官詣崇義家檢校，其架上鸚鵡忽抗聲曰：「殺家主者劉氏、李弇也。」執而訊之，備招情款，各依刑處死。明皇封鸚鵡爲「緑衣使者」，付後宫養餵焉。《開元天寶遺事》

秦淮女子范雲，字雙玉，有《紅鸚鵡》詩最佳。《精華録》

安妃閣中養黄鸚鵡，教以詩文。《建炎筆記》

女學士沈瑩中在大内，暇飼白鸚鵡，教之誦《尚書·無逸》篇。《静志居詩話》

劉潛家大富，惟有一女初笄，養一鸚鵡，能言無比。女得佛經一卷，令鸚鵡念之。忽一日，鸚鵡謂女曰：「開我籠，爾自居之，我當飛去。」女怪而問之，鸚鵡曰：「爾本與我身同，偶託化劉潛之家，今須却復本族，無怪我言。」女驚白其父母，父母遂開籠放鸚鵡飛去，曉夕監守其女。後三日，女無故而死。父母驚哭不已，方欲葬之，其屍忽爲一白鸚鵡飛去。《大唐奇書》

有嫗畜一鸜鵒，善言語，能於親知家傳音問，銜取針綫。一日，令往某家取針，回值鄰家晒穀，置針磃磚上，啄食，爲鷹攫之去。適遇熟識婦，呼曰：「寄言阿姥，針在磃磚上，可取之。」嫗聞之泣。《見聞記憶録》

昔有丈夫與女子相愛，書札相通，皆憑一鳥往來。此鳥殊解人意，一日忽對女子喚曰：「情急了。」因名此鳥爲「情急了」。沈如筠詩曰：「好因秦吉了，一爲寄深情。」後人遂呼「秦吉了」。《謝氏詩源》

甘玉夜讀書，聞窗外有女子聲。窺之，見三五女郎，皆殊色。内有稱阿英者，有稱秦娘子者。阿英，鸚鵡也；秦娘子，秦吉了也。《荒史》

韓憑夫妻死，化爲鴛鴦。《列異記》

婚禮，有鴛鴦取其飛止，相匹鳴則相和。杜氏《通典》

鴛鴦，水鳥也。雌雄未嘗相離，人得其一，則一思而至死，義取夫婦。《玉臺清照》

方爾止有《姬人抱鴛圖》。《鈍翁類稿》

南方有比翼鳥，飛至飲啄，不相分離。雄曰「野君」，雌曰「觀諱」，總名「長離」，言長相離著也。此鳥能通宿命，死而復生，必在一處。《鄉嬛記》

浦城有相思鳥，合雌雄於一籠，閉一縱一，一即宛轉求入。宿則以首互没翼中，各屈其中，距而立。視之，令人增伉儷之重。《閩小紀》

安南國進皇后方物狀，有鷹鳥二隻、雉鳥二隻、八哥兒鳥一隻、翠羽一百隻。《天南行記》

磁州馬生夜讀，忽見一翩躚女郎，遂相繾綣，每夕必至。久之，家人咸得接談，齒牙便利，無不傾聽，然終莫覩其形。居五載，欲別去，衆請一示色相，女即端坐榻上，眉目嬌好，真天仙化人。衆皆以仙目之，女曰：「我非仙，乃畫眉鳥也。馬生前世飼我，倍極珍愛，歷五載不倦，是以甘念夙情，與諧伉儷，亦以五載報。」忽不見。《秋燈叢語》

有娀氏二佚女，居九成之臺。有燕夜鳴，二女博之，覆以玉筐。少選發視，燕遺二卵，北飛不返。《吕氏春秋》

吴宫人剪燕爪留之，以記更來。《吴地記》

女子姚玉京室有雙燕，一爲鷙鳥所獲，其一不離庭户。秋風起，獨啾啾翔集玉京之臂，似告别，玉京以紅縷繫足。明年，紅縷如舊。玉京死，燕來，窺室無人，周回累夕。姚氏族泣語：「墳在南郭。」燕遂悲鳴至墳所，亦死。姚氏族爲瘞於墳側。李公佐《燕女墳記》

宋胥浦鄉有女名喜姑，嘗救活二燕雛於蛇蟄。明年女卒，燕來哀鳴，家人告以女墓所在。燕即飛往，死於墓前。維正禪師爲作雙燕碑。《續古録》

梁衛敬瑜妻年十六，而敬瑜亡，誓不嫁。所住户有燕巢，雙飛來去，後忽孤飛，女感其偏棲，以縷繫脚爲誌。後歲燕來，仍帶前縷，女爲詩云：「昔年無偶去，今春猶獨歸。故人恩義重，不忍復雙飛。」《烏衣香牒》

董氏女未笄，刺繡南窗下。二燕巢其上，其女曰：「予之飯。」明年復來，其女愛之如初，凡歷三歲，而燕去女死。又明年，二燕復來，飛繞户牖間，悲鳴上下，經二日不已。女之父母告之曰：「汝非尋女子耶？女已死，冢在屋之側。」俄而二燕去，越三日不歸。翁媪往視女墓，則二燕伏死於冢上。《寶慶四明志》《警心録》所載略同。

孫氏妻夢見一童子，當前以釵擲之，躍入雲去。夜間，户外歌曰：「昔塡夏家塚，葦泥頭欲秃。今寄黄氏居，非意傷我目。」尋覓巢中，得一白燕，左目傷。《續異記》

人見白燕，主貴女。故燕名「天女」。《京房易占》

昔有燕飛入人家，化爲小女子，長僅三寸。自言天女，能知吉凶。故至今名燕爲「天女」。《採蘭雜志》

長安郭紹蘭嫁任宗，宗爲商於湘中，數年音問不通。紹蘭語梁間雙燕，欲憑寄書於婿。燕遂泊膝上，蘭乃吟詩曰：「我婿去重湖，臨窗泣血書。殷勤憑燕翼，寄與薄情夫。」宗得書，感泣而歸。《開元天寶遺事》

唐王榭居金陵，以航海爲業。遇風舟破，榭附板，抵一洲，見翁媪皆皂服。引至宫室，見王，以女妻榭。榭問女曰：「此國何名？」曰：「烏衣國也。」王召宴於寶墨殿，酌玉杯勸榭曰：「入吾國，漢有梅城，今有足下。」遂命作詩，卒章云：「恨不此身生羽翼。」王曰：「雖不能與君生羽翼，亦可令君跨煙霧。」宴歸，女曰：「君詩尾句，何相譏也？」王不悦，遣人曰：「某日當回。」女取靈丹，以崑崙玉合盛之遺榭。王命取「飛雲軒」。既至，乃烏氈兜子耳。令榭入其中，閉目少息，已至其家。梁上雙燕呢喃，下視，榭乃悟所止燕子國也。至秋，燕將去，榭書一絶繫燕尾曰：「誤到華胥國裏來，玉人終日苦憐才。雲軒飄去無消息，淚灑春風幾百回。」來春燕至，尾有小柬，乃所寄詩。曰：「玉合關心淚滿衣，傳來音信是耶非。明年縱有相思字，三月天南無雁飛。」明年，燕果不來。《六朝事蹟》

元道康見二燕飛投磵下，一化爲青衣童子，一化爲青衣女子，旋復爲雙燕飛去。《會稽仙記》

臨安程迥見一燕子飛入堂中，就視，乃美婦人，僅長五六寸，而形體皆具，容服靚麗。自言：「我玉真娘子也。」其家乃就壁爲小龕以奉之，每預言休咎，皆驗。期年忽復飛去。《睽車志》

周昉畫調鸞美人最佳。《鐵網珊瑚》

昔有人飲於錦城謝氏，其女窺而悦之。其人聞子規啼心動，即謝去。女恨甚，後聞子規啼，則怔忡若豹鳴。使侍女以竹枝驅之，曰：「豹，汝尚敢至此啼乎？」故名子規爲「謝豹」。《樹萱録》

潘妙玉謂杜鵑爲「毛羽淵明鬼」。《清異録》

鵲，一名神女，以赤帝女化爲白鵲，故名。《古今注》

袁伯文七月六日夢女子自稱神女，伯文欲留之，神女曰：「明日當爲織女造橋，懼違命之辱。」伯文驚覺，有鵲從窗中飛去。是以名鵲爲「神女」也。《奚囊橘柚》

崔圓相公妻在家時，與姊妹戲於後園，見二鵲搆巢，共銜一木，如筆管，長尺餘，安巢中，衆悉不見。俗言：見鵲上梁，必貴。《酉陽雜俎》

鵲巢中小石，號「鵲枕」。端午日得之，婦人有抽金簪、解珥璫償其值者，蓋取以爲媚男藥也。《投荒雜録》

黄雀，西王母使者。《續齊諧記》

西王母仙藥，有昆丘神雀。《漢武内傳》

順宗宫中有却火雀。宫中夜持蠟炬燒之，終不能損其毛羽。《杜陽雜編》

長安張氏女獨處一室，有鳩自外入，張女祝曰：「鳩爾來爲我禍耶，飛上承塵；爲我福也，來入我懷。」一鳩翻然飛入懷，乃化爲金鈎，從爾貲産巨萬。《搜神記》

天將雨，鳩逐婦。《淮南子》

鳩逐婦，乃感天地之雨暘，而動其雌雄之情，求好逑也，非逐而去之。《香祖筆記》

鳲鳩脚脛骨，令夫婦相愛，五月五日收帶之。《本草拾遺》

張確嘗遊霅上白蘋洲，見二碧衣女子攜手吟詠，云：「碧水色堪染，白蓮香正濃。分飛俱有恨，此别幾時逢？藕隱玲瓏玉，花藏縹緲容。何當假雙翼，聲影暫相從。」確逐之，化爲翡翠飛去。《樹萱録》

袁洪羅得翠鳥，忽失之，見一婢曰：「某王家娘子從嫁，名翡翠，偶因化身遊行，便爲袁郎

羅得。」《幽怪録》

杜羽船行，有女子素衣來岸上，杜曰：「何不入船？」遂相調戲。杜闔船載之，忽成白鷺飛去。《搜神後記》

鴿號「半天嬌人」，又呼「插羽佳人」。《莝録》

内侍以養鵓鴿爲樂，寓金鈴於腰。風力振鈴，鏗如雲間之佩。《四朝聞見録》

吴瑟瑟畫最著者，《孫夫人放鴿圖》。《瑟瑟小傳》

會稽老姥養一鵝，鳴喚清長。王逸少命駕共往觀焉，姥聞，即烹以待之，逸少嘆息彌日。《世説》

鄞江東包氏有老母畜一鵝，躬親餵養。已而母死，鵝繞棺哀鳴三匝，亦死。《記室新書》

史悝女養鵝，鵝非女不食。一日失女及鵝，追至一水，惟見女衣及鵝毛在水邊。今名此水爲「鵝女溪」。《幽明録》

江都王姬人李陽華畜鬭鴨水池上，苦獺嚙鴨，時有芮姥者求捕獺狸獻，姥謂陽華曰：「是狸不他食，當飯以鴨。」陽華怒，絞其狸。《飛燕外傳》

江都王與寵妃李陽華濬池爲鬭鴨之嬉。王故後，陽華猶畜鬭鴨於池上。《揚州鼓吹詞》序

張琦家女子入夜哀痛，王勣開古鏡照之，女子曰：「戴冠郎被殺。」乃床下大雄雞也。《異聞録》

衛鎬至里人王幸嘉，夢烏衣婦人引數十小兒乞命。適所親有報：有一雞抱雛，將欲殺之。因悟烏衣婦人烏雞也。《朝野僉載》

布穀脚脛骨，媚藥也。男左女右帶之。《北户録》

周憲王《元宫詞》：「剪絨花毯鬬鵪鶉。」《誠齋新録》

鸜鵒交時，以足相勾，俗取其勾足爲媚藥。《蟲天志》

炎帝之女名曰女娃，遊於東海，溺而不返，化爲精衛，常取西山之土石以填東海。《山海經》

精衛，一名志鳥，俗呼爲「帝女雀」。《述異記》

桐花鳳小於玄鳥，性馴，好集美人釵上。《林下詩談》

倒掛子，婦人蓄之帳中。《華夷考》

元封中，勒畢國貢細鳥，以方尺之玉籠盛數百頭，形如大蠅，狀如鸚鵡，聲聞數里之間。帝置之於宫内，嬪妃皆悦之。有集其衣者，輒蒙愛幸。後稍稍皆死，人猶愛其皮。服其皮者，多爲丈夫所媚。《别國洞冥記》

太山鳥有名紅娘子者，色如胭脂。《燕山叢録》

陽縣地多女鳥，新陽男子於水次得之，遂與共居，生二女，悉衣羽而去。《誠齋雜記》

衣毛爲鳥，脱毛爲女人。昔豫章男子見田中有六七女人，不知是鳥，扶匐往，先得其所解毛，取藏之，即往就。諸鳥各走，取毛衣飛去。一鳥獨不去，男子取爲婦，生三女。其母後使女

問父，知衣在積稻下，得之衣而飛去。後以衣迎三女兒，得衣亦飛去。《北户録》

姑獲，鬼鳥也，一名天帝女，一名隱飛鳥，一名夜行遊女，好取人女子養之。《元中記》

姑獲，一云乳母鳥，言産婦死變化作之。能取人之子以爲己子，胸前有兩乳。《本草綱目》

姑惡，水禽。世傳姑虐其婦，婦死所化。《石湖居士詩集》

黄帝殺蚩尤，有貙虎誤噬一婦人，黄帝哀之，葬以重棺石槨，有鳥翔其塚上，其聲自呼爲「傷魂」，因名「傷魂鳥」。此鳥乃婦人之靈也。《拾遺記》

汴洛有鳥名兒回來。昔有繼母偏愛己子，以生麻子授之，以熟麻子授前妻之子，囑之曰：「植麻，生者得歸家。」二子不知，遂彼此相易。由是其子誤植熟麻子，不得歸。母思之至死，化爲此鳥，鳴曰：「兒回來！兒回來！娘家炒麻誰知來！」《嗜退齋語存》

紅蝙蝠多雙伏紅蕉花間，採者若獲其一，則一不去。南中婦人收爲媚藥。《北户録》

奩史卷九十五

東吴王初桐于陽纂述
岳陽柳世珍西圃校刊

禽蟲門二

獸

貓，一名「女奴」。《粧樓記》

武后殺蕭妃，妃臨死曰：「願武爲鼠，我爲貓，生生世世扼其喉。」今俗謂貓爲「天子妃」本此。《鶴林玉露》

則天調貓與鸚䳇同器食，以示百官。貓飢，齩殺鸚䳇餐之，則天甚愧。《朝野僉載》

後唐瓊花公主自養二貓，雌雄各一，雪白者曰「御花朵」，烏而白尾者呼爲「麝香騟妲己」。《清異録》

回回國婦女以鳳仙花染貓爲戲。《癸辛雜識》

白胡山仙女以貓睛驗時，藏於牡丹鈿合中。《志奇》

麗人宋粟兒，隴西刺史之侍硯青衣也。每侍刺史揮絃，輒攜小狻猊以從。《觚賸》

龔宗伯所寵顧夫人，性愛貍奴。有字烏員者，日於花欄繡榻間徘徊，撫翫珍重，踰於掌珠。飼以精粲嘉魚，過饜而斃。夫人惋悒不已，以沉香斵棺瘞之，延十二女僧建道場三晝夜。《貓乘》

朱中楣有《詠潔白小貓》詞。《文江唱和集》

張萱有《戲貓士女圖》。《雲煙過眼録》

官妓徐翠筠爲民間粧飾，紅絲標杖，引弄花貓，以誘曹翰。《江南野史》

秦檜孫女崇國夫人，小名童夫人，方六七歲，愛一獅貓，忽亡之，遍索不得。臨安府尹曹泳因嬖人以金貓賂懇乃已。《老學庵筆記》

山東、河北人謂牝貓爲「女貓」。《隋書·獨孤陁傳》：「貓女可來無住宮中。」是隋時已有此語。《日知録》

隋獨孤陁有婢曰徐阿尼，事貓鬼，能使之殺人。每殺人，則死家財物潛移於蓄貓鬼家。《通鑑》注

高辛氏有犬戎之患，募有能得犬戎吳將軍首者，妻以少女。帝有狗名盤瓠，遂銜人頭造闕下，乃吳將軍首也。帝以女配之，盤瓠得女，負而走南山。經三年，生六男六女。盤瓠死，男女自相夫妻。《後漢書》

范氏漢史敘犬戎事，有吳將軍。高辛時，尚未有將軍號，況以帝女歸犬，荒唐甚矣。再閱

《搜神記》「吳將軍」作「房王」，募賞乃美女五人，較范史得之。《説儲》

高辛時，犬戎爲亂，帝曰：「有討之者，妻以美女，封三百户。」有狗曰盤瓠，往殺犬戎，以其首來。帝以女妻之，得海中地三百里封之。生男爲狗，女爲美人。《元中記》

高辛氏以女妻犬，産七塊肉，割之，有七男，長大各認一姓。王通明《廣異記》

狗國妻原漢人，夫則狗也，生男爲狗，生女爲人。《夷俗考》

後主宫中，雌犬有夫人、郡君之號。《物異考》

李貴妻爲賊掠去，攜一白犬，祝之曰：「爾能送我歸乎？」犬如聽命，乃裹糧隨之，竟出賊境。《隣幾雜志》

兖民畜一犬甚馴，主出，犬隨之。犬化爲主，歸與妻寢處。閲歲，其真夫歸，形狀悉同，各爭真僞。妻白於官，以血厭之，僞夫化犬，立撲殺之。《彙苑》

明皇與親王棋，妃子立於局前。上將輸，妃子將康國猧子放之，令於局上亂其輸贏。《開元天寶遺事》

宋孝宗母張氏夢府君以赤羊遺之，已而娠。《史實録》

永樂八年，賜寧國長公主羊一百羫。《弇山堂别集》

廣南苗婦能變爲羊，夜出害人。《異聞録》

貞觀中，魏王府長史韋慶植有女先亡。後二年，慶植備食聚客，家人買羊未殺。慶植妻夢亡女涕泣言：「兒受羊身，明旦當見殺，特願慈恩垂乞性命。」母驚悟，旦往觀之，見羊悲泣，戒勿殺。俄而慶植催食，厨人白言：「夫人不許殺羊。」慶植怒，命即殺之。宰夫懸羊欲殺，賓客已至，乃見懸一女子。訴客曰：「是韋長史女，乞救命！」客驚愕，止宰夫。宰夫懼植怒，又但見羊鳴，遂殺之。既而客坐不食，植怪問，客具以對，植乃悲痛發病。《法苑珠林》

唐雍州婦謝氏亡，托夢於女曰：「我於北山下人家爲牛，近被賣與法界寺。」女悟而異之，往寺訪焉。牛見女至，流涕。女因贖歸，養飼之，常呼爲阿娘。《冥報拾遺》

碧雲騢者，厩馬也，莊憲太后以賜荆王。《碧雲騢》

張全養一駿馬，一日化爲婦人，前拜而言曰：「妾本燕中婦，因癖好馬，忽化成馬。今復爲人，思往事如夢覺。」張大驚異，經十餘載，婦人求還鄉，張不允，婦人仰天號叫，忽復化爲馬，突而出，不知所之。《瀟湘記》

王仙翁居山中，見鹿産女，挈養庵中，鹿來乳之。《泰州志》

淮南朱氏於田種豆，忽見二女，姿容甚美。著紫襦衣，天雨而衣不濡。朱以銅鏡照之，乃是二鹿。《搜神記》

蜀主李勢宫中鄭美人化爲雌虎，食勢寵姬。《獨異志》

吳道宗外出，留母在家。隣人聞其屋中砰磕之聲，窺不見其母，但有烏班虎。鄉曲驚懼，鳴鼓會人往救之。圍宅突進，不見有虎，但見其母。及兒還，母語之曰：「宿罪見追，當有變化事。」後一月，便失其母。縣界內虎災屢起，皆云烏班虎。百姓患之，發人格擊之，射虎中膺。虎還其家故床上，不能復人形，伏床而死。《齊諧記》

申屠澄赴官，至真符縣，投茅舍中。有姬及一女，態甚閑麗，與之訂婚。秩滿歸，於故衣中見一虎皮，妻笑曰：「此物尚在耶！」披之即變爲虎。《全唐詩》

崔韜之任，夜宿褫亭，見一虎入，韜潛梁上，虎脱皮變美婦而睡。韜下，取皮投井中。婦醒，韜納爲妻。及官滿，復過褫亭。談及往事，婦問皮安在？韜從井中取出，婦披之，復成虎，咆哮而去。《潞安志》

山東有婦待姑不孝。一日老嫗過之，被服光綵奪目，婦愛之，嫗竟脱贈。婦取著之，忽變爲虎。《曠園雜志》

利州任攔頭夫婦化虎。《茅亭客話》

單于生二女，甚美。單于曰：「此女安可配人，將以與天。」乃築臺，置二女於上，請天自取之。有一老狼，日夜守臺而嗥。臺下作穴，若居室之狀。女曰：「此必天使取我。」乃下臺爲狼妻。生子，遂成高車國。《北史》

百歲狼化爲女人，名曰知女。丈夫娶爲妻，三年而食人。以其名呼之，則逃去。《白澤圖》

謝中條路見好女子，悦之。曳之幽谷，強合之。既已，遂相欣愛。問其姓，婦曰：「妾黎氏。早寡，塊然一身耳。」謝曰：「我亦鰥也，能相從乎？」婦問：「有子女無？」謝曰：「二子一女。」婦遂與同歸，甚嬖愛。月餘，謝以公事出。及歸，則中門嚴閉，扣之不應。排闥而入，一巨狼銜門躍出，子女皆無，鮮血滿地，惟三頭存焉。《聊齋志異》

安南國進皇后方物，有馴象一頭。《天南行記》

寧獻王《宮詞》：「宮人團雪作獅子。」《皇明珠玉》

狐者，先古之淫婦也。其名曰紫，化而爲狐。《名山記》

五十歲之狐爲淫婦，百歲之狐爲美女。《元中記》

孫巖娶婦，三年不脱衣而卧。巖怪之，伺其睡，陰解其衣，有毛長三尺，懼而出之。妻臨去，將刀截巖髮而走。逐之，變成一狐。其後京邑被截髮者三百餘人。初變婦人，衣服靚粧，行路人見而悦近之，皆被截髮。當時有婦人著綵衣者，人皆指爲狐魅。《洛陽伽藍記》

則天時，有女僧自稱聖菩薩，人心所在，女必知之。則天召入宮中，所言皆驗。後有大安和尚入宮，太后令見之，大安曰：「汝善觀心，試觀我心安在？」答曰：「在兜率天。」再問之，云：「在非非相天。」皆如其言。大安因置心於四果阿羅地，乃不能知。女變作狐。《太平廣記》

鄭繼超遇田參軍，贈妓曰妙香。留數年，告别，歌《北邙月》送酒。詞云：「五原分袂真胡越，燕拆鶯離芳草歇。年少煙花處處春，北邙空恨清秋月。」明日偕過北邙，妓化狐而去。《洞微志》

姚坤遇女子，自稱夭桃，妖麗冶容，篇什精至，坤納之。後坤挈夭桃至盤頭館，夭桃題詩

云：「鉛華久御向人間，欲捨鉛華更慘顔。縱有青丘今夜月，無因重照舊雲鬟。」忽有人執良犬入館，夭桃即化狐而竄。《花史》

宜興許生玩月長橋，有一女子攜一婢，皆姝麗，與生目成。明日，生獨坐，婢至曰：「小姐申意與郎有夙緣，明日來。」明日婢再至，曰：「小姐來矣。」言未既，女子已入室中，光艷照人，真絶色也。請見其母，母悦其美艷柔順，許之。奩具、幃幕之屬，咄嗟備陳於室。許乃與定情焉。踰月，其父往投訴於城隍之神，女子已知之。謂許曰：「翁疑我，我何面目居此。且與君夙緣止此，今當去矣。妾已娠，他日當使采蘋來，邀君一至山中爲别。」采蘋，婢之名也。遂去，奩具之屬亦不見。踰歲，采蘋果來邀許俱行。令閉目，頃之，已至山中。女迎許入閣，則星冠霞帔，爲女道裝。謂許曰：「向所娠，今已生女。然不可將歸，且留山中，爲擇佳配。」因叩以夙緣之説，曰：「妾前生唐開元中宫人也，君前生亦爲内侍。一夕，偶語有婚姻之約，爲上所見，箠殺之。君投胎已歷數世，妾悮託狐身，賴勤修煉得證仙籙。訪君陽羨，得遂昔盟。且爲君生一女，夙願畢矣。請從此辭，當令采蘋時通消息。」贈以二葛，奇妙光瑩，歸獻公姑。遂令采蘋送歸。後十三年，許方飲客酒，而采蘋至，曰：「所生女已能通《五經》，將適人矣。」座客方談《易》，采蘋笑曰：「諸君所説皆俗諦耳，經意殊不爾。」因講《乾卦》，妙義皆出意表。采蘋至今尚往來許氏不絶。《居易録》

蘇武齧雪吞氈之日，天哀其忠貞，遣牝狸與之作伴，日則覓食哺之，賴以不死。武感其義，

遂與爲偶，因生一子。李陵致書云：「足下允子無恙。」即狸之所生也，並無胡婦生子焉。《關西故實》

黄審耕，有一婦人過其田，日日如此。審以長鐮斫之，中其隨婢，婦化爲狸走去。視婢，乃狸尾耳。《搜神記》

安南國進皇后方物狀，有風貍一頭。《天南行記》

河東常醜奴，河邊見一女子，容姿殊美，乘小船載蓴徑前，投醜奴舍寄住。醜奴與之共臥，覺有腥氣，疑之。女即去，出户變爲獺。《螺江雜記》

山獺性最淫，可爲房中要藥。《粤述》

丁零王後宫養一獼猴，在妓女房前。前後女同時懷妊，各産子。王知是猴所爲，乃殺猴及子。妓女皆哭，王問之，云是一少年郎。《搜神記》

虢國夫人鬻一小猿，養之，化爲小兒。夫人奇之，使侍婢供食小兒，與婢俱化爲猿。《大唐奇事》

陳巖至渭南，見一婦人貌甚殊。叩之，婦人曰：「妾楚人也。侯氏子家弋陽先人以高尚聞，妾雖女子，亦有箕山之志。」言訖，化爲猿。《孔氏六帖》引《宣室志》

猿女國以猿爲夫，蛇女國以蛇爲夫，鬼女國以鬼爲夫。《八紘繹史》

永樂十五年，賜寧國長公主黄鼠一千個。《弇山堂别集》

《霍小玉傳》中有「驢駒媚」。按《物類相感志》：「凡驢狗初生，口中有一物如肉，名媚。婦人帶之能媚。」《池北偶談》

皋厭者，水虎之勢也。可爲媚藥，善使内也。《湘煙録》

日南有野女，其狀晶白，遍體無衣。唐蒙《博物記》

野婆出南丹州，黄髮椎髻，裸形跣足，自腰已下有皮蓋膝，遇男子必負去求合。嘗爲健夫所殺，以手獲腰間。剖之，得印方寸，瑩然若玉，文類符篆。《齊東野語》

奩史卷九十六

東吳王初桐于陽纂述
海虞吳蔚光竹橋校刊

禽蟲門三

蟲

明皇宮中，每至春時，使嬪妃輩爭插艷花。帝親捉粉蝶放之，隨蝶所止幸之。《開元天寶遺事》

靈巖山有蝶翾飛遊女，謂是館娃遊魂也。《春駒小譜》

鶴子草蔓上春生雙蟲，只食其葉。越女收貯粉奩中，如養蠶法，以葉飼之，老則脱而爲蝶，赤黄色。女子佩之，能使夫憐，號「媚蝶」。《嶺表録》

紺蝶，閨房媚藥。《謝華啓秀》

東晉梁山伯、祝英臺嘗同學，祝先歸，梁後訪之，始知爲女。歸告父母，欲娶之，而已許嫁馬氏子矣。梁後三年病死，遺言葬清道山下。明日，祝適馬氏，過其處，風濤大作，舟不能進。祝乃至梁冢哀痛，忽地裂，祝投而死。馬氏聞其事於朝，丞相謝安請封爲義婦。吳中有花蝴蝶，

婦女以梁山伯、祝英臺呼之。《寧波志》

俗稱大蝶必成雙，乃梁山伯、祝英臺之魂。《山堂肆考》

三月三日，宮中諸妃悉撲蝶以爲戲。《開元天寶遺事》

馬麟有《美人撲蝶蝶戲長春》合卷。《書畫彙考》

孫覺有《撲蝶詩女圖》。《雲煙過眼録》

虞山吳片霞有詩才，《梨花雙蝶》詩尤工。《婦人集》

劉子卿見五彩雙蝶遊花上，愛之。至暮，忽聞扣門。子卿出，見二女恣態艷麗，謂子卿曰：「花間雙蝶，感君愛，故來。」遂相諧洽。一女曰：「今宵讓姊。」次夜，姊曰：「昨夜之歡，今留與妹。」自是每旬一至者數年。《稽神秘苑》

楊大芳娶謝氏，謝亡未殮，有蝶大如扇，五色紫褐，翩翩自帳中徘徊，飛集窗户間，終日乃去。《癸辛雜識》

楊昊娶江氏，少艾，昊客死之。明日，有蝴蝶大如掌，徊翔於江氏旁，竟日乃去。及聞訃，其蝶復來，繞江氏，飲食起居不置。《蝶譜》

壞裙化蝶。《粧樓記》《丹青野史》曰：「綵裙化蝶。」

羅浮蝶，云是麻姑裙所化。《羅浮山志》

蟋蟀，濟南呼爲「嬾婦」。《毛詩義箋》

秋時，宮中妃妾輩皆以小金籠捉蟋蟀閉於籠中，置之枕函畔，夜聽其聲。《開元天寶遺事》

賈似道與群妾踞地鬭蟋蟀。《宋史》

宣德中，宮嬪尚鬭蟋蟀之戲。《蟫精雋》

紡絲蟲，一名紅娘子。《促織志》

蟲螽、蚯蚓，異類爲雌雄。夫婦帶之，各相憐愛。《證類本草》

蚯蚓，江東呼爲「歌女」。《葦航紀談》

昔有一士人與鄰女有情，一日飲於女家，惟隔一壁，而無由得近。其人醉隱几卧，夢乘一玄駒入壁隙中。隙不加廣，身與駒亦不減小，遂至女前。下駒，與女歡久之。女送至隙，復乘駒而出。覺甚異之，視壁孔中，有一大蟻在焉。故名蟻曰「玄駒」。《賈子説林》

淳于棼夢入大槐安國，國王以公主名瑤芳者妻之，蓋蟻也。《樂善編》

盧汾叩古槐，有一女子衣青出，引入，見廳堂題曰「審雨堂」，乃是蟻穴。《窮神秘苑》

齊王之后，怨王而死，屍變爲蟬，故蟬名「齊女」。《古今注》

縊女吐絲自懸。昔齊東郭姜既亂，崔杼之室姜自經，化爲縊女。《異苑》

天寶中，女子吴寸趾夜恒夢與一書生合。問其姓氏，曰：「僕瘦腰郎君也。」女意其休文昭略入夢中，久之若真焉。一日晝寢，書生忽見形入女帳，既合而去。出户漸小，化作蜂，飛入花叢中，女取養之。自後恒引蜜螽至女家甚衆，竟以作蜜興，富甲里中。《誠齋雜記》

于璟方夜讀書，忽有一女子至。緑衣長裙，婉妙無比。于好之，遂與寢處。羅襦既解，腰細殆不盈掬。更盡翻然去。覘之，乃一緑蜂。《聊齋志異》

龐降，形如蜩蟬，人以善價求爲媚藥。《嶺表録異》

叩頭蟲，佩之令人媚愛。《異苑》

腆顆蟲出領南，帶之令人相愛也。《本事拾遺》

螢，一名夜遊女子。《鬼谷子》注

丁吉蟲出嶺南，取帶之，令人相愛，媚藥也。《本草拾遺》

西王母聚神蛾以瓊筐盛之。《拾遺記》

楚莊王時，有宫人化爲野蛾飛去。《述異記》

朝雲見衣中蝨，以指爪斃之，東坡曰：「近取諸身以殺之，可乎？」朝雲曰：「奈齧我何？」東坡曰：「是汝氣體感召而生，不可罪也。」朝雲悟。《東坡别集》

顯靈宫道人賣一魚，腹有「秦白起妻」四字。《廣聞録》

張問渠母陳夫人，嘗畜朱魚二十餘頭。母没，魚忽皆變白。及終制之日，魚俱復變赤。《拙庵雜俎》

鱟負雌以游，人呼「鱟媚」。《閩小説》

梁鱣母秦氏，見鱣飛入室中，是夜生鱣。《賈子説林》

宋順帝時，峽人微生亮釣得白魚，長三尺，歸化爲美女，潔白端麗，年可十六七。自稱「高唐之女，偶化魚遊，爲君所得」。亮遂以爲妻。後三年，女曰：「數已足矣！請歸高唐。」亮曰：「何時復來？」答曰：「情不可忘，有思即復。」於是每歲三四往。《三峽録》

謝靈運守永嘉，遊石門洞，入沐鶴溪，見二女浣紗，顔貌娟秀，以詩嘲之曰：「我是謝康樂，一箭射雙鶴。試問浣紗娘，箭從何處落。」二女微吟曰：「我是潭中鯽，暫出溪頭食。食罷自還潭，雲踪何處覓。」吟罷不見。《青田志》

比目魚狀如女人鞋底，俗名「鞋底魚」。《本草綱目》

查道奉使高麗，見沙中一婦人，紅裳雙袒，髻鬟紛亂。查命扶於水中，拜手感戀而没，乃人魚也。《繹史紀餘》

謝仲玉見婦人出没波中，腰以下皆魚也。《稽神録》《坤輿圖説》：「海女，上體是女子，下體魚形。」

曷蘭達於海中獲一女，與之食，輒食，亦爲人役，但不能言。身有肉皮垂至地，如長衣然。《西洋考》

海人魚狀如人，眉目、口鼻、手足皆爲美麗女子，無不俱足。皮肉白如玉，灌少酒，便如桃花。髮如馬尾，長五六尺。陰形與丈夫、女子無異。臨海鰥寡多取養池沼，交合之際，小不異人。《誠齋雜記》

蘆塘有鮫魚化爲美異婦人。《述異記》

謝端於海中得一大螺，取貯瓮中。每歸，盤飧必具。端疑而伺之，見一姝麗甚，從瓮中出。詰之，曰：「我天漢中白水素女也。上帝哀卿少孤，遣妾具君膳。今去，留殼與卿。」端用以貯糧，其米常滿。《發蒙記》

吳堪爲縣吏，得大螺，已而化爲女子，號「螺婦」。縣令求之，堪不從，乃以事虐堪。曰：「今要蝦蟆、毛鬼臂二物，不獲致罪。」堪語螺婦，即致之。令又謬語曰：「更要禍斗。」堪又語螺婦，婦曰：「此獸也。」須臾牽至，如犬焉。《原化記》

西王母仙藥，有白水靈蛤。《漢武内傳》

答吉太后駐輦懷孟特，苦群蛙亂喧，終夕無寐。太后命近侍傳旨諭之曰：「吾方憒憒，蛙忍惱人耶。自後其毋再鳴。」故今此地雖有蛙而不作聲。《輟耕録》

有士人至長鬚國，王拜士人爲駙馬，其主甚美，有鬚數十根，乃蝦精耳。《酉陽雜俎》

夏桀末，宫中有女子化爲龍，俄而復爲婦人，甚麗，而食人。桀命爲蛟妾，告桀吉凶之事。《述異記》

齊景公女葬畢，化龍銜天而去，號爲丹丘。《吳地記》

郗皇后性妒忌。武帝初立，未及册命，因怒，忽投殿庭井中。衆趨井救之，后已化爲毒龍。《西京雜記》

士有謁龍母廟者，見塑像美，悦之，意爲他日居官，安得良匹若是。後得美除，宿旅店，見舍後簾箔内處女往來。須臾，主人出，款敘寒暄，乃許以姻好，遂諧伉儷。之任三載，忽雷雹大作，婦與從婢化爲二龍而去。《鶴林玉露》

馬孺子戲郊亭上，忽有奇女墮地，曰：「帝以吾心侈謫來，七日當去。」遂入居佛寺。及期，取杯水飲之，嘘成雲氣，化爲白龍，登天而去。《扶風縣志》

白公至武休潭，見一婦人浮水而來，意其溺者，命役夫鈎至岸濱，忽化爲蛟。宋昭於柳州江岸爲二三女人所招，里民呼而止之，亦蛟也。岑參賦：「瞿塘之東，有千歲老蛟，化爲婦人，彩服靚粧，遊於水濱。」《北夢瑣言》

蜀主李勢宫人張氏，化爲大斑蛇。《獨異志》

華陰令王真妻趙氏隨之任，有一少年誘私之，忽真自外入，少年化一大蛇，奔突而去，趙氏亦化蛇，奔突隨入華山。《瀟湘記》

邛都縣一老姥家，有小蛇在床間，老母飼之，後長丈餘。令有駿馬，蛇吸殺之。令忿，責姥出蛇，姥曰：「在床下。」令掘地無所見，遷怒殺姥。此後每夜輒聞若雷若風，四十許日，城陷爲河，惟姥宅無恙。《益州記》

曇陽子有一巨蛇隨之，名曰護龍。《曇陽子傳》

守宫，蟲名。以器養之，食以丹砂，體盡赤。擣治萬杵，以點女人體，終身不滅。若有房室

之事即脱。言可防閑淫逸，故謂之「守宫」。《漢武故事》

取守宫牝牡各一，藏之甕中，陰乾百日，以飾女臂，則生文章。與男子合輒滅去。《淮南萬畢術》

秦始皇時，有人進守宫。置宫中，宫人之有異志者，即吐血污其衣。《誠齋雜記》

漢宫人午日以守宫封臂。《百末詞》注

守宫，詞人多用之。李賀詩：「玉臼夜擣紅守宫。」李商隱詩：「巴西夜市紅守宫，後房點臂斑斑紅。」古宫詞：「愛惜加窮袴，防閑托守宫。」元雅正卿詩：「秋期暗度鸞催織，春信潛通誤守宫。」成化間妓女楊玉香詩：「守宫落盡深紅色，明日低頭出洞房。」《玉芝堂談薈》

南海有水蟲，名諾龍，得者必雙。雄者既獲，雌者即至。雌者獲亦然。以雌雄分置竹節中，少頃，竹節自通。里人貨爲婦人惑男子術。《投荒雜録》

章皇后母嘗遇道士以小龜遺己，光采五色，曰：「三年有徵。」及期，后生，紫光照室，因失龜所在。《陳書》

史論妻蚕粧開奩，奩中忽有五色龜，大如錢，吐五色氣，彌滿一室，後常養之。《酉陽雜俎》

唐武宗王美人養一六月龜，甲上刻字飾金，曰「平福公」。福，猶腹也，借音而已。《清異録》

易生見一美人，披碧緑之衣，自言爲蕭氏九姐，能知易生平事，且言妲己能指九州災異。易曰：「娘子豈非精靈耶？」女失笑，化爲緑毛龜入池。《夷堅志》

劉交居若耶溪，忽聞採蓮喧笑聲，見十餘女子從華林而出，皆衣青緑，年十六七，入叢蓮相

對而歌。交乃棹舟以逼之，諸女皆化爲龜入水。《五色綫》

朱鼈，女子佩之，有媚色。《本草拾遺》

黄初中，清河宋士宗母浴於室，化爲鼈，入於水。時復還家，所著銀釵在頭上。《續搜神記》

帝崩，昭儀自絶。后在東宫，忽寐中驚啼甚久，侍者呼問，方覺。乃言曰：「適夢帝自雲中賜吾坐，帝命進茶，左右奏帝云：『向日侍帝不謹，不合啜茶。』吾意既不足，又問帝：『昭儀安在？』曰：『數殺吾子，今罰爲巨黿，居北海之陰，受千歲冰寒之苦。』」乃大慟。後梁時，大月支王獵海上，見巨黿，首貫玉釵。遣使問梁武帝，帝以昭儀事報之。《趙后遺事》

漢靈帝時，江夏黄氏母浴盤水中，變爲黿，轉入深淵。其後時時出現，初浴簪一銀釵猶在首。《續漢書》

吴寶鼎元年，宣騫之母年八十，因浴化爲黿。《丹陽記》

有女子出嫁者，忽失性毆擊人，云：「已不樂嫁俗人。」巫云：「是鼉魅。」以術咒之，有大白鼉來與女訣，女慟哭曰：「失我姻好。」自此漸差。《存心録》

蛤蚧，偶蟲也，相隨不捨。遇其交合捕之，雖死牢抱不開。人多采以爲媚藥。《玉芝堂談薈》

海中所産，戚車類男陰，文蛤類女陰。文蛤即淡菜，亦名東海夫人。《余皇日疏》

龍虱，婦人食之貌美，能媚男子。《閩小記》

福山有蛤屬，號「西施舌」。《詩説雋永》

奩史卷九十七

東吴王初桐于陽纂述
南豐譚光祥退齋校刊

仙佛門一

仙

西王母者，極陰之元，位配西方。母養群品，三界、十方女子之得道者咸隸焉。《西王母傳》

西王母號九靈太妙龜山金母，又云太虚九光龜臺金母元君。《仙傳拾遺》

紫微元靈白玉龜臺九真元君，即西王母也。《茅君内傳》

九光玄女號曰太真西王母。《枕中書》

西王母姓楊，諱回，一名婉妗。《酉陽雜俎》

王母姓楊，一曰緱氏，一曰侯氏，一曰焉氏。《玉壺遐覽》

西王母之事，由《汲冢周書》：「穆王宴王母於瑶池。」又《漢武内傳》：「七夕，王母降。」因此傳之。不知《汲冢周書》僞書也。因穆王西巡，故爲此説。而武帝又好神仙之事，是

以彼此傅會。按《爾雅》：「觚竹、北户、西王母、日下，謂之四荒。」則王母乃西方之國，非婦人也。《七修類稿》

有書生遇神女見，胡僧指之曰：「此西王母第三女玉巵娘也。」《誠齋雜記》

王母第三女曰碧霞元君，第四女曰南極夫人，又曰紫元夫人，名林，字容真。《女仙録》

王媚蘭爲雲英夫人，一云媚蘭字申林，王母第十三女。玉清娥字愈意，一云清娥字愈音，爲紫微夫人，王母第二十女。《真誥》

王母女媚蘭治滄浪山，爲雲林夫人。《南真説》

雲華夫人，王母第二十三女。嘗遊巫山，大禹拜夫人求助，夫人授以上清寶文理水之策，禹拜受，遂導陂决川以成功焉。《集仙傳》

太真夫人，王母小女也，諱婉羅。《粧樓記》

王母小女名琬，字羅敷，號東嶽夫人。《玉壺遐覽》

墉宫玉女王子登，是王母紫蘭宫傳言玉女。曾出配北燭仙人，旋又召還，使領命録，真靈官也。《漢武内傳》

西王母降武帝殿，有侍女四人。帝問其名，曰：董雙成、許飛瓊、吴陵華、段安香。張君房《脞説》

許渾夢登崑崙山，賦詩云：「坐中惟有許飛瓊。」他日復夢飛瓊，曰：「子何故顯余姓名於

人間？」即改爲「天風吹下步虛聲」，曰：「善。」《本事詩》

西王母侍女，王上華、董雙成、石公子、宛絶青、地成君、郭密香、千若寶、李方明、張靈子。《真靈位業圖》

王母遣侍女郭密香，與上元夫人相問。帝見侍女下殿，俄失所在。須臾，郭侍女返，上元夫人又遣一侍女答問。云：「阿環再拜，上問起居。」帝因問：「上元何真也？」王母曰：「是三天上元之官，統領十萬玉女名籙者也。」《漢武帝内傳》《玉壺遐覽》曰：「上元夫人名阿環。」陳心叔《名疑》曰：「阿環，上元夫人侍女名也。」

上元夫人是道君弟子，總領真籍，亞於龜臺。《集仙傳》

上元夫人從官，文武千餘人，並是女子，年皆十八九許，形容明逸，多服青衣，光彩耀目。《漢武帝内傳》

上元夫人年未笄，天姿絶艷。《茅君内傳》

紀離容，上元夫人侍女也。《漢武帝内傳》

羿請不死藥於西王母，羿妻嫦娥竊以奔月，遂託身於月，是爲蟾蜍。張衡《靈憲》《淮南子》作「姮娥」。《後漢書·天文志》作「蟾蠩」。

嫦娥小字純狐。《緯書》

《黄庭經》注引《上清紫文》云：「鬱儀，奔日之仙。結璘，奔月之仙。」又《登真隱訣》

曰：「鬱儀者，義和也。結璘者，嫦娥也。」據此，則「結璘」乃嫦娥别名也。《七聖記》

嫦娥奔月之後，羿晝夜思惟成疾。正月十四夜，忽有女子詣宫，曰：「臣，夫人之使也。夫人知君懷思，無從得降。明日乃月圓之候，君宜用米粉作丸如月，置室西北方，呼夫人之名三，夕可降耳。」如期果降，復爲夫婦如初。今言月中有嫦娥，大謬。蓋月自有主者，乃結璘，非嫦娥也。《三餘帖》

《晉志》云：「羲和占日，常儀占月。」儀，音娥。今謂月中女名嫦娥，又名日月爲羲娥，謬甚。《席上腐談》

按嫦娥奔月事，見《歸藏》。又《淮南子》許慎注曰：「嫦娥，羿妻也，逃入月中，蓋虚上夫人是也。」《群書歸正集》

嫦娥之説，始於《淮南》，其實因「常儀」而誤也。常儀，官名，見《吕氏春秋》，後訛爲「嫦娥」。《丹鉛續録》

常儀之説，乃史繩祖《學齋佔嗶》緒論耳。《歸藏》云：「嫦娥奔月是爲月精。」非始《淮南》也。陳晦伯《正楊》

陳晦伯謂《歸藏》有嫦娥之説，此不足憑。《歸藏》，六朝僞書。《藝林學山》

嫦娥之説，極爲詞人所褻狎。至云：「少小初三四，娥眉天上安。待奴年十五，正面與君看。」《吹劍録》

嫦娥共有百二十餘座。《徹鑒堂玉海》

明皇遊月宫，有素娥十餘人，皆乘白鸞，舞於廣庭桂樹之下。《龍城録》《明皇雜録》同。

織女，天孫也。《天官書》 柳文：「天女之孫，嬪於河鼓。」

七月七日，織女渡河，暫詣牽牛。世人至今云：織女嫁牽牛也。《續齊諧記》

天河之東有美女，天帝女孫也。機杼勞役，織成雲霧天衣。帝憐之，嫁與河西牽牛。是後竟廢織紝，帝怒，責歸河東，使一年一度與牽牛相會。《述異記》

道書云：「牽牛娶織女，借天帝二萬錢備禮，久不還，被驅在營室。」《荆楚歲時記》 劉子儀詩：「天帝娉錢還得否，晉人求富是虚詞。」

烏鵲填橋，渡織女與牽牛相見。《淮南子》〔一〕

織女七夕渡河，使鵲爲橋。《風俗通》

牽牛、織女，世謂之雙星。《焦林大斗記》

郭子儀夜見空中駢車繡幄中有一美人，坐床垂足，自天而下。子儀拜祝曰：「今七月七日，必是織女降臨，願賜長壽富貴。」女笑曰：「大富貴亦壽考。」言訖，冉冉騰天。《神仙感遇集》

〔一〕 烏鵲填河成橋渡織女事，今本《淮南子》未見，然《李太白詩集注》、《杜詩詳注》、《山堂肆考》、《御定分類字錦》諸書引此，皆作「淮南子云」，未詳何故。

織女經星萬古不移，豈有渡河之事。《席上腐談》
牛星在河之南，織女在河之北。牛星本主關梁，織女渡河，牽牛自能致之，何必役人間之鵲。《樵書》

《爾雅》：「河鼓，牽牛星也。」古樂府云：「黃姑織女時相見。」黃姑，即河鼓聲之轉也。太白詩云：「黃姑與織女，相去不盈尺。」是皆以牽牛爲黃姑。然李後主詩：「迢迢牽牛星，杳在河之陽。粲粲黃姑女，耿耿遥相望。」又以織女爲黃姑，何耶？《話腴》

世傳織女、牽牛渡河相會。案《天文書》：「河鼓星隨織女星、牽牛星之間。」世俗因傅會其說。杜子美詩：「牽牛出河西，織女處其東。萬古永相望，七夕誰見同。神光意難候，此事終朦朧。」亦不取世俗之說也。《學林》

七夕牛女渡河之事，以星曆考之，牽牛去織女隔銀河七十二度。古詩所謂「盈盈一水間，脉脉不得語」也。至於渡河之說，洪景盧辨析最精。然亦有可怪者，楊纘倅湖日，七夕夜，其侍姬田氏及使令數人，露坐至夜半，忽有一鶴西來，繼而有千百鶴從之，皆有仙人坐其背，如畫圖所繪者。彩霞絢粲，數刻乃滅。然則流俗之說，亦有時而可信乎？《癸辛雜識》

郭翰少有清標，乘月臥庭中。視空中有人冉冉而下，乃一少女，明艷絶代。曰：「吾天之織女也。上帝賜命遊人間，願乞神契。」乃升堂共枕，將曉辭去，後夜復來。翰戲之曰：「牽牛郎何在？那敢獨行？」對曰：「陰陽變化，關渠何事？」至七夕，忽不來，數夜方至。翰問曰：「相見樂乎？」笑曰：「天上那比人間。」問曰：「迎來何遲？」曰：「人中五日，彼一夕爾。」忽一夕，悽惻流涕曰：「帝命有期，便當永訣。」以七寶枕留贈而去。《墨莊冗録》

郭翰遇天仙織女，與結夙緣期年。忽一夕，言數盡，別去，約明年某日，有書相問。至期，果使侍女下臨，贈詩二絕。是歲，太史奏：織女星無光。《博文聞録》

孫昌裔感七夕牛女之事，爲文獻之。忽暴卒，心頭微熱。越三日甦，自言爲神妃召去。金屋瓊樓，綃帷貝榻，侍御姣麗，群歌群舞，留款，欲成伉儷。不從，旁有解者，妃始張筵祖餞。《耳談》

秦時，太白星竊織女侍兒梁玉清，逃入少仙洞，四十六日不出。天帝怒，命五嶽搜捕。太白歸位。玉清有子名子休，配於河伯行雨。每至少仙洞，恥母淫奔之所，輒回，故其地少雨。《獨異志》

織女侍兒梁玉清、魏承班。《東方朔內傳》

日中青帝夫人曰芬豔嬰。《登真隱訣》

纖阿山有女子躍入月中，遂爲月御。《天中記》

孛，本黃帝時女子，修行，不得其死。《中興天文志》

孛星，女身，性淫，能興雲雨。常時赤體，惟朝北斗之期始著衣裳。《新齊諧》

炎帝少女爲雨師。《列女傳》

俗謂風曰「孟婆」。按《山海經》：「帝之女遊於江中，出入必以風雨自隨。」以帝女，故

曰「孟婆」。《丹鉛總録》

汪舟次奉使琉球，甫出海，見浮木丈許，鐵鐍兩頭。取而剖視，中有一女裸臥，縝髪冰肌，以右手掩面，左手蔽其醜，咥爾微笑。隨凌波以去，而狂風旋作。蓋風之有少女者，其即是乎。《觚賸》　少女風，見《管公明别傳》。

太白妻曰女𡟗。《甘氏星經》

青女，青腰玉女，司霜雪者。《淮南鴻烈解》

女魃，又名旱母，所見之國大旱。《神異經》

黄帝下天女曰妭，而不能復上，所居不雨。《山海經》

女妭秃無髪，所居處天不雨。《文字指歸》

後魏聖武初田山澤，見輜軿自天而下。一美婦人自稱天女，受命相偶，且請期年復會於此。及期至田處，果見天女，授所生男，即神元皇帝也。《萬卷菁華》

畢夢求於晴天，見空中一婦人，乘白馬，華袿素裙，一小奴牽馬絡，自北而南，行甚於徐，漸遠乃不見。予從姊亦嘗於晴晝仰見空中一少年女子，美而艷粧，朱衣素裙，手摇團扇，自南而北，久之始没。《池北偶談》

玉女青衣者名惠精玉女，黑衣者名太元玉女，赤衣者名赤圭玉女，黄衣者名常陽玉女。《雲笈七籤》

東方名青腰玉女，南方名赤金玉女，中央名黄素玉女，西方名玉素玉女，北方名玄光玉女。《集仙録》

玉女共有一十五等。《真靈位業圖》

北寒玉女，姓宋，名聯娟；東華玉女，姓燕，名景珠；林雲玉女，姓賈，名屈庭；飛元玉女，姓鮮，名子華；東華玉妃，姓淳，名文期。《玉壺遐覽》

泰山北有桂林七十株，青腰玉女守之。《天地運度經》

陵州鹽井上有玉女廟，相傳十二玉女指地開井，遂奉以爲神。《陵州圖經》

黄帝遇一婦人，人首鳥形，曰：「吾玄女也。子欲何問？」黄帝曰：「小子欲萬戰萬勝。」遂得戰法焉。《黄帝玄女經》

斗姥名摩利支天菩薩，亦名天后。花冠瓔珞，赤足，兩手合掌，兩手擎日月，兩手握劍。熊文燦以爲斗姥即玄女。《肇慶府志》

巨靈與元氣齊生，爲九天真母。《遁甲開山圖》

鉅靈，女媧之徒，以神通智力贊化。《李淳風小卷》

毛女，秦始皇宫人，秦亡，入華山避難。食松葉，不飢寒，身輕如飛。所止巖中有鼓琴聲。《列仙傳》

毛女字玉姜。《灼薪劇談》

宋籌過毛女峰，見一老姥坐大雪中，而無寒色，不知其所從來，雪中亦無足跡。《東坡志林》

毛女精乘屩術，一披袛而遊八荒。諺曰：「誰謂八荒遠，玉姜傾刻返。飲我五色霞，食我三清飯。」《女紅餘志》

毛女，秦宮人，漢魏間人猶見之。《晞髮道人近稿》

魚氏姊妹二人，一名道超，一名道遠。秦時隱武夷山，以所隱地生毛竹，故名「毛女」。《玉壺遐覽》

蔡元長過華山，舊聞毛女之異，思得一見。忽有婦人遍身皆毛，色如紺碧，而髮若漆，目光射人，顧元長曰：「萬不爲有餘，一不爲不足。」言訖而去，其疾如飛。元長乃追寫其像以祀之。《投轄録》

老君母曰玄妙玉女。《酉陽雜俎》

玄妙玉女，姓尹氏，亦曰無上元君。《玉壺遐覽》

靈照夫人李氏，老君之姑。《玉壺遐覽》

周靈王第三女，名觀靈，於子喬爲別生妹，受飛解脱網之道。妹觀香，爲紫清宮內侍。《真誥》

中侯夫人王氏，子喬之妹。《玉壺遐覽》

漢劉晨、阮肇共入天台山採藥，迷不得返。經十餘日，糧盡飢餒。見山上桃樹有子，噉數枚而體充。復取水盥漱，見一杯從山腹流出，有胡麻糝，相謂曰：「此去人徑不遠。」度山出一大溪，溪邊有二女子，姿質妙絶，呼劉、阮姓名曰：「二郎捉向所失流杯來。」因要還家。飭侍婢作食，有胡麻飯、山羊脯甚美。復有群女，各持三五桃子來賀得婿。至暮，令各就一帳宿，女往就之，行伉儷禮。留半年，氣候草木，長如春時，百鳥鳴呼。二人求歸甚苦，二女嘆曰：「罪根未滅，使君等如是。」喚諸仙女共作歌送劉、阮，指示還路。既出，親舊零落，無復相識。問得七世孫，傳聞上世入山不歸。《幽明録》

仙祖皇太姥乃神星精，能呼風檄雨，乘雲而行。秦人呼爲聖母，亦稱上元夫人。《武夷山志》

樊夫人與劉綱俱行道術，事事勝夫。其將昇天也，廳側有大皂莢樹，綱昇樹數丈方能舉。夫人平坐未上，冉冉如雲氣舉之，同昇天去。《神仙傳》

樊夫人行道術，以繩繫虎頸，曳之以歸。《集仙録》

樊夫人名雲翹，妹爲裴航妻，名雲英。《仙傳拾遺》

北元中玄道君，李靈飛之小妹。《真誥》

麻姑，後趙麻秋之女。其父築城嚴酷，晝夜不止，惟雞鳴乃息。姑賢，有恤民之心，假作雞鳴，群雞皆應，衆工乃止。父覺，欲撻之，女懼而逃入仙姑洞修道，後於城北石橋飛昇。《湖廣通志》

麻姑姓王氏，方平之妹，宋寧宗敕封虛寂冲應真人。《續文獻通考》

董靈微年踰八十，貌若嬰孺，號爲「花姑」。《集官一録》

魏夫人弟子善種花，號「花姑」，故春圃祀之。《花木録》

撫州有顔魯公《麻姑壇記碑》，又有魯公書《花姑壇碑》。花姑者，女道士黄靈微也。爲野象拔箭，嗣後齋時，象每銜蓮藕以獻，化於唐睿宗朝。開元中，立仙壇院，選高行女冠黎瓊仙等七人居之。《紫桃軒雜綴》

黎瓊仙，唐時所放宫人，即麻姑也。《耕餘雜録》豈《麻姑碑》即《花姑碑》。李君實或誤爲兩碑耶。抑《耕餘録》誤以黎瓊仙爲麻姑耶。而王方平蔡經事，又似漢已前人。《辨惑編》

花姑姓王氏。陳心叔《名疑》

杜蘭香者，有漁父於湘江岸見一二歲女子，憐而舉之。十餘歲，忽有青童自空下集其家，攜女去。其後降於洞庭張碩家。《墉城集仙録》

漢時有杜蘭香者，南康人，鈿車青牛，數詣張碩。自言阿母所生，本爲君妻，以年命未合當還。《杜蘭香傳》

魏夫人，任城人，晉司徒舒之女，名華存，字賢安。幼而好道，常服胡麻散、茯苓丸，吐納氣液，攝生夷靜。常欲别居閑處，父母不許。年二十四，强適南陽劉文，生二子。二子粗立，乃齋於别寢。冥心習静，與日俱進。凡住世八十三年，以晉成帝咸和九年，王子登降授夫人成藥二

劑，一曰遷神白騎神散，一曰石精金光化形靈丸，使頓服之。越七日，太一元仙遣飆車來迎，夫人乃託劍化形而去。《南嶽夫人傳》

夫人白日昇天，北詣上清宮玉闕之下，授夫人玉札金文，位爲紫虛元君，領上真司命。南嶽夫人，比秩仙公。顔真卿《魏夫人仙壇碑銘》

南嶽夫人又曰紫清上宮九華安真妃。《上清集》

梁簡文帝時，萼緑華降黄門郎羊權家，贈權詩。此女其時已九百歲矣。《真誥》

萼緑華，姓楊，一曰羅氏，名郁。《玉壺遐覽》

羅郁，九疑山中得道女也。《仙苑編珠》

紫清上宫九華真妃，是太虛上真元君李夫人之少女也。詣龜山學上清道，道成，受太上玉書，署爲此號。於是賜姓安，名鬱嬪，字靈簫。《真誥》

《真誥》載：興寧三年，九華真妃與紫微王夫人、金臺李夫人、南極紫元夫人，夜降金壇楊羲家。備言真妃服飾之美，年齡之少，顔容瑩朗，鮮潔如玉，五香馥芬。以一枚乾棗食之，所謂「得敘姻緣，懽願於冥運之會，依然松蘿之纏」。及臨别，小留在後，執手下床，恐非宜也。惟相贈二詩，庶幾不涉魔道耳。《宛委餘編》

魯敢遇仙女，曰：「嘗見紫雲娘誦君佳句。」《粧樓記》

增城何仙姑，相傳爲何泰之女，生唐開耀間。常欲絶俗去遊羅源。將婚夕，忽不知其所之，

惟研屏遺題云：「麻姑怪我戀塵囂，一隔仙凡道路遥。去去滄洲弄明月，倒騎黄鶴趴吹簫。」《夢蕉詩話》

何仙姑生而紫雲繞室，住雲母溪。一夕，夢神教食雲母粉，可得輕身，誓不嫁。往來山嶺，其行如飛。唐天后遣使召見，中路不知所之。《總珍集》

何仙姑，零陵市上道女也。遇異人與桃食之，遂辟穀，逆知人吉凶。《集仙傳》

何仙姑，永州人，不飲食，無漏泄，世傳其神異。《中山詩話》

《宋人雜説》：何仙姑遇純陽，啖以一桃，僅食其半，遂不飢。《仙鑑》：純陽所度者趙仙姑，非何仙姑也。仙姑何姓者，開元中已羽化去，合在純陽前。《談薈》

袁夏問何仙姑曰：「吾鄉有故人亭，何義也？」仙姑曰：「因選詩『洞庭有歸客，瀟湘逢故人』而名之。」《劉斧摭遺》

何仙姑姓趙，名何，一名和。陳心叔《名疑》

何仙姑當是宋初人。《少室山房筆叢》

孔、莊、葉三女仙，天寶間俱來武夷學道。遇太姥元君，授以丹訣，遂鍊真於均峰。至治平間，歲大旱，有居士灌田均峰下，三仙惠以小葫蘆水，令居士灑田内。是夕大雨充足，歲成大稔。居士往尋三仙，深入小逕，忽有洞口，宫殿扁曰「雲虚之洞」，有朱牌金字三面，題曰「雲虚洞主太素孔元君」、「太微莊元君」、「太妙葉元君」。有仙童引入，見三仙，待以胡麻飯，

留居士居彼。居士辭歸，至家，已三載矣。《武夷山志》

唐昌觀玉蕊花發，有女子衣緑繡衣，峨髻雙鬟，以白角扇障面，從二女冠、二女僕，直造花所，異香芬馥。良久，令女僕取花枝，謂黄冠者曰：「曩者玉峰之約，可以行矣。」舉轡百步，有輕風擁塵隨之而去。須臾塵滅，已在半天。《劇談録》

張俞遊驪山，見二黄衣吏，召至一宫闕。見仙坐殿上，問左右，曰：「唐太真妃也。」《青瑣集》

楊貴妃爲太上侍女。《玉壺遐覽》

大歷中，仙女謝長裙降，與書生瓊卿會於鳳凰里。贈瓊卿詩甚多，瓊卿心動則去矣。《兼金合璧》

謝自然，蜀華陽女真也。初泛海將詣蓬萊求師，舟爲風飄至一山，見道人指言：「天台司馬子微，良師也。」自然乃回求子微，受度上升。《續神仙傳》

謝自然，南充謝寰女，年十四昇天。《太平廣記》

貞元十年，金母令女仙謝自然來。黄雲繞身，有七女衣黄衣、戴金冠侍於左右。《集仙記》

王子高遇仙人周瑶英，同遊芙蓉城。《東坡詩集》

周瑶英，芙蓉城女仙也。王子高遇之，周曰：「我於人間嗜欲未盡，緣以冥契，當侍巾幘。」王遂與同寢，天明即去，餘香不散。自是朝去夕至者凡百餘日。後因周朝帝，數日不來。

忽一夕，王夢周道服而至，謂王曰：「我居幽僻，君能一往否？」王喜而從之。但覺其身飄然，與周同舉。須臾過一嶺，及一門，珍禽佳木，清流怪石，殿閣金碧相照。內有三樓，俱甚雄麗。東廊門啓，有女流道裝而出者百餘人，遂與王登東廂之樓，上有酒具。憑欄縱觀，山川清秀。梁上題曰「碧雲」。王未及下，一女郎亦登是樓。年可十五，容色嬌媚，亦周之比。周曰：「此芳卿也，與我最相愛。」芳卿蓋其字耳。夢之明日，周來，王語以夢，周笑曰：「芳卿之意甚勤也。」王問：「何地？」周曰：「芙蓉城也。」胡微之《王子高芙蓉城傳》

王子霞家有女仙降，自稱西華寶懿夫人，絶色也。以詩遺子霞，有云「而今才鬢脚，迤邐秋婦絲」。《玉照新志》

委羽山嘗有女仙，素服靚粧，逍遥乎松杉竹柏之下。里人密覘之，迤邐從洞中出。《輟耕録》

麻衣仙姑，姓任氏，隱於石室山。家人求之，遂逃入石室中。有聲殷殷如雷，其壁復合。《丁卯集》

《墉城集仙録》集古今女子成仙者百九人。《國史經籍志》

阮部《閬苑仙女圖》，仙姬五人，侍從十六人，皆古衣冠，翱翔往來，爲態非一。《江村銷夏録》

漢程偉妻得道，偉逼求術，妻不傳。逼之不已，妻蹶然而死，尸解而去。《陰君自序》

虢州女仙楊敬貞，一日，告其夫曰：「妾神不安，惡聞人語。」遂沐浴新粧，閉門而坐，異

香滿室。天樂西來，女即飛昇，衣服委床，如蟬蛻然。《續玄怪録》

王進賢，夷甫女也，爲愍懷太子妃。洛城亂，劉曜略進賢，欲娶之。進賢大駡，投河。其侍婢名六出，亦投河死。時遇嵩高女真韓太華出遊，遂俱獲救。外示死體，内實密濟，將入嵩高山，今在華陽洞中。《南嶽魏夫人内傳》《真靈業位圖》：「韓太華，韓安國妹，李廣利婦。」《茅山志》曰：「韓太華、王進賢，並天姿鬱秀，才文清邈。」

棲霞觀，女冠劉懿真得道之所。懿真爲王子晉之外妹，至晉已五六百歲，白日衝天。《上清天地宮府圖經》

周爰女自小好道，餌茯苓四十年，解形而去。《金蟬脱殼》

南海太守進盧眉娘，久之，不願在宮掖，乃度爲女道士，賜號逍遥。數年不食，尸解化去。《集仙録》

戚玄符三歲暴卒，父母痛甚。有道人過門，問曰：「此女可救耶？」道人曰：「此女後必仙。」衣帶中解墨符救之，遂活。父母致拜，道人曰：「我北嶽真君也。此女可名玄符。」大中十年，有仙人授靈藥飛昇。《趙道一仙鑒》

裴元靜自幼好道，及笄，父母欲以歸李言，元靜不從，父母抑之曰：「南嶽魏夫人亦從人育嗣，後爲上仙。」遂適李言。一日，獨居靜室，夜中聞人笑聲。李疑之，從壁隙窺，滿室光明馥郁。有二女子，可十七八，鳳髻霞裳，姿態婉麗。侍女數人，皆雲鬟綷服，綽約多姿。李問之，元靜曰：「崑崙仙女相省，勿窺，再窺召譴。然予與君俗緣甚薄，不久在人間，念君嗣未立耳。」後産一兒，遂跨白鶴昇天。《集仙録》參用《五色綫》

何、許、陳三女相約入山修真。大中元年，雷雨之後，仙樂隱隱，見三女乘雲霧而去。《楚通志》

竇子明二女俱化青鳧仙去。《寧國府志》

王抱臺得道，爲主仙道君侍女。《增彙侍兒小名録》

老姑峪，宋時有老姑，不知名氏，嘗謂人曰：「貧道住世二百年矣。」言畢投崖，不墜，飛昇而去。《明一統志》

寧海孫忠顯女，名不二，號清靜散人，適馬宜甫。重陽真君以「分梨十化説」授之，與其夫共棄家學道。後居洛陽風仙洞，夫婦日相激勵。道成，同日上昇。《大有經》

張靈真與妻盧氏並得道，白日飛昇。《玉壺遐覽》

成都陳陶夫婦並得仙。《少室山房筆叢》

劉安上幼女，與羽人談道，得度。及笄，許妻何氏子。忽有白鵝自空而下，女乘之飛去。《八閩通志》

曇陽子以貞節得仙，白日昇舉。《明盛事述》

李季蕚死後爲鬼仙。《夷堅志》　《書録解題》曰：「緡雲人傅季蕚《英華集》三卷。」

許旌陽妻爲地仙。《玉壺遐覽》

王母使玄女授帝八門六甲之術。《黄帝内傳》

玄女授黄帝太乙遁甲六壬步斗之術。《玄女兵法》

太和女顓和常曰：「壽限之促，非修道不能延年。」遂洗心求道，而得其術。《修文御覽》

太陰女盧全，學道未成，當道沽酒，密訪其師。《集仙録》

李真多，八百妹也。隨兄修道，居綿竹山中。《集仙録》

太元玉女居長松山修道，琅玕曲晨之液、八瓊九華之丹，皆鍊而餌之。有金砂泉，是其遺跡。《太平經》

女真張微子服霧得仙。《清異録》《老君傳》曰「張慶女」。

東海玉華妃淳文期，青童君之妹，降授張微子服霧之法。《真一修檢經》

赤帝女入山學道，化鵲，銜柴作巢，巢成昇天。《廣陽記》

魯女生餌胡麻，乃永絶穀。年八十餘，色如桃花。入華山，後五十年，先識者逢女於廟前，乘白鹿，從王母。《三輔黄圖》引《漢武帝内傳》

南嶽夫人得雲玉仙方，遂絶穀學道。《崆峒經》

太陽女朱翼得吐納之道。《集仙録》

東宮中侯夫人受桐柏真人飛解脱綱之道。《二十四生圖》

南嶽夫人服金屑得道。《南嶽魏夫人内傳》

明星玉女服玉漿成仙。《真誥》〔一〕

黄景華，司空黄瓊女，韓衆授以仙法。《天戒經》

竇武妹瓊英、黄瓊女景華並得道，居易遷宫。《玉壺遐覽》

清虛王真人授南嶽魏夫人穀仙甘草丸方，告以服御之法。《上元寶經》

薛女真者，服餌，避世，居衡山尋真臺。每出行，常有黄鳥、白猿、白豹隨之。《西山群仙會真記》

楊隱女有仙術，以素綾剪小魚，沾水即活。《文苑真珠》

李筌至驪山下，逢一老姥，髽髻當頂，餘髮半垂，神狀甚異。謂筌曰：「吾受黄帝《陰符經》秘文已三元六周甲子。」筌稽首，問：「玄義盡得之？」俄失姥。《集仙録》

天后朝，有何氏女服雲母粉得道於羅浮山。《續南越志》

開元中，内人趙雲容問申元之延生之藥，元之與絳雪丹一粒，曰：「服此，死不壞，百年復生。」至元和末，雲容果再生。《高道傳》

介象入山，見一美女，被五采。象叩頭乞長生，女授丹方一通。《神仙傳》

〔一〕本條今本《真誥》未見，據《太平廣記》卷五十九「女仙四」，出自《集仙録》。

唐玄宗三女並從胡天師得仙。《仙鑑》

耿先生入宫，久之，宫中忽失太后所在，耿亦隱去，中外大駭。有告者云：「太后在方山寶華宫，與數道士酣飲。」亟命往迎之，道士皆誅死。《南唐書》

宋王太后雅信黄老，於陸元德執門徒之禮。《珠囊》

元姚真人妻蔡氏欲脱俗修真，夫曰：「汝既修真，吾何忍獨墜俗緣？」蔡氏曰：「修真不宜夫婦同處。」各建一庵於西城下，夫庵曰長生，妻庵曰長春。夫妻皆證道妙，時謂之雙修云。蔡號冲靜。《西湖遊覽志》

昭陽李夫人，名季嫻，遊心玄虚，托情道外。一字玄衣女子。《婦人集》 王西樵曰：「可對紅納道人。」

凡宫嬪習道者，俱於西苑齋宫演唱科儀。《野獲編》

仙經

瑶臺，西王母宫，《天真秘文》在其中。《後聖君列記》

《丹皇飛玄紫文》，西王母所寶秘，其旨隱奥。《龜山玄録》

西華玉女在仙都，守衛《藏天隱月之經》。《玉京集》

有玉女在太一紫房，侍衛《太丹隱書》。《太一帝君洞真元經》

《靈寶天書》封於大有之宮，西華玉女典衛之。《馬明生內傳》

太陰玉女侍衛《紫書上法》。《金根經》

《太梵隱語》，西母以授清虛真人王君。《內音玉字經》

西王母以元始天王在丹房中所設微言，敕侍笈玉女李慶孫書籙之以付帝。《漢武帝內傳》

西王母授魏夫人《玉清隱書》四卷。《登真隱訣》〔一〕

景林真授魏夫人《黄庭內景經》。一名《太上琴心》，一名《大帝金書》，一名《東華玉篇》。令晝夜誦之。《上清集》

王母授王子登《瓊華寶曜七晨素經》。《西王母傳》

西華靈妃甄幽簫賫成命之書，以雲瓊爲板，紫金刻之，授王君子登。《王君內傳》

王君子登，夫人之師也。王君命侍女華散條、李明甆開玉笈，出《太上寶文》三十一卷，手授夫人。是南極夫人之本經也。《南嶽魏夫人傳》

王母解《釋玄真金璫之經》授盈。《茅盈傳》

太和玉女以《隱文》授幼陽君。《高元經》

〔一〕本條出處有誤，應出自《茅君傳》。《太平御覽》卷六百七十八「道部二十」，此條作「又曰」，因上條內容頗長，翻查不易，故訛作又上條之出處《登真隱訣》。

《寶神經》，裴真君從紫微夫人受此書也。《清虛雜著》

魯女生采藥嵩山，有女仙付以《五嶽真形圖》。《魯女生別傳》

黃妃從九光靈童受《白帝真文》。《大行經》

上元夫人命侍女宋非辟出紫錦之囊，開緑金之笈，以《三元流珠經》、《丹景道精經》、《隱仙八術經》、《太極緑景經》凡四部以授茅君。《增彙侍兒小名録》

魏夫人齋於別寢，忽有真人來降，授夫人《八索隱書》，夫人拜而受之。《真仙通鑑》《詩雋》作「四真人」。

《上仙真籙》，紫元夫人傳南嶽夫人。《東鄉司命經》

西王母敕侍女李方明以《太霄隱書》傳茅君。《茅君內傳》

華陰士人乘月信步至一宮殿中，皆仙粧婦人。玉宇寶臺，上安玉匣，大標金字曰「長生籙」。《清異録》

荊南仙女五歲通《黃庭內外經》。《江陵志》

女真錢氏二姊妹，依陶隱居，誦《黃庭經》，即茅山燕洞也。至今有紫菖蒲、碧桃焉。其姊披白練衣，得道入洞。及女弟至，則户已扃矣。《詩話總龜》

薛元同者，馮徵妻也。嘗獨處，誦《黃庭經》，忽有二玉女降其室，言：「紫虛元君來。」元同焚香以候，元君果至，示元同《黃庭存修之旨》，又賜丹一粒，曰：「後八年吞之，當遣玉

女迎汝。」至期，玉女來迎，即沐浴飼丹而逝。彩雲滿空，群鶴翔集，異香浹旬不散。《集仙録》
唐人畫《李八百妹洗黄庭經圖》，萬山中一白衣婦人踞地臨溪，洗一本經。經之亮光燭天。《畫鑑》

乩仙

宋董無雙嘗請仙，有女仙降，運箕如縈。有句云：「燕子未來春寂寂，小窗和雨夢梨花。」又云：「東風吹過雙蝴蝶，人倚危樓第幾欄。」讀者皆愛其語雋。《女世説》
明馬鶴窗召乩仙，問曰：「有句云：『捧瑶觴南國佳人，一雙玉手。』久未有對。」即書云：「趺寶座西方大佛，丈六金身。」箕運如飛，後題「錢塘蘇小小」。《驪珠雜録》
乩仙何澹玉者，武陵妓，才色雙麗，年十八卒。毘陵莊生作别院，書武陵何澹玉神主，以炷香供之。他日，其紙爲旋風吹起，繚繞爐煙之上。視之，有小影焉，約掠湘鬟，翩躚舞袖，髣髴可圖也。《西堂秋夢録》
瑶宫花史何氏，小名月兒，明初山陽富家女也。年十六，獨在花下摘花，爲一書生所調，父母怒而謫之，遂赴水死。王母憐其幼敏，録爲散花仙史。作詩云：「片片落英飛羽客，翩翩獨向風前立。緩行徐過小橋東，只恐春衫香汗濕。」其標韻如此。癸未歲，予爲扶鸞之戲，得遇瑶宫花史。花史年少，放誕風流，既爲情死，眉黛間常有恨色。性善諧謔，既與予狎暱，嘲戲百出，一座閧堂。問以微詞挑之，輒不對，或亂以他語，久而憮然，不知情之一往而深也。寒夜嘗與予聯句，多作斷腸哀怨之語。予戲以尺素貽之，是夜遂夢花史冉冉而來，年可十八九，頭上百花髻，戴芙蓉冠，插瑟瑟鈿朵，着金縷單絲錦縠，銀泥五暈羅裙，鴛鴦襪，五色雲霞履。粧束雅淡，神姿艷發，顧盼娬媚，不可描畫。搴帷微笑，若有欲言。予驚呼而覺，但見殘紅明滅，紙窗風聲條條，若有彈指而泣者。《悔庵沙語》

泐庵大師現女人身，以佛法行冥事。余家設香花幡幢，敦延大師。問以亡女瓊章，師曰：「瑤娘向係月府侍書女也，名曰寒簧。因遊戲人間，故來君家。今仍歸緱山仙府。」隨爲遣使招之，少頃即至，題句云：「韓風瑟瑟女歸來，萬福尊前且節哀」二語即止，似哽咽不能成者。又作詩呈師，有「從今別却芙蓉主，永侍猊床沐下風」之句。云：「願從大師授記，不往仙府矣。」師云：「皈依必須受戒，受戒必須審戒。我今一一審汝。」師曰：「曾犯殺否？」女云：「曾犯。曾呼小玉除花虱，也遣輕紈壞蝶衣。」「曾犯盜否？」云：「曾犯。不知新緑誰家樹，怪底清簫何處聲。」「曾犯淫否？」云：「曾犯。晚鏡偷窺眉曲曲，春裙親繡鳥雙雙。」又審四口惡業，「曾妄言否？」云：「曾犯。自説前生歡喜地，詭云今坐辯才天。」「曾綺語否？」云：「曾犯。團香製就夫人字，鏤雪裝成幼婦詞。」「曾兩舌否？」云：「曾犯。對月意添愁喜句，拈花評出短長謠。」「曾惡口否？」云：「曾犯。生怕簾開譏燕子，爲憐花謝罵東風。」又審意三惡業，「曾犯貪否？」云：「曾犯。經營湘帙成千軸，辛苦鶯花滿一庭。」「曾犯嗔否？」云：「曾犯。怪他道藴敲枯硯，薄彼崔徽撲玉釵。」「曾犯痴否？」云：「曾犯。勉棄珠環收漢玉，戲捐粉合葬花魂。」師曰：「子固一綺語罪耳。」遂予之戒，名曰智斷，字絕際。今泐師無葉堂中稱絕禪師者，即瓊章也。《續窈聞》

奩史卷九十八

東吴王初桐于陽纂述
同里曹仁虎習庵校刊

仙佛門二

神

碧霞靈應宫，其神曰天仙玉女碧霞元君。《泰山志》

碧霞元君者，其説起於華山玉女洗頭盆，附會者因謂玉女爲王母第三女，又轉訛爲泰山。《宛委餘編》

《女仙録》曰：「碧霞元君本居西嶽，今爲泰山神。」世人多以碧霞元君爲泰山之女，後人曲引黄帝遣玉女之事以附會之，不知宋真宗當日所以褒封，固真以爲泰山之女也。《山東考古録》

泰山之女曰玉女大仙，即元君也。《增補搜神記》引《唐會要》

黄帝遣七女雲冠羽衣住泰山。其一即玉女。《瑶池編》

玉女姓金，名玉葉。漢明帝中元七年四月十八日生，年十四入天空山修道。天空山即泰山

也。《玉女經》

秦始皇登封，出玉女於岱宗之巔，因祀之爲神州老姥。《泰山小史》《岱史玉女傳》曰：「余觀《玉女考·玉女卷》，而知世謂玉女爲東嶽所生，化身爲觀音，又謂玉女親受帝册爲女青真人，永鎮泰山之説，皆大謬。」

泰山神女嫁爲西海神婦，每行，必以疾風暴雨。《博物志》

後漢胡母班嘗爲泰山府君致書於女婿河伯。《搜神記》

泰山之子曰至聖炳靈王，配永泰夫人。《增補搜神記》引《唐會要》

巫山神女廟石刻引《墉城記》：「瑶姬，西王母之女，稱雲華夫人。助禹有功，封妙用真人。」《吴船録》

巫山神女是王母第二十三女，爲雲華上宫夫人。嘗命其侍大翳、庚辰、童律、虞余等佐禹治水，有大功德於人。《蜀道驛程記》

巫山神女，天帝之季女，名曰瑶姬。《水經注》

赤帝女姚姬，未行而卒，葬於巫山之陽。李善《文選注》

楚襄王與宋玉遊於雲夢之野，將使宋玉賦高唐之事。望朝雲之館，上有雲氣，崒乎直上，忽而改容，須臾間變化無窮。王問宋玉曰：「此何氣也？」對曰：「昔者先王遊於高唐，怠而晝寐。夢一婦人，曖乎若雲，煥乎若星，將行未至，若浮如停。詳而視之，西施之形。王悦而問焉，曰：『我帝之季女也，名曰瑤姬。未行而亡，封巫山之臺，精魂依草，實爲靈芝。媚而服焉，則與夢期，所謂巫山之女，高唐之姬。同君遊於高唐，願薦枕席。』王因而幸之。」《襄陽耆舊傳》

自古言楚襄王夢與神女遇，以《楚辭》考之，似未然。《高唐賦序》云：「昔者先王嘗遊高唐，怠而晝寢，夢見一婦人曰：『妾巫山之女也，爲高唐之客。朝爲行雲，暮爲行雨。』故立廟爲朝雲廟。」其曰「先王嘗遊高唐」，則夢神女者懷王也，非襄王也。又《神女賦序》曰：「楚襄王與宋玉遊於雲夢之浦，使玉賦高唐之事。其夜，王寢，夢與神女遇。王異之，明日以白玉。玉曰：『其夢若何？』對曰：『晡夕之後，精神恍惚，若有所憙。見一婦人，狀甚奇異。』玉曰：『狀如何也？』王曰：『茂矣！美矣！諸好備矣；盛矣！麗矣！難測究矣。瓌姿瑋態，不可勝讚。』王曰：『若此盛矣，試爲寡人賦之。』」以文考之，所云「茂矣」至「不可勝讚」云云，皆王之言也。宋玉稱嘆之可也，不當却云：「王曰：『若此盛矣，試爲寡人賦之。』」又曰：「明日以白玉。」人君與其臣語，不當稱「白」。又其賦曰：「他人莫覩，玉覽其狀，望余惟而延視兮，若流波之將瀾。」若宋玉代王賦之若玉之自言者，則不當自云「他人莫覩，玉覽其狀」。既稱「玉覽其狀」，即是宋玉之言也，又不知稱余者誰也。以此考之，則「其夜王寢，夢與神女遇」者，「王」字乃「玉」字耳。「明日以白玉」者，白王也。「王」與「玉」字誤書之耳。前日夢神女者，懷王也。其夜夢神女者，宋玉也。襄王無預焉，從來枉受其名耳。《夢溪

筆談》

巫峽中神女廟，神像幽閑，婉嫿可觀。《漁洋詩話》

巫山神女廟，其像坐帳中，秘不可觀。馮沆之子過廟，褰帷，見神女目動，歸時頭痛而卒。《孫公談圃》

吳簡言《題巫山神女廟》云：「惆悵巫娥事不平，當時一夢是虛成。只因宋玉閑唇吻，流盡巴江洗不清。」是夕夢神女來見，曰：「君詩雅正，當以順風相謝。」明日解纜果然。《汀州府志》

有請箕仙者，得巫山神女，或戲問曰：「傳聞仙娥與襄王有情，是否？」箕解曰：「妾與襄王豈有情，如何枉被此虛名？只因宋玉多讒謗，萬里長江洗不清。」《北山詩話》

荆浩有《楚襄王遇神女圖》。《宣和畫譜》

則天封神嶽靈妃爲天聖皇后。《嵩嶽志》

任生隱嵩山，夜有一女子來，曰：「冥數合與子爲姻。」遂開簾而入，可二十許，冶容艷美，二青衣侍前，就案書一詩。云：「我本籍上清，謫居遊五嶽。以君無俗慮，來勸神仙學。」生疑妖怪，不納。女子出門，冉冉飛雲而去。數月，任大病，爲黃衣攝去。行十里，忽見幢節不絕，有女仙乘翠輦，侍從數千人，笑曰：「嵩山薄命漢，汝數盡，更與三年。」生果三年卒。後詩爲雷電取去。《盧肇遺史》

開元初，華嶽廟前一婦人容色慘悴，云是華嶽第三新婦。《華山志》

李湜謁華嶽廟，遇三夫人，邀入寶帳中。三夫人迭與結歡，歡罷而別。謂湜曰：「每年七月七日至十二日，嶽神上天，至期相迎，勿辭。」明年是日，湜復遇三夫人，敘離異則淚出，論新歡則情洽。《廣異記》

韋子卿舉孝廉，至華陰廟。飲酣，遊三女院，見其姝麗，曰：「我擢第回，當娶三娘子爲妻。」其春登第，歸次渭北，見美麗夫人，金章紫綬，遂就禮焉。後二十日，韋曰：「可返矣。」妻曰：「我乃神女，固非君匹。君到宋州，刺史必嫁女與君，但娶之。勿洩吾事。」子卿至宋州，刺史果以女妻之。有道士妙解符禁，謂韋身有妖氣。韋乃具道本末，道士飛符追神女杖之。子卿忽見神女，曰：「囑君勿洩，今禍相及。」叱左右拽子卿捶之，遂卒。《睽車志》〔一〕

湘夫人者，帝堯女也。秦始王浮江至湘山，逢大風，問：「湘君何神？」博士曰：「堯二女，舜妃也。」《河圖玉版》

舜死蒼梧，二妃死江湘之間，俗謂之「湘君」。劉向《列女傳》

舜二妃死，爲湘水神，謂之「湘妃」。《湘中記》

《楚辭·湘君》、《湘夫人》亦謂湘水之神有后有夫人也，初不言舜之二妃，《山海經》：

〔一〕本條出處有誤，今本《睽車志》未見，應出自《異聞總録》卷二。

「洞庭之山，帝之二女居之。」郭璞注曰：「天帝之二女，處江爲神，即《列女傳》『江妃二女』也，《九歌》所謂湘夫人稱『帝子』者是也。」王逸《章句》始以湘君爲水神，湘夫人爲二妃。鄭司農亦以舜妃爲湘君。按湘君、湘夫人自是二神。《禮記》：「舜葬蒼梧，二妃不從。」安得以湘君、湘夫人爲堯二女耶？《日知録》

《九歌》既有湘君，又有湘夫人。蓋堯之長女娥皇爲舜正妃，故曰君，其次女女英自宜稱曰夫人也。故《九歌》謂娥皇爲君，女英爲帝子。各以其盛者推言之也。湘君、湘夫人自是舜二妃。《琴操》有《湘妃怨》、《湘夫人曲》。《楚辭餘論》

李群玉經二妃廟，恍若二女郎立前，曰：「兒即娥皇、女英。二年，當與君爲雲雨之遊。」俄而影滅。二年後，果死於洪。《玉泉子聞見真録》

癸比氏，舜第三妃。二女者，癸比氏出，曰宵明、曰燭光。《山海經》言「洞庭之山，帝之二女居之」是也。《湘煙録》

伏羲之女溺洛而死，爲洛水之神。《漢書音義》

伏羲妃殞洛，是爲洛神，即所謂虙妃也。《路史》

羿夢與洛水虙妃交，故《天問》曰：「妻彼洛濱。」《黄秉石書奕》

或傳曹植《洛神賦》初名《感甄賦》，明帝改名「洛神」。愚意不然。子桓猜忌，子建敢斥名賦之乎？蓋子建師法屈、宋，此直摹宋玉《神女賦》耳。姜宸英《湛園集》

太和中，蕭曠夜憩於雙美亭。月下見一美人在洛水之上，漸相逼。揖而問之，曰：「洛水神女也。」俄又有一女至，曰織綃。與曠問答良久，遂命左右傳觴彈琴。繾綣永夕，黎明相散。《芥隱筆記》

天妃姓林氏，能乘席渡海，人呼龍女，後昇化。《閩書》

天妃世居莆之湄州嶼。閩王時，巡檢林願之第六女，生於宋元祐八年，以雍熙四年昇化。厥後嘗衣朱衣飛翻海上，里人祠之。《東西洋考》

南海女神靈惠夫人，至元中加封天妃。《元史·祭祀志》

路允迪使高麗，八舟溺其七，見天妃朱衣坐桅上，舟藉以安。歸，聞於朝，賜祠，額名「順濟」。《使琉球雜録》

有洋船素奉天妃娘娘，偶失風，飄至一島，岸沙皆金，同舟者鑿取之。俄見山頂一金甲人舞劍而來。舟人大懼，共拜呼娘娘求救。忽天妃降一客，言曰：「金山神爲禍，我當救汝。」即持槍登檣杪，與神拒敵，神不能勝而去。其客從檣端墮下，身無所損。《述異記》

天妃姓蔡，猴嶼人，爲父投海身亡，後封天妃。《使琉球紀》

青琴，古神女也。《司馬相如傳》注

東海夫人，姓朱，名隱娥。《龍魚河圖》

郝姑，字女君。魏青龍中，與鄰女遊水邊，有青衣童子至前，云：「東海公娶女君爲婦。」

言訖，見茵褥於水上，女君行水上若陸地。隣女走告家人，家人至，女君遥語曰：「幸得水仙，願勿憂怖。」後立祠祀之。《莫州圖經》

東海廟中神妃，相傳爲東海廣德王第七女。《魯漢島記》

南海夫人，姓翳，名逸寥。《龍魚河圖》

南海夫人，名欝寥，皇祐初封明順夫人。《廣東通志》

西海夫人，姓靈，名素蘭。《龍魚河圖》

西海夫人，名巨乘。《敘古蒙求》

北海夫人，姓結，名連翹。《龍魚河圖》

北海夫人，名禺強。《海防纂要》

于闐國王祀龍水際，一女子凌波來，拜曰：「願得大臣爲夫。」有大臣請行，入水不溺，中河而没。《酉陽雜俎》

海龍王諸女及姨姊妹六七人過歸洞庭，宿於洪、饒間。有許漢陽者，爲龍女所邀，歡飲大閣上。閣前有大池，池上有大樹。方對酒，一青衣捧一鳥如鸚鵡，置飲前欄干上。叫一聲，樹上花一時開。每花中有美人，長三寸餘，婉麗之姿，掣曳之服，各稱其質。諸樂絃管盡備。龍女舉酒，衆樂具作，蕭蕭泠泠，非人間所聞。及飲畢，樹花片片落池中，人亦落，便失所在。《續虞初志》

張孝和被酒入龍女祠，取桐葉寫詩兩句，云：「我是夢中傳彩筆，欲書花葉寄朝雲。」投於帳中而去。一旦獨至其祠，忽簾中有婦人邀而置酒，贈孝和詩曰：「落帆且泊小沙灘，霜月無波淮上寒。若問江湖得消息，爲傳風水到長安。」孝和告去，行數十步，忽小女奴叫曰：「娘子令還桐葉，勿復置念。」孝和得之，回顧，惟古祠敗舍而已。《詩話總龜》

「簾捲曲欄獨倚，山展暮天無際。淚眼不曾晴，家在吴頭楚尾。數點雪花亂委，撲漉沙鷗驚起。詩句欲成時，没入蒼煙叢裏。」黄魯直登荆州亭，柱間有此詞。夜夢女子云：「有感而作。」魯直驚悟曰：「此必吴城小龍女也。」《冷齋夜話》〔一〕

杭都酒肆有道人攜烏衣椎結女子，買斗酒獨飲，女子歌以侑之，非人世語。有道士聞之，驚曰：「此赤城韓夫人所製《法駕導引》也。」烏衣女蓋龍云。《無住詞》

涇州有善女湫祠，曰九娘子神。周寶在鎮日，夢九娘子曰：「妾普濟王第九女也。笄年配於石龍少子。良人殘虐，天譴絶嗣，惟妾獲免。父母抑遣再行，妾終違命，屏居兹土。近年爲朝那小龍潛行禮聘，家君縱兵相逼，妾率家童逆戰，衆寡不敵，幸君少假兵鋒挫彼凶狂。」寶許諾。

〔一〕本條《冷齋夜話》未見，出處不詳。《詞綜》、《詞譜》等書收録此條，俱作「引自《冷齋夜話》」。然據張思巖《詞林紀事》：「考《冷齋夜話》，並無此記載。」中華書局本《冷齋夜話》據《若溪漁隱叢話》前集卷五十八补入，實未見張思巖之語，蓋誤也。

及瘖，遣兵士戍於湫廟側。《靈應傳》

河伯夫人，姓馮，名夷。《龍魚河圖》《聖賢塚墓記》曰：「馮夷，河伯也。」《清冷傳》同。

古樂府《青溪小姑曲》云：「開門白水，側近橋梁。小姑所居，獨處無郎。」李義山詩：「小姑居處本無郎。」《升庵詩話》

小姑，蔣子文第三妹也。《異苑》

太元中，沙門竺曇遂年二十餘，白皙端正。嘗入清溪廟中，歸，夢一婦人來，語云：「君當作我廟中神。」曇遂問婦人是誰？云：「青溪小姑也。」未幾卒。《續搜神記》

蔡可宗過鄱陽湖，題小姑廟詩有狎語。其夜，岸上巡役見有冠帔者立船頭，疑爲夫人翫月。詰朝開船，大風陡發，闔家俱没。蓋小姑作祟也。《金玉新書》

禹治水畢，天賜神女聖姑。《禮樂緯》

禹妾娶於天，曰聖姑。《宛委餘編》

少室山有阿姨神。阿姨，少姨也，啓母之妹。武后封爲玉京太后金闕夫人。《洞淵集》

陽翟夫人，即啓母也，少姨夫人妹。《玉壺遐覽》

朱敖至少姨廟下，時盛暑，見緑袍女子，年十五六，姿色甚麗。問之，笑而不言，走入廟中。敖入廟，不見有人，惟見壁上畫緑袍女子，乃途中所覩者。《壑瓠餘集》

息夫人廟在桃花洞，稱桃花夫人。《蘧廬詩集》

杜牧有《題桃花夫人廟》詩，自注云：「即息夫人。」《許彦周詩話》〔一〕

范蠡女稱武陵娘子，蠡山有武陵娘子祠。《常德府志》

上起柏梁臺以處神君。神君者，長陵女子也，死而有靈。初霍去病微時，神君見形，欲與去病交接，去病不肯。及疾篤，上令禱於神君。神君曰：「霍將軍精氣少，壽命不長，吾嘗欲以太一精補之。今病必死，不可救也。」去病竟薨。《漢武故事》

成都府學有神曰菊花仙。相傳爲漢宮女，在漢宮領菊花酒者。《夷堅辛志》

漢文翁石室壁間畫一婦人，手持菊花，號菊花娘子。乞夢者頗有靈異。《巳瘧編》

漢張金華女麗英，生稟瑞相。年十五入山，得道。長沙王吳芮聞而聘焉，麗英紿曰：「山有石室，中通洞天，若能鑿之，當相見也。」芮大發兵攻擊，既通，見女乘紫雲在半空，曰：「吾爲金星之精，降治此山。」言訖不見。《金精山記》

魏濟北從事掾絃超，嘉平中，夜夢有神女來，自稱天上玉女，姓成公，字智瓊。天帝遣令下嫁從夫，如是三四夕。一日，顯然來遊，駕輜軿車，從八婢，服綾羅綺繡之衣，狀若飛仙。車上有壺、榼、青白琉璃五具。異饌醴酒，與超共飲，遂爲夫婦。經七八年，惟超見之，他人但聞其聲，

〔一〕本條出處不確。《許彦周詩話》雖引杜詩，并謂「此詩爲二十八字史論」，然無自注云云。宋何汶《竹莊詩話》卷十三在此注後復引《許彦周詩話》，恐由此而誤抄。

不覩其形。後超漏泄其事，玉女遂求去。云：「我神人也，不願人知。而君性疏漏，我今本來已露，不可復留。積年交結，一旦分别，豈不愴恨。」因呼侍御發簏，取織成裙衫兩副遺超，並贈詩一首。把臂告辭，涕泣流離，肅然升車，去若飛迅。去後五年，超奉使至洛，到濟北魚山下，陌上西行，遥望曲道頭有一車馬似智瓊。馳驅前至，果是也。遂披帷相見，悲喜交切。同乘至洛，遂爲室家，克復舊好。至太康中猶在。張茂先爲之作《神女賦》。《天上玉女記》

京兆韋安道早至慈惠里，有兵仗如帝者之衛，飛傘玲瓏，又如玉女之飾。後騎一宫監，指里之西門曰：「公自此去，當知矣。」安道如其言，扣户，有朱衣吏出曰：「后土夫人相候已久。」引至一大城，衛從羅立殿中，微聞環珮之聲。宫監曰：「夫人與公冥數合爲匹偶。」引入對坐。須臾進饌，樂人奏雙合鳳曲，於是儐相引安道入帳成親。夫人尚處子也。明日，夫人被法服，居大殿，召天下國王悉至。最後一人云是大羅天女。視之，乃天后也。夫人向天后言曰：「乞與安道錢五百萬、官五品而歸。」《異聞總録》

后土夫人廟，塑一緑衣少年於夫人帳中，謂之「韋郎」。《廣陵妖亂志》

唐古田縣陳氏女没，多靈異，封順懿夫人。《福州府志》

蘆臺有聖母廟。五代時，幽燕鹽絶，忽有姥語人曰：「此地可煮土成鹽。」遂教以煮之法，俄失所在。《寶坻舊志》

韓魏公居齊安安國寺，恒有二女子夜至，容狀麗甚，公恬不爲怪。及去，二女告曰：「妾非

人非仙，遊處再歲，而言不及亂。公德士也。」薛季宣《二女篇序》

屈原死，二女亦投江，郡人以五日迎神。《齊安記》

秦武陵令羅君溺水，其女尋父屍不獲，遂赴水死。邦人祀之，謂之羅娘廟。元豐中，封孝烈靈妃。《岳陽風土記》

魯山縣有祠曰女靈觀，其像獨一女子。祠堂後怪石數畝，上擢三峰，皆十餘丈。詢之老人，云：「大中初，暴風驟雨，忽有此山。其神見形於樵蘇者。曰：『吾商於之女也。帝命有此百里之境。可告鄉里爲吾立祠於山前。山亦吾所持來者。』鄉人遂建祠祀之。」《三水小牘》

皋亭山有娘娘廟，其神姓倪。南宋時，兀朮兵至，倪自盡。韓蘄王夢倪氏云：「受上帝之憐，證神於此。詰朝，願助王威。」王臨陣，有神鴉蔽天，鼓翼飛砂，敵騎目迷而敗。韓表其異，因加敕封。《湖壖雜記》

撒沙夫人，相傳撒沙退敵，封護國夫人。《樊榭山房集》

陳純遊桃源，糧盡困臥。忽見水流巨花片，純取食之，因覺身輕，行步愈快。忽遇青衣曰：「此三源夫人之地，上府玉源，中府靈源，下府桃源。後中秋三仙將會於此，君可待之。」至其夕，見水際臺閣相望，有仙童召純，純即往。見三夫人坐絳殿上，衆樂並作。玉源請純登殿，敘禮畢，引純西臺翫月。於是三夫人各吟和，純和曰：「秋靜夜尤靜，月圓人便圓。」玉源笑曰：「書生便敢亂生意思。」純曰：「和韻偶然耳。」玉源曰：「天數會合，必非偶然。」遂伸繾

綣。將曉，同舟而至玉源之宫。《詩話總龜》

李珦，字溫叔，都官之幼女也。八歲能詩。後溺舟於三山磯下，三日屍忽出水中。土人異之，爲立廟。熙寧間，張芝過其廟，見一婦人，謂之曰：「妾溺此時，水官令賦詩及校《九江會源録》。一夕而畢，水官大悦，令江神出屍顯靈，血食於此。」《翰墨名談》

揭曼碩未達時，多遊湖湘間。一日，泊舟江涘。夜二鼓，攬衣露坐，仰視明月如畫。忽中流一櫂，漸近舟側，有素粧女子斂衽而起，容儀甚清雅。揭問曰：「汝何人？」答曰：「妾商婦也。良人久不歸，聞君遠來，故相迎耳。」因與談論，皆世外恍惚事。且云：「妾與君有夙緣，非同人間之淫奔者，幸勿見却。」揭深異之。迨曉，戀戀不忍去。臨别，謂揭曰：「君大富貴人也，亦宜自重。」因留詩曰：「盤塘江上是奴家，郎若閑時來吃茶。黄土築牆茅蓋屋，庭前一樹紫荆花。」明日，舟阻風，上岸沽酒。問其地，即盤塘鎮。行數步，見一水仙祠，牆垣皆黄土，中庭紫荆芬然。及登殿，所設像與夜中女子無異。《輟耕録》

陳景著元宵觀燈，道逢女鬟執絳紗燈迎於道左。景著惑之，隨以往，至烏石山頂神女廟。有盛飾女郎候於廟門，見而叱鬟曰：「此陳探花也，何乃挈至此。」燈遂滅，女亦不見。永樂中，陳果探花及第。《湖海搜奇》

甘州山洞中有一立化神女，上無所繫，下去地尺。其旁有屠者，蹲踞而化。云初屠者日見一女子買猪肝三片，疑之，乃微踪其往。至山洞中，屠者就見。女爲説法，因各化去，皆真身也。《二

酉委譚》

女子杜姜左道通神，縣以爲妖，閉獄桎梏，變形，莫知所極。以其處爲廟，號東陵聖母。《洽聞記》

聖母海陵人，適杜氏，師劉綱學仙術。道成，夫不之信，告官拘之。聖母從窗中飛出，高入雲中。《一統志》

莘七娘，五代人，從夫征討，夫歿於明溪鄉，鄉人搆室祀之。端平間，調塞兵戍建康，聞廟中鉦鼓喧騰。迨兵回，言是日與敵會戰，有神兵陰助克之。上聞，賜廟額「顯應」，封惠利夫人，加福順夫人。《八閩志》

半山七娘子廟，崇善王妹也。《咸淳臨安志》

吳生艤舟望亭，忽有緋衣披髮持刃自竹林間出者，後一女子冠玉鳳冠，曳蛟綃文錦之衣，顔色甚麗，年十八九。至而叱之，緋衣者泣拜去。女子謂生曰：「緋衣者，君之夙仇也，索君且數十年矣，今方得之，以我得免。」生驚駭，女子以金縷衣置肩上，生稍安。問曰：「若神歟？其鬼耶？」女子曰：「我金華神也。」《金華神記》

梁陳志年八十，獨有一女。志卒，女哀毁亦卒。鄉人立像於龍華寺，南漢封福昌夫人。《惠大記》

紫霄巖有二女神，號石真妃，羅源石氏女也。姊曰月華，妹曰雪英。五季末，處州青巾賊作亂，二女投河死。宋時，林孝子顥孫入山遇二女，明粧儼然。謂顥孫曰：「吾石氏，遭難而死，上帝憫吾貞烈，敕吾爲火部曜靈真妃，吾妹爲水部風纛真妃，封此巖爲紫霄巖，命吾主之。」《涉

異志》

澱湖山上有三姑廟。有漁舟艤湖口，一婦人附舟云：「欲到澱山寺。」及抵岸，婦人直入寺去，舟中止遺一履。漁人執履往索渡錢，但見三姑神左足無履，坐傍百錢在焉。《括異志》

相傳三姑爲秦人邢氏之女，孟曰降聖，仲曰月華，季曰雲鶴，能役鬼工以治泖湖。《名勝志》

秦時邢氏有三姑，長曰雲鶴夫人，主沈湖；次曰月華夫人，主柘湖；季曰降聖夫人，主澱湖。何松年《會靈祠記》

聖姑，蓋陸氏女，今號惠威夫人。《吴郡諸山録》

洞庭山聖姑寺中有聖姑棺。聖姑死已數百年，貌如生。遠近求賽，歲獻衣服粧粉不絶。《辨疑志》

金姑娘娘，號驅蝗使者。凡有蝗之處，書金姑娘娘位號，揭竿祭賽，蝗即去。崇禎中，有金姑娘娘紙馬。《書隱叢記》

會稽梅姑祠神，故馬姓，未嫁而夫死，矢志不醮，亦卒。里人祀之，謂之梅姑。有金生者經其廟，夜夢姑招之，云願爲夫婦，醒而惡之。是夜，居人夢梅姑曰：「金生今爲吾婿，宜塑其像。」詰旦，村人語夢悉同，遂肖像於左，呼爲金姑夫。像成而金生死。《聊齋志異》

陳悝於江邊作魚簄。潮去，於簄中得一女人，有容色，無衣服，水去不能動，卧沙中，與語不應。人有就辱之。潮來，仍隨水去。悝夜夢云：「我是江黄，偶落君簄。小人見淩，當白尊神

殺之。」奸者尋病死。祖台之《志怪》

漢祀行神西陵氏，黄帝元妃也。殞於道，式祀於行。《路史》

黄帝元妃嫘祖死於道旁，祭之以爲祖神。令次妃嫫母監護之，因以嫫母爲方相氏。《宛委餘編》

禾穀夫人，后稷母姜嫄也，香山村落皆祀之。《廣東通志》

遵化縣民康小二，爲官鑄鐵不鎔。康有二女，恐父獲罪，俱祝天投入冶中，鐵應時熔，共見二女隨煙焰上昇。事聞，敕爲金、火二仙姑，至今鐵冶祀之。《燕山叢録》

井神，名觀，狀如美女，好吹簫。《白澤圖》

少昊母皇蛾璇宫之側有井，曰盤靈。白帝之子與皇蛾宴於宫，帝子命江妃歌冲景旋歸之曲，盤靈之神吹簫以和之，故至今號井神曰吹簫女子。《奚囊橘柚》

竈神婦，姓王，名博頰。《五經異義》

竈神夫人，字卿忌。《酉陽雜俎》

李貞伯婢半夜秉燭入爨室，有二皂隸執婢，欲撻之，婢固推拒。久之，竈後一婦人出，莊嚴珍麗，狀若貴嬪，徐徐而坐，命二皂釋之。祝允明《語怪》

天台王某常祭厠神。一日，見黄衣女子，云：「某厠神也。君聞螻蟻言否？」曰：「不聞。」遂於懷中取小盒子，以指點少膏塗其右耳下，戒之曰：「或見蟻子群，側耳聽之，必有所

得。」明旦，見群蟻，聽之，果聞語云：「其下有寶。」尋之，獲白金十錠。《葆光録》

坑三姑之神，姓何，名媚，字麗卿，萊陽人。壽陽李景納爲妾，其妻妒之，於正月十五日陰殺之厠中。天帝憐之，封爲厠神。《脈望》

《時鏡新書》引《洞覽》曰：「帝嚳女將死，云正月十五日可以見迎。」即今之紫姑神也。《事物紀原》

紫姑本人家妾，爲大婦所逐，正月十五日感激而死，故世人作其形於厠以迎之。咒云：「子胥不在，曹夫人已行，小姑可出。」子胥，婿也。曹夫人，姑也。《異苑》

正月望日，其夕迎紫姑神以卜。捉者覺重，便是神來。奠設酒果，能占衆事，及將來蠶桑。《荆楚歲時記》

紫姑何麗卿，俗呼爲三姑。《顯異録》

紫姑今謂之大仙，俗名筲箕姑。《石湖居士集》

紫姑，厠神也。金陵有致其神者，問三姑姓，即畫粉爲字，曰：「姓竺，《南史》竺法明乃吾祖也。」《談苑》

紫姑神能作詩，一士人家請之，請作雨詩，頃刻滿紙。其警句云：「簾捲滕王閣，盆翻白帝城。」《許彦周詩話》

有女仙降於廣州，賦詩立成，或以紫姑疑之。《仇池筆記》

禾俗，婦女祀灰七姑，即紫姑之遺。《吴興記》

七夕，養女之家供七姑神，招女伴唱歌。《石泉縣志》

正月望夜，婦女束草人，紙粉面，首帕衫裙，號稱姑娘，兩童女掖之。三祝而神躍躍，拜不已。《帝京景物略》

琉球國奉神，以婦人爲尸，名女君。《外國竹枝詞》注

奩史卷九十九

東吴王初桐于陽纂述
嘉興張慶元夢髯校刊

仙佛門三

鬼

晉王彪之少失母，嘗獨坐齋中，忽見母，謂彪之曰：「汝方有奇厄，若能東行出千里，三年，乃可免災。」忽不見。彪之遂往會稽，三年乃歸。復見母謂曰：「汝當位列台司，年踰八十。」後皆如母言。《幽明録》

永和中，有人日暮寄宿草屋，屋中惟一女子居之。一更後，門外有小兒呼曰：「阿香，官喚汝推雷車。」女即去。夜半大雷雨，明朝視宿處，乃大塚也。《搜神記》〔一〕

楊國忠專權，忽有婦人自投其宅，面斥國忠之奢淫諂媚。國忠怒，命斬之。婦人忽自滅，須

〔一〕本條出處不確。晉干寶《搜神記》未見，當出自題東晉陶潛《搜神後記》卷五。

臾又復立前。國忠曰：「是何妖也？」婦人曰：「我實惜高祖、太宗之社稷將被匹夫傾覆耳。」言訖不見。《瀟湘録》

王軒遊苧蘿山，問西施遺跡。忽見一女子素衣瓊珮而出，乃西子也。與軒期來日會於水濱。翌日軒往，西子已在焉。自是留逾月乃歸。《翰府名談》

牛僧孺暮過鳴皋山下，夜月始出。忽聞異香，遙見火明。驅至一宅，有黄衣人問姓氏，僧孺告之，黄衣入，少時出曰：「請郎君入。」拜殿下，簾中語曰：「妾漢文帝母薄太后也。」太后遣軸簾，使上殿，召坐食。頃，太后命高祖戚夫人、元帝王嬙、唐太真楊妃、齊潘妃出，僧孺皆拜，乃就坐，命饌命酒，各賦詩。僧孺應教，作詩曰：「香風引上大羅天，月地雲階拜洞仙。具道人間惆悵事，不知今夕是何年。」太后曰：「秀才遠來，今夕誰伴？」戚夫人先起辭曰：「如意成長。」潘妃曰：「東昏侯誓不負他。」緑珠曰：「石衛尉嚴忌。」太后曰：「太真，今朝先帝貴妃，重言其他。」太后目王昭君，昭君不對，低眉羞恨。俄，歸休，僧孺爲左右送入昭君院。旦，侍人告起，太后、戚夫人、昭君等皆泣別。僧孺歸，衣上香經十餘日不歇。《周秦行記》

會昌中，顧濬遊瓦棺閣，遇二美人，邀濬歸舍。問其姓氏，曰：「陳朝張貴妃、孔貴嬪。」所談皆陳朝故事。遂命觴洽飲。又從傍一美人，姓趙名幼芳。三美人各吟詩，濬亦和之。因留共寢，雞鳴而別。明日，濬踪之，則陳朝宫人墓也。《煙粉靈怪》

番禺鄭僕射嘗遊湘中，宿於驛樓，夜遇女子誦詩云：「紅樹醉秋色，碧溪彈夜弦。佳期不可

再，風雨杳如年。」頃刻不見。《樹萱録》

李西美帥成都，月夜有危髻古衣裳婦人數輩，語笑花圃中。有甚麗者誦詩云：「舊時衣服盡雲霞，不到迎仙不是家。今日樓臺渾不識，只餘古木記宣華。」忽不見。今府第故蜀宮，豈當時宮女尚有鬼耶？《成都文類》《邵氏聞見後録》載有第二首云：「小雨廉纖梅子黄，晚雲收盡月侵廊。樹陰把酒不成醉，何處無情枉斷腸。」

晁紫芝遊安吉碧蘭堂，暮見水面一好女子，手捧蓮葉，足履苹草而來。晁叱之，女子自若，且行且吟。云：「水天日暮風無力，斷雲影裏蘆花色。折得荷花水上遊，兩鬢蕭蕭玉釵直。」吟畢，由東岸而去。《異聞記》

寶應民有會客者，酒半，客一人出門，徑赴水。主人追而急持之，客曰：「有婦人以詩招我。其辭云：『長橋直下有蘭舟，破月衝煙任意遊。金玉滿堂何所用，爭如年少去來休。』倉皇就之，不知其爲水也。」《復齋漫録》張君房《脞説》：「謝朏寓居寶應，晚至縣橋，見女郎自舟中出，曰：『妾楚小波也。』懷中出詩」云云。

濠州林森讀書村野。一夕，窗下有人呼，其音則女子也。森望其容儀甚美，啓户納之。女曰：「吾是南鄰王知縣女。先人已没，有遺文在此。嘉君苦學，故令我嫁君。以室女之身，自媒自獻，用是不欲白晝來。」因出一紙書示林，乃其父手澤也。森年少介處，喜於得配，遂留共寢。自是往來踰年，生一子，森因拊嬰孩謂女曰：「我既爲汝家婿，而不一到汝居宅，盍偕往乎？」女不可，森始疑焉。訪於近鄰，問王知縣宅安在？皆曰不在，惟有女葬南岡上，今二十年矣。森拉其人詣墓次，見一竅如鼠穴，穿徹於中。懼而歸舍，女臥床上，撼之覺，且以所見扣之，默無一語，若有愧容，挾兒徑出。森買酒奠其墓，且以石窒穴，自爾絕跡。《夷堅志》

大定中，李維清與鬼婦故宋宫人玉真者遇。玉真歌云：「皓齒明眸掩路塵，落花流水幾經春。人間天上歸無處，且作陽臺夢裏人。」《續夷堅志》

延祐初，滕穆遊聚景園。時宋亡已四十年，園中惟瑤津軒獨在。生至軒下少憩，俄見一美人先行，一侍女隨之，風鬟雲鬢，綽約多姿，望之殆若神仙。問其姓名，曰：「妾乃芳華，姓衛，故宋理宗朝宫人。年二十四而歿，殯此園之側。今晚因往演福堂訪賈妃，蒙延坐，久不覺，歸遲，致郎君於此久待。」即命侍女曰翹翹可於舍中取裀席酒果來，因與生談謔笑詠。生以微詞挑之，即起謝，攜手而入，假寢軒下。將旦，揮涕而別。至晝往訪，於園側果有宋宫人衛芳華之墓。左右一小丘，即翹翹所葬也。《采真集》與《西湖遊覽志》互異。

蘧兒子碩送客餘杭，於步伍亭壁後得淡墨書數行。「夜臺夜復夜，東山東復東。當時九龍月，今日白楊風。」筆跡遒媚，後題云「李媛書」，似非世人所作。後有荒冢，必是鬼。《春渚紀聞》

太祖微行，見一婦大笑，問之，曰：「吾夫爲忠臣，吾子爲孝子，吾所以喜而笑也。」太祖曰：「汝夫爲誰？」婦人曰：「晉卞壼也。」《已瘧編》

孫仲衍夜宿西湖棲禪寺。南有朝雲墓，仲衍俳佪憑吊，凄然冥感。忽見一倩粧女子，有侍婢挑燈先導。仲衍竊隨之，倏然不見，惟見月映長廊，字跡滿壁。諦視之，得集古律詩數首。是夜夢女子，自稱蘇長公妾朝雲，與仲衍歌集古詩，鄭重囑付而去。《煙霞小説》

鄒生遊會稽，投宿華屋。見一少年美人，問生姓名，呼侍妾設酒以待，二美姬執檀板歌以侑酒。生起問曰：「仙娃閥閱何郡，郎君何人？」美人曰：「妾姓花，名麗卿。先夫趙禥，表字咸淳，與妾爲夫婦十年而卒。今寡居，誓若有人能詠四季宫詞稱妾意者，即與成婚。」生濡筆立成，美人曰：「佳作也，願托終身。」遂入室就寢，極盡綢繆，自是將一年。忽一日，美人對生淚下，云：「本欲與君偕老，不料上天降罰，今夕盡此一歡，明朝永别。」及明，美人急促生行。未數里，忽雷雨交作，火光遍天。生復往其處視之，則華屋美人不知所在，惟有一古墓，枯骨交加，震碎流血。生大恐懼，問諸鄉人，云：「此處聞有花麗卿者，乃宋度宗妃，墓在山側。」生因憶「趙禥」即度宗諱，「咸淳」其紀年也。《東齋紀事》

慕容嵓卿妻嘗作一詞，云：「滿目江山憶舊遊，汀洲花草弄春柔。長亭艤住木蘭舟。好夢易隨流水去，芳心空逐曉雲愁，行人莫上望京樓。」及卒，瘞於雍熙寺。每深夜月明，常有婦人往來廊廡間歌是詞。或聞而録之，嵓卿一見，驚曰：「此予亡妻詞也。」《吴中紀事》

王漢雯舍館於南張橋沈氏之宅。宅西書屋，水竹繞之。静夜無人，生坐吹簫。良久，有婦人從竹林出通情款，遂薦枕席。經月餘，語生曰：「妾冤鬼也。」因訴冤狀，請生雪之。生大懼，

辭歸。《本事詩》

倪昇假讀僧舍，壁間忽闢雙扉，一少女態貌整秀，真神仙中人也，昇遂援之宿。後昇父察其妖，召禪師啓土，一棺中女子，面色如生。《摭遺新説》

賈人妻娠而殞，瘞之。有鬻餅者，每晨開門，即見一婦人把錢俟。店人問之，婦人愴然曰：「飢兒無乳，急於啖兒耳。」店人投錢於筒，暮必獲一紙錢，疑焉。明旦，取錢悉投水甕中，婦錢浮。怪而跡之，至小塚而没。白官，啓塚，見棺中兒手持餅啖，作投懷狀。官憐之，馳召其父攜歸。及長，或詢及幽産，輒哭。《古今文繪》《南壁閑居録》曰「姑蘇事」。

一民婦孕將娩，暴卒。既葬，一日其夫從市歸，見婦人攜竹筐前走，衣飾舉止，悉如其妻。尾其後，婦人直趨葬所，忽不見。啓而視之，棺已開矣，見坐櫬中，旁有竹筐貯餺飥，如初飼兒口中者。捫其妻，則無生氣。乃闔棺，仍瘞之，取子以歸。《居易録》

淮妓嚴楚楚嫁鹽商，隨商泛舟泗上。商偶他適，楚楚月夜倚篷歌陳後主《後庭花》曲。未終，岸上有婦人撫掌誦云：「商女不知亡國恨，隔江猶唱後庭花。」長嗟入林間不見。明日夫歸，言之，至林間尋視，乃一新墳，詢知侯將士葬妻裴氏也。《增彙侍兒小名録》

丘任泊舟江陵，有一女子來，自稱兩淮運使何公之妾翠薇。引生至一亭就枕，作詩云：「不斷塵緣露本真，翠薇花下遠香魂。如今了却風流債，一任東風啼鳥聲。」次日訪之，乃其墓也。《静志居詩話》

莆田王太守築園亭郊外，且傾圮矣，梁鼎鍾假爲學舍。有女夜至，自稱太守女，鼎鍾與定情三年。一夕别去，作詩以贈生。云：「側側復力力，與君長嘆息。出入自苦愁，單情還相憶。」《弁山樵暇語》

陳君分臬青州，入署之夜方熱，獨坐小齋，忽雙鬟褰簾入，曰：「青兒啓事：娘子願謁使君。」陳未答，而美人翩然至。徐謂陳曰：「某金陵林四娘也。幼給事衡王，中道仙去，今暫還。有故宫中諸女伴話舊情深，肆筵無所，敢假片席於使君之堂。」未幾，堂中賓客雜沓，雪瑩花映，爟燎輝煌，杯饌羅列，更闌始去。後夜復來，如是者三月，與陳君告别，踪影乃絶。四娘貌本上流，粧從吴俗。秀髻鬒髮，峨如遠煙。覆以霧縠，綴以珠璧，身縈半臂，足躡翠韡，錦縧雙環，環懸利劍，泠然如聶隱娘、紅綫一流。婢東兒、青兒皆殊麗，恒侍左右。《林四娘傳》 互見《襪履門》。

女青亭者，是第三地獄名，在黄泉下，專治女鬼。《還冤記》

南海有鬼母，一産千鬼。朝産之，暮食之。今蒼梧有鬼姑神是也。虎頭龍足，蟒目蛟眉。《括異志》

鬼子母者，是鬼王般迦妻，有子一萬，皆有大力。《寶積經》

陳虞婦杜氏常事鬼子母，羅女樂以娱神。《異苑》

妖

武三思妓素娥有殊色，狄梁公請見之，忽失所在。於堂奥中聞蘭麝芬馥，附耳而聽，即素娥。語曰：「某花月之妖，梁公正人，不敢見。」《狄梁公家傳》《甘澤謠》所載小異。

臨安張行簡遊西湖，月夜遇素衣婦，邀至其舍。屋宇帷帳，甚爲雅潔。留連數日，情意甚洽。生曰：「吾家稍寬敞，可偕往否？」婦曰：「君訪尋鵜梧丁二枚，貼於錢塘門，即可入禁城矣。」生問何物，婦曰：「刑人之杖瘡膏藥，厭面也。」生覓得之，婦果與俱造其廬，無異常人。後有道人見生曰：「君遇草木之妖，不舍之，必有性命之虞。急往浙東避之。」生從其言，積三歲還家，婦已先在。不數月，生卒。《玉照新志》

陳州有女妖，自云孔大娘。每昏夜，於鼓腔中與人語言，尤知未來事。時晏元獻守陳，方製小詞一闋，修改未定，而孔大娘已能歌之。《文昌雜録》

嘉興令陶象之子得奇疾，象患之。會天竺法師至，象即具狀告曰：「兒始得疾時，一女子自外來相調笑，久之俱去，至水濱，且言曰：『仲冬之月，二七之期，月盈之夕，車馬來迎。』今去妖期逼矣，願賜哀憐。」師至其家，除地爲壇，引兒問曰：「汝居何地？」答曰：「會稽之東，卞山之陽，是吾之家，古木蒼蒼。」又問：「姓誰氏？」答曰：「吳王臺下無人處，幾度臨風學舞腰。」師曰：「汝柳氏乎？」囅然而笑。師誦楞嚴秘密神咒，於是號泣求去。是夕兒安。後二日，復來曰：「久與子遊，情不遽捨，願一舉觴爲別。」因相對引滿，作詩云：「仲冬二七是良時，江夏無緣與子期。今日臨岐一杯酒，共君千里遠相離。」遂去，不復見。《異聞總録》（《王直方詩話》作「焦仲先事」。）

奩史卷一百

東吳王初桐于陽纂述
長白弟子伊麟興校刊

仙佛門四

信佛

女人信佛者曰優婆夷。《雙樹幻鈔》

優婆夷，華言信女，又清淨女。《善覺要覽》

葛濟之妻紀氏最信佛。一日，見西方有如來真形，及寶蓋旛幢，蔽映天漢。心獨喜曰：「經説無量壽佛，即此是耶！」《冥祥記》

宋、齊、梁崇尚佛法，閤内夫娘悉令持戒。《法琳辨正論》

七賢女並遊尸陀林，觀尸悟道。《通明七賢女經》

苕華姓楊氏，沙門竺僧度妻也。度棄俗歸僧，苕華亦感悟入道。《淨土指南》

龐藴女深造禪理。《東坡詩注》

和娘得病，乃曰：「佛，我依也，願以爲役。」更名佛婢。《柳州集》

承平時，有宗室名漢者，其妻供羅漢，宫中人曰：「今日夫人供十八阿羅。」蓋避其名也。《老學庵筆記》

俞次尚與妻皆達禪理。次尚病，呼其妻曰：「我將死矣。」妻曰：「我先死。」言訖，奄然而化，次尚亦坐化。《談圃》

顧智生能詩，性喜學佛。及病，父母痛之，女曰：「金鎗馬麥，定業難逃。」年十九夭。《婦人集》

超一子者，殷氏女。學道坐化，遺詩偈一卷。《池北偶談》

忠懿王繼妃俞氏，宋初進水晶佛像十二事。《吴越備史》

寧國長公主有金厢佛骨一塊，嵌用紅寶石。《弇山堂别集》

錦麝幰，繡佛也。《酉陽雜俎》

管夫人有《山樓繡佛圖》。《續公私畫史》

卞賽，一曰賽賽，金陵名妓，後爲女道士，自稱玉京道人。長齋繡佛，持戒律最嚴。《婦人集》

周亮工姬人嘗自稱金粟如來弟子。《本事詩》

西藏婦女帶銀盒，内裝護身佛。《衛藏圖識》

張夫人年七十九，日誦彌陀不輟。臨卒，焚香，香煙結成彌陀小像。初猶淡黄，漸作真金色。眉目若畫，一手下垂，若今塑接引像。衆皆下拜誦佛號。煙像甫消，而夫人屬纊矣。《淨土節要》

徐浩軒母奉佛甚謹。繪《念佛圖》，中作佛像，旁累數十圈，記念佛之數。圈滿，置黄布袋中，如是數年。卒之日，家人焚袋附殮，忽見布袋上現出佛像，如白粉新畫者。啓其袋背，佛像與袋面無異。《信徵録》

陸家婦早寡，持齋念佛，年六十七去世，親族化其一衫一裙，火氣既絶，掃灰入棺，忽見金光透露灰中，儼然有佛像焉。一時驚詫，聚人千餘，無不親見。像漸增多，整整十尊矣。《果報聞見録》

馬市馮姓祖母長齋，拜大乘廣佛數十年，於琉璃中時見佛相。《湖壖雜記》

潭柘寺有妙嚴公主拜磚，雙趺隱然，幾透磚背。相傳妙嚴爲元世祖女，削髪居此，日禮觀音不輟，遂留此跡。萬曆壬辰，孝宗皇太后欲經懿覽，貯以花梨木匣，迎入大内。後復送歸寺。《紫柏禪師語録》

佛經

何軫妻劉氏少斷酒肉，常持《金剛經》，焚香像前，願年止四十五。先知死日，沐浴易衣，

趺坐而卒。《寺塔記》

李後主手書金字《心經》賜宫人喬氏。喬氏後入太宗禁中，聞後主薨，舍經相國寺以資薦。自書於後云：「故李氏國主宫人喬氏，伏遇國主百日，謹舍昔時賜妾《般若心經》一卷，在相國寺西塔院。伏願彌勒尊前，持一花而見佛」云云。字整潔而詞甚愴惋。《默記》

何氏喜浮屠教，遍閲《華嚴》諸經。張魏公母鎮國太夫人亦通禪學，一見契合，呼爲「無生法友」。《撫州府志》

金華陳二妻懷姙，詣太平寺佛前，許《孔雀明王經》一部，以祈陰護。既而生男，久不償初願，妻遂兩瞽。及秋始踐前約，妻目復明。《夷堅志》

湖州普安院尼沈大師，有《華嚴經》一部。《春渚紀聞》

仁孝皇后有《夢感佛説大功德經》、《佛説大因緣經》。《明史》

季襲美姬妾，多授以諸佛名經。《本事詩》

田雯母張太恭人詩：「一部楞嚴户盡扃，木魚竹杖倚圍屏。老人自覺修齋好，不爲兒曹講佛經。」《茹茶集》

東官侖二女，姊十歲，妹九歲，愚蒙未知經意。元嘉元年，忽並失所在。旬日而歸，作外國語誦經，兼能開解。明年又失所在。人見從風上天，經月乃返。剃頭爲尼，被服法衣，持髮而歸。自説見佛及比丘尼，曰：「汝應爲我弟子。」手摩頭，髪便落。各與法名，大曰法緣，小曰

法綵。遂作精舍，旦夕誦禮。《冥祥記》

梁江泌女僧法，小年出家，忽誦《淨土》、《妙莊嚴》等經。從八歲至十六歲，總出三十五卷。武帝召至華光殿驗之，又誦出異經，道俗咸稱神授。《女世説補》

唐竇夫人豆盧氏，芮國公之姊也。誦《金剛般若經》未盡，一紙未徹，昏時，若頭痛不安，夜臥愈甚。夫人自念，儻死遂不得終經，欲起誦之，而燭已滅。忽見有然燭上階，來入堂内，直至床前去三尺許。而無人執，光明如晝。夫人驚喜，頭痛亦愈，取經誦竟。自此日誦五遍以爲常。《三寶感通記》

蘇長將家口渡嘉陵江，風起船没，男女六十餘人一時溺死。惟有一妾常讀《法華經》，船中水入，妾頭戴經函，誓與俱溺，妾獨不沉，隨波泛濫著岸。逐經函而出，開視其經，了無濕污。自是愈益篤信。《冥報記》

興元韋氏女，兩歲能語，自然識字，好讀佛經。至五歲，一縣所有經悉讀遍。至八歲，忽清晨薰衣靚粧，默存牖下。父母視之，已蜕衣而失。《酉陽雜俎》

裴遵慶母皇甫氏，少時常持經。經函中有小珊瑚樹，異時忽有小龍骨一具立於側。《廣異記》

宋仁宗崩，周貴妃日一疏食，誦佛書，困則假寐，覺復誦，晝夜不解衣四十年。《女世説補》

羅嶼妻費氏，信誦《法華經》，數年不倦。後忽病心痛瀕死，忽夢佛於窗中授手，以摩其心，遂愈。《法苑珠林》

歐陽修知潁州，有官妓盧媚兒，姿貌端秀，口内常作芙蕖花香。有蜀僧云：「此人前身爲尼，誦《法華經》二十年。」修命取經令讀，一閲若流，宛如素習。《珍珠船》

燕有貧家女，已受聘矣。女誦佛書不輟，文義通曉，不復有嫁意。母曰：「欲辭婚，聘禮奚償？」女曰：「必有施之者。」未幾，一翁以白金來施，母遂以償聘禮。《蓬軒别記》

吳嫗好佛，晝夜持誦《金剛經》，不下小樓者四十九年。忽告人曰：「吾去矣。」趺坐而逝。《現果隨録》

真定大歷寺藏經，皆唐宮人所書，經尾置姓氏，極可觀。佛龕上有一塗金匣，藏《心經》一幅，字體尤婉麗。其後題云「善女人楊氏爲大唐皇帝李三郎書」。《貴耳集》

楊妃書《金剛經》，字畫勁楷可觀。末云「玉環刺血爲皇帝書」，蓋楊太真遺跡，血色儼然。《夷堅志》

建中二年，南方所貢朱來鳥甆，内人善書者於金華紙上爲朱來鳥寫《多心經》。《杜陽雜編》

唐女人陳燕子，以小楷書《法華經》薦其亡母。《江村銷夏録》

顧光禄有唐人兄妹共寫《法華經》七卷，細如蠅鬚，後題云「燕子女丁」。《真蹟日録》

劉公信妻陳氏暴死，見其亡母在地獄受苦，謂女曰：「汝還，爲我寫《法華經》。」言訖，陳氏復甦。《法苑珠林》

任五娘死後月餘，其姊聞五娘空中語云：「小時殺螃蠏汁塗瘡，今入刀林地獄，肉中現有折刀七枚，願姊作功德救助我。有隨身衣服未壞，請以用之，已在床上。」其姊試往視之，乃所殮之服也。遂送淨土寺，憑寫《金剛般若經》。每寫一卷，即報云已出一刀。凡寫七卷，乃云七刀並出。《冥報拾遺》

南臺佛書有《毗奈耶雜事》一卷，唐莊宗次妃德妃伊氏所造。後有印章，曰「燕國夫人伊氏」，蓋未進封時所製也。《樂靜先生雜記殘經》

太清宫有楊太后書《道德經》石幢。薦福寺吳太后手書《金剛經》，有楊太后跋。《湖山勝概》

迎祥寺有吳彩鸞書《佛本行經》六十卷。《老學庵筆記》

邵道冲嘗手書《法華》、《圓覺》、《金剛》等經。《寶慶四明志》

管夫人書《大悲心陀羅尼》，篆法圓勁。《遂初堂别集》

明鄭貴妃書泥金《普門品經》，卷首題云：「大明萬曆甲辰年十二月吉日，皇貴妃鄭謹發誠心，沐手親書《觀音菩薩普門品經》一卷，恭祝今上聖主，祈願萬萬壽洪福，永享康泰，安裕吉祥。」《樊榭山房集》

玉京道人晚依保御氏於吳中。保御築别宫，資給之良厚。道人用三年力，刺舌血爲保御書《法華經》。既成，自爲文序之。緇素咸捧手讚嘆。《梅村集》

宋長興縣王廿八娘，手繡《法華經》七卷，以碧絲成字，獨「佛」字以黄絲别之，示敬也。

其字大有筆意，而一點數針，尤非今人可及。始戊寅，訖己丑，凡十六年乃就。《女世説》

觀音

觀世音菩薩由聞思修入三摩地。《楞嚴經》

妙莊王第三公主削髮爲尼。後因父疾，剔目斷手，以救其父。上蒼格其誠心，仍復手眼，又加千手千眼。乃於無量百千萬億衆生受諸苦惱，念是佛號，觀其聲音，即能救護，以是名觀音。《香山傳》

蔣穎叔書大悲之事，云：「莊王三女，幼者多妙。」此與《華嚴經》及《大悲觀音》等經不合。《華嚴》云：「善度城居士鞞瑟眡羅頌大悲爲勇猛丈夫。」不知穎叔何意而粉飾之，以猛勇丈夫易爲女也。《曲洧舊聞》

一人問應元曰：「觀音大士女子乎？」答曰：「女子也。」又一人曰：「經云：觀音菩薩勇猛丈夫，何也？」答曰：「男子也。」又一人曰：「觀音一人，而子一男之、一女之者，非矛盾乎？」答曰：「非也。觀世音無形，故《普門品》述現衆身爲人説法，既能現衆身，則飛走之物以至蠛蠓醯鷄皆可耳，豈直男女乎？」《妙觀雅言》

馬郎婦，觀世音菩薩也。元和中，菩薩欲化陝右，示現爲美女，人見其姿貌非常，欲求爲配，女曰：「我亦欲有所歸，但一夕能誦《普門品》者事之。」黎明，徹誦者二十輩，女曰：

「女子一身，豈能配衆？可誦《金剛經》。」至旦，通者猶十數人。女復不允，更授以《法華經》七卷，約三日通。至期，獨馬氏子能通。女令具禮成婚。馬氏迎之，女曰：「適體中不佳，俟少安相見。」客未散而女死，馬乃葬之。數日，有老僧仗錫謁葬所，以杖撥之，屍已化，惟黄金鎖子之骨存焉。僧謂衆曰：「此聖者憐汝等障重，故垂方便化汝耳。」語訖，飛空而去。《觀世音菩薩感應傳》

西番婦人謂普賢爲「姑娘」。《隴蜀餘聞》

江南婦女稱觀音爲「娘娘」，山東稱爲「老母」。《淨土簡要録》

張漢儒至普陀，見大士自石壁中出，紺髮卷鬆，高顴隆準，衣緑色。須臾，仍入石壁去。《居易録》

朱道誠妻王氏，日誦十句觀音心咒。後病篤，恍見青衣人曰：「爾平生持觀音心咒，尚少十九字，增之，當益壽。『天羅神，地羅神，人離難，難離身，一切災殃化爲塵。』」王氏記之，疾尋愈。《聞見近録》

紹興五年大旱，祈禱於觀音，不應。尼法慧焚目以施，遂大雨。後夢白衣女子擲彈中其目，目復明。《夷堅志》

精嚴寺重裝觀音像，郡守夢白衣夫人曰：「我面目不淨，奈何？」明日，詰其由，乃匠者欲聖容明潤，用鷄子、牛膠粉故耳，遂改新之。《繫年録》

杜子瓌有《白衣觀音像》。《宣和畫譜》

白香山有《水月觀音讚》。《法苑珠林》

黑觀音堂，俗傳張太監過此，見青衣女子匿入庵中，索之不得，見座上黑漆觀音，禮拜而去。《西湖遊覽志》

寧國長公主鍍金銅四臂觀音像一尊。《弇山堂别集》

披髮觀音變像，在水中石上，披髮按劍而坐。《畫史》

金陵王家有大石子，中具兜塵觀音像。《鐵網珊瑚》

《長帶觀音》，李伯時所作。《畫品》

辛澄有《蓮華觀音像》。《繪事備考》

靈隱寺有明慈聖李太后賜《九蓮觀音像》一幀。《靈隱寺志》

寧波洛迦山石有大士竹林鸚鵡像。《普陀志》

僧行義虔禱普陀山，倏見五色光，中有大士立像。莊嚴妙好，是女人身，旁有白鸚鵡。久之乃没。《居易録》

壽涯禪師《詠魚籃觀音像》云：「深願宏慈無縫罅，乘時走入衆生界。窈窕丰姿都没賽。提魚賣，堪笑馬郎來納敗。清冷露濕金襴壞，茜裙不把珠瓔蓋。特地掀來呈捏怪。牽人愛，還盡許多菩薩債。」據此，則宋元間觀音像亦有作婦人者。今世女子多崇事魚籃觀音。《少室山房筆叢》

謝茂才之姊少寡，矢節，日禮觀音大士。有漁婦入門，匆匆遺魚籃而去。五月，蛟水驟發，萬家漂没。女見魚籃大數十圍，附之，漂至一處，見大士曰：「汝來耶！余嘉汝苦志，故以慈航度汝。」《諧鐸》

徐渭有《提魚觀音圖贊》。《櫻桃館集》

南渡甄龍友《題觀音像》云：「巧笑倩兮，美目盼兮。彼美人兮，西方之人兮。」則宋時大士像已作婦人。《莊岳委談》

林屋洞中有玉大士像。《震澤編》

洪武初，日本貢一白玉觀音，上甚珍之，賜雞鳴寺。永樂中，仁孝皇后愛其精美，以石琢者易歸大内，製雕花沉香座。《五湖漫聞》

萬曆間，李太后慈寧宫中供緑刺觀音一座。《過口集箋》

中官王振有金鑄觀音一座。《明良記》

有邸媪得一銅觀音像，剜壁龕安之，供養甚虔。媪子時在軍前，日夕祝其安寧。其子當陣之際，倒於草間。聞背上連下三劍，似擊銅器聲。戰罷，起看身上，並無傷痕。其母此日見銅像落地，背上有三刃痕，罔知其由。至子回，説其事，方知神異。《靈應録》

鄭媪年八十餘，日丐於市。敝衣糲食之外，蓄其賸餘藏於瓶，欲以畫觀音像。忽鄰火延燒，明日，於燼中得瓶，而錢自熔成寶像。高一尺許，冠衣瓔珞，楊枝、淨瓶皆具，工緻妙麗，塑匠

莫及。《夷堅志》

東坡以檀香觀音爲子由壽。《施注蘇詩》

杭州僧道翊得奇香木，命良工刻成觀世音菩薩像，白光煥發。《稽古略》

雷法振家有鴨欄木頗佳。法振偶念欲刻觀音像，未果。一日，入山遇虎，勢將搏噬。忽有美婦人叱之，虎即攝伏而退。法振拜謝，因詢姓名，婦人曰：「身是君家鴨欄木耳。」法振大悟，遂雕刻奉祀。《虎薈》

日本國所貢雕觀音，高五丈。憲聖后製金縷衣以賜，及掛體，僅至其半，遂再製衣以獻。《四朝聞見録》

永州蘇山石鋸破，中有觀音像。《文海披沙》

京口銀杏樹被伐，工人施刀鋸，則木之文理有觀音大士像，妙鬘天然。《池北偶談》《香祖筆記》作「揚州」。

唐詢家庖妾攜雞卵數枚，忽一墮地，中有觀音像。坐蓮花，傍列善財、龍女，淨瓶、柳枝皆具。《奇聞録》

茅山有秦檜女繡大士像，甚靈異。《茅山志》

吳惕庵母沈夫人繡大士像，巧妙絶倫。《遂初堂别集》

刑慈靜髮繡大士極工。《池北偶談》

吴興愼夫人能以髮繡大士，細及毫芒。《静惕堂集》

戴逵觀音作天男相，無髭。《畫史》

汪阿金，晉賢女也。生而眉目如畫，愛之如金，遂名曰金。彌月，忽有白衣老媪踵門，曰：「聞君家新産女，願一見也。」家人異之，抱而出。媪撫之曰：「此龍女也。以碎大士座前玉瓶，故暫謫君家耳。」又囑云：「他日愼勿令入大士院及見大士像。」家人益怪之。後有持吴道子《大士像》求鬻者，晉賢以錢數百千易之，供於别室。夫人焚香膜拜，阿金亦同頂禮，越宿而殤。《西堂雜俎》

賀六專畫觀音，觀音化爲丐者求畫，遂得其真像。《圖繪寶鑑》

宋張興妻繫獄，晝夜祈念觀音經。十日許，鉗鎖桎梏俱解，妻遂得出。《感應録》

有女子卸冠者，奉觀音大士甚肅，夜恒夢見觀音。法身甚小，若婦人釵頭玉佛狀。一日，其夫寄一玉觀音，類夢中所見。自是奉之益篤。《粧樓記》

謝芬蘭性至孝，虔奉觀音大士。一日，有老尼至，袖中出藥與芬蘭，曰：「此藥愈瘡。」芬蘭受之。明年，姑病瘡，取藥敷之，隨生肉。人以老尼即大士也。《潛善録》

王氏女百娘忽患瘖聾，乃投誠觀音大士，晨夕禮拜不怠。每假寐，必見端嚴瑞相，勸以作禮西方阿彌陀佛，仍授四句偈曰：「淨土周沙界，云何獨禮西。但能回一念，觸處是菩提。」曾未踰月，二患頓除。《夷堅志》

陳莊靖公女，幼同莊靖侫佛。既嫁，持誦益虔。嘗設觀音齋，齋畢，焚紙錢於爐，灰且冷矣，移置佛案下，爐中忽挺出青蓮花一枝，翠色欲滴。《簡樓筆録》

曼殊病中嘗夢奶奶喚之去。奶奶者，北人呼觀音通稱也。因琢偶人爲己像，施平生所梳百環髻，被以繡衣，手捧一花，侍奶奶旁。而曼殊卒不起。《艮齋雜記》

小青詩：「稽首慈雲大士前，莫生西土莫生天。願爲一滴楊枝水，灑作人間並蒂蓮。」支如僧《小青傳》　萬樹曰：「小青乃陳元明寓言。」楊愛曰：「小青本無其人，譚生造傳及詩爲戲，曰：『小青者，離情字，正書心旁似小字也。』」《愚山詩話》：「陸麗京曰：小青，馮具區之子雲將妾。」

奩史拾遺

東吳王初桐于陽纂述

夫婦

冒無譽娶宫婉蘭，曲室唱酬，才情朗暢，伉儷之篤，亞於塤篪。《婦人集》

殳丹生與其婦陸雨曼偕隱震澤之西村，草屋數間，煙火時絶。比舍聞歡笑聲，則雨曼詩成，丹生擊節而歌，山鶴林猿一時驚起。《南野堂筆記》

魏證薨，命給羽葆鼓吹。其妻裴氏曰：「證生平儉素，今葬以一品羽儀，非亡者之志。」悉辭不受。《紀纂淵海》

江都倪氏婦早亡，有善李少君術者招魂，叩生前事，歷歷如響。復作詩十數章，有云「已作蘼蕪離恨草，莫看菡萏並頭花。」《婦人集》

婚姻

慕蓉元真以妹爲魏昭成帝后，慕容又請交婚，昭成帝乃以烈帝女妻之。《魏書》

魏明帝幼女淑卒，取甄后從孫黄與之合葬。《周禮疏》

孝文時，始平公主薨，追贈已故穆平城爲駙馬都尉，與公主冥婚。《北史》

懿德太子薨，中宗爲聘裴粹亡女爲冥婚合葬。《舊唐書》

建寧王死，代宗追謚爲承天皇帝，以興信公主亡女張爲恭順皇后冥婚焉。《新唐書》

郭三死，其妻楊氏守節。舅念其子鰥居地下，欲聘隣家亡女合葬之，楊氏遂自經死。《元史》

有富室娶婦者，男女並韶秀，夫婦甚相悦。次日天曉，門不啓，呼之不應。穴窗窺之，則左右相對縊。視其衾，已合歡矣。婢嫗皆曰：「昨夕已卸粧，何又着盛服而死耶？」《如是我聞》

宋邦衡嫁女，只《漢書》一部、硯一匣。《燃題草閣集》

婚姻行媒，自女媧始。《風俗通》

女媧爲女婦職婚姻，是曰神媒。《路史》

蔡大賓見柳莊，嘆爲「襄陽水鏡」，以女妻之。《六帖》

天賜夫人詩：「風吹芊氏女，至梁家爲婦。」《郝陵川集》

宫中選婚，每選一，必以二副者陪。升即中選，皇太后幕以青紗帕，取金玉跳脱繫其臂。不中，則以年月帖子納淑女袖，而侑以銀幣遣還。《彤史拾遺記》

金章宗欽懷皇后蒲察氏初行納采禮，有慶雲見於日側。《續文獻通考》

村俗有以婚姻議財不諧而糾衆劫女成婚者，謂之搶親。《北史》：高昂兄乾求崔聖念女爲婚，崔不許，昂與兄往劫之。《知新録》

統系

李太后生時，里中聞異香，經日不散。《彤史拾遺》

唐配帝皆一后，惟睿宗二后。《困學紀聞》

高宗憲聖皇后吳氏，稱姑韋太后爲姐姐，稱高宗元妃刑氏爲大姐姐。《四朝聞見録》

册皇后用金寶、金册。皇貴妃而下，金册，無寶。宣宗爲孫貴妃請寶於太后，敕尚寶製金寶如后。《彤史拾遺記》

陳亡，沈皇后爲尼於天静寺，名觀音。《南史》

魏孝静后再嫁楊愔爲妻。《東譚集》

古有以女媧爲女者。《論衡》：「女媧圖多爲婦女之象。」又《北史》：「祖珽謂陸令萱實婦人之英傑者，女媧以來，未見其比。」《畏壘筆記》

徐耕女孫有殊色，後主納之宫中。諱娶母族，托言韋昭度孫。初爲婕妤，纍封至元妃。《蜀檮杌》

王貴妃，蘇州人。初入宫爲昭容，時宫中上下多朔産，略少委曲。獨妃具才德，能從容婉娩，以行其意。永樂七年，進貴妃。《彤史拾遺記》

田貴妃初爲禮妃，最寵，未幾爲皇貴妃。《彤史拾遺記》

仁宗殉五妃。洪熙元年，宣宗追謚皇庶母貴妃郭氏謚恭肅，淑妃王氏謚貞惠，麗妃王氏謚惠安，順妃譚氏謚恭僖，充妃黄氏謚恭靖。宣宗殉十妃。宣德十年，英宗追贈皇庶母惠妃何氏爲貴妃，謚端靖；趙氏爲賢妃，謚純靜；吳氏爲惠妃，謚貞順；焦氏爲淑妃，謚莊靜；曹氏爲敬妃，謚莊順；徐氏爲順妃，謚貞惠；袁氏爲麗妃，謚恭定；諸氏爲恭妃，謚貞靜；李氏爲充妃，謚恭順；何氏爲成妃，謚肅僖。嗣後皆無殉，自英宗始。《彤史拾遺記》

齊武帝寵姬何美人死，帝深悽愴。後因射雉，登巖石以望其墳，乃命布席奏伎，帝掩嘆久之。《金樓子》

盧瓊仙者，劉鋹之才人也。崇禎間，有請乩者，瓊仙至，題曰：「身輕不許風前立，腕白愁教月下看。」《廣東新語》

念四，宋徽宗寵嬪閻婕妤也。《增彙侍兒小名録》

梁宣修容生而紫胞，年數歲，能誦《三都賦》、《五經指歸》，過目便解，號爲「女王」。荀昭華薦以入宮。《金樓子》

胡充華初選入，同列祝之曰：「願生諸王、公主，勿生太子。」充華曰：「奈何畏一身之死而使國家無嗣乎？」及有娠，私誓曰：「若幸而生男，男生身死，不憾也。」《梁書》

彤史，女官名。選良家女子之知書者充之，使記宮闈起居及内庭燕寢之事。《彤史拾遺記》

黄婉，洪武中選入宮，爲宮正司女史。《聞湖詩鈔》

六尚書有司寢者，司上寢處事，記上幸宿所在，所幸宮嬪年月，以俟稽考。《武宗外紀》

神宗時，內廷呼宮人爲「都人」。《彤史拾遺記》

甲申之難，賊入後宮，有宮人費氏者爲賊所獲，將污之，氏紿賊曰：「身是長公主也。」賊舍之，俟賊沉湎後，挾匕首斷數賊首，遂自殺。《婦人集》

宜溝客舍題壁云：「馬足飛塵到鬢邊，傷心羞整舊花鈿。回頭難憶宮中事，衰柳空垂起暮煙。庚寅七夕後四日，廣陵葉子眉識。」蓋弘光西宮宮人也。《婦人集》

或於臺城舊內見絶句云：「南朝天子一愁無，石子岡連玄武湖。草緑離宮人不到，日長惟敕阮佃夫。」是弘光時宮人語。阮佃夫指阮大鋮。《婦人集》

青霞女子，青霞室中答應女也。每有選淑可承侍者，令雜居青霞室中，名「女子」。《彤史拾遺記》

浣衣王滿堂者，霸州民王智女也。以麗色嘗與選嬪宮。既而罷歸，恥不肯適人，又時時感異夢，謂必有趙萬興者聘，當許之。道士段鋹挾妖術聞之，易姓名至智家，遂妻之。及鋹伏誅，特降中旨，令勿殺滿堂，以官奴送浣衣局。既而召入侍豹房，大幸。世宗嗣位，復出浣衣局，人謂之「王浣衣」云。《彤史拾遺記》

順治二年，長平公主上書云：「幾死臣妾，跼蹐高天。髡緇空王，庶申罔極。」先是主議降周世顯，至是詔求故劍，仍館周君。尋薨，葬彰義門之賜莊。《婦人集》

眷屬

因母，親母也。《儀禮疏》

陶令則，名婉儀，雲間陸鳴珂夫人也，有《九日登高憶芳兒》詩。馬之騆《詩防初集》

張湯自殺，昆弟欲厚葬之，湯母曰：「爲天子大臣，被惡言而死，何厚葬爲？」上聞之，曰：「非此母不生此子。」《漢書》

虞潭征蘇峻，潭母孫氏戒之曰：「吾聞忠臣出孝子之門，汝當捨生取義，勿以吾老爲累也。」《列女傳》

錢鳳綸，字雲衣，有《與嬸母馮夫人書》。《名媛璣囊》

漢稱嬭婆爲阿母。《後漢書》：「阿母王聖封野王君。」至六朝始有嬭婆之稱。《陔餘叢考》

陸令萱以乾嬭婆封郡君。《北齊書》

哀帝封嬭婆楊氏爲昭儀。《唐書》

山陰王端淑，意氣犖犖，尤長史學。父思任常撫而憐愛之，曰：「身有八男，不易一女。」《婦人集》

虞山吳永汝，字小法，母故某尚書姬也。七歲善琴箏，十歲工染翰，樂府詩歌，一見即能詮識。人有霍王小女之目。十二字鄒祇謨。後爲雀角所阻，鄒製《惜分飛》四十四闋悼之。《婦

人集》

錢唐女子吳柏，字柏舟。未嫁而夫卒，柏縗麻往哭，遂不歸母家。所著有《柏舟集》。《婦人集》

張氏，湖廣黄岡人，工詩詞。先是已字某，父悔，將改字富商。女聞之，引刀自刎死。《婦人集補》

父之姊爲姑姊，父之妹爲姑妹。《兩漢刊誤補遺》

范滿珠，范眉生妹，詩才與兄相稱，集名《繡蝕草》。《婦人集》

錢馮嫻，字又令，有《與季嫻表妹書》。《名媛詩緯》

陸圻有《新婦譜》，陳確、查琪皆有《新婦譜補》。《檀几叢書》

馮少胄有《娣姒訓》一卷。《國史經籍志》

陳恭公爲相，以曾公亮自起居注除天章閣待制。陳之弟婦，曾出也。陳語之曰：「六新婦，曾三做從官，想甚喜。」應聲對曰：「三舅荷伯伯提挈，極喜，只是外婆不樂。」陳問何故，曰：「外婆責三舅以第五人及第，必是廢學故耳。」《容齋隨筆》

山陰才女胡石蘭嫁駱氏，早寡，爲女學究，有名都下。《南野堂筆記》

妾婢

元載夫人王韞秀《寄諸姨妹詩》云：「楚竹燕歌動畫梁，春蘭重換舞衣裳。」楚竹、春蘭，二妾名。《增彙侍兒小名録》

沁雪，子昂妾也。子昂愛之，嘗鐫其字於石上。《蟫窠别志》

貫酸齋二妾，一名洞花，一名幽草。《增彙侍兒小名録》

計甫草故貧士，嘗置一妾，吳夫人揶揄之曰：「古聞糟糠之妻，不聞糟糠之妾，何如？」汪鈍翁《説鈴》

倪雲林妾曰輕雲。《壯悔堂集》

《後漢》：「竇融女弟爲王邑小妻。」又「趙惠王居父喪，私娉小妻。」注：「小妻，妾也。」孫鑛據此謂小妻之稱起自范史。然《前漢書》：「許皇后姊孊寡居，與淳于長私通，因爲小妻。」則小妻之稱，前漢已有之。或謂之下妻，《後漢書·光武紀》：「依託人爲下妻。」師古曰：「下妻，猶言小妻。」又《新唐書·楊愼矜傳》：「御史索讖書，於愼矜下妻臥内得之。」又謂之少妻。《後漢書·董卓傳》：「其少妻止之。」又謂之庶妻。《王世充傳》：「世充祖死，其妻與王粲爲庶妻。」《陔餘叢考》

世俗稱妾爲姨娘，亦有所本。《南史》：齊衡陽王鈞五歲時，稱生母區貴人爲姨。晉安王子

懋七歲時，稱母阮淑媛爲阿姨。蓋姨本姬侍之稱，二王所生皆非正嫡，宫中久呼爲姨，故其子亦以呼母。《陔餘叢考》

張康節晚年有侍妾宴康，奉公甚謹。公謂曰：「吾死，亦當從我乎？」妾曰：「唯命。」公薨，妾果死。《增彙侍兒小名録》

《金姬傳》一卷，楊儀作，文極奇麗。姬，章丘人。《琪園書目》

梁清有婢子二人，名松羅、採菊。《增彙侍兒小名録》

普寧呼女婢曰「竈鬼」，廣州呼女婢曰「妹崽」。《嶺南隨筆》

妙奴者，錢唐陳令舉小鬟也。令舉宴秦少游，出以佐酒，少游贈之詩。《隱居詩話》

曹朗買小青衣，名曰花紅，其價八萬，貌甚美。後爲祟所憑，遂遣去。《增彙侍兒小名録》

葉瓊章有侍兒名紅于。天台泐大師序曰：「吳江諸葉，葉葉交輝。中秀雙株，尤爲殊麗。」《婦人集》

元湛以婢紫光遺宋游道，後乃私耽，竊而攜去。游道大致紛紜，乃云：紫光湛父所寵，湛母遺己。論者兩非之。《增彙侍兒小名録》

娼妓

洪涯妓，三皇時人，娼家托始。《萬物原始》

宋人稱妓女爲小姐。《夷堅志》：「傅九與散樂林小姐綢繆，約竊而逃，不得，遂與林小姐共縊死。」又「女娼楊氏死，現形與蔡五爲妻。一道士來，謂蔡曰：此娼女楊小姐也。」東坡亦有《贈妓人楊姐詩》。《陔餘叢考》

東坡謫黃州，喜官妓月素能詩。凡會席，輒與座。《增彙侍兒小名録》

名妓張秦娥能詩，賦《遠山》云：「秋水一灣碧，殘霞幾縷紅。水窮霞盡處，隱隱兩三峰。」《全金詩》

閻素華，字雲衣，長板橋頭人。羅羅嬴秀，孤情絶照，綽有林下風。《婦人集》

石城卞元文夙擅詩歌西曲，諸女郎能音旨者，靡不宗卞。《婦人集》

錢湘舲過揚州，品題諸妓，以楊小保爲女狀元，顧霞爲女榜眼，楊高爲女探花。《畫舫録》

陸輔之家妓卿卿，以才色稱。張叔夏贈詞云：「可憐瘦損蘭成，多情應爲卿卿。」《珊瑚網》

蔡京過永州，刺史鄭以酒相邀。座有瓊枝者，鄭之所愛，而席之最研，蔡奪之行。《增彙侍兒小名録》

脂體

李珣詞：「猺女鬅鬆卍字螺。」蓋以髮右旋而結此形。《古今詞話》

杜巧女截髮贈裴生，媵之以詩。《名媛詩緯》

婦人粉花瘡，以定粉、菜子油調泥，用艾燒煙薰之。煙盡，覆地上，一夜取出，調搽，永無瘢痕。《群芳譜》

正月二十日爲天穿日，女子以此日穿耳。《隴頭芻語》

趙鸞鸞《詠檀口》云：「銜杯微動櫻桃顆，咳唾輕飄茉莉香。」《紅樹樓名媛詩詞選》

有少婦隨衆往謁狂僧，僧命至前，痛嘬其項，婦號呼。歸語其夫，夫怒，往罵僧。僧曰：「公案未了，宜令再來。」罵者不聽。居亡何，婦以他恚投繯而死。《遊宦紀聞》

仲子有文在手，曰「爲魯夫人」。《困學紀聞》

世宗與陳皇后坐，張、文二妃尚茗。上循視其手，后恚甚，投杯起。上大怒，后驚悸，忽墮胎，既而崩。《彤史拾遺記》

龔氏事佛甚謹，及化去，手指屈結，皆成印相。《中吳紀聞》

平湖一尼，有鬼在腹中，談休咎多驗，檀施鱗集。鬼自云：「夙生負此尼錢，以此爲償。」《如是我聞》

薛能詩：「柔蛾幸有腰肢穩。」《全唐詩》

曇陽子體有異香，雖栴檀、沉腦不過也。《曇陽子傳》

田貴妃體潔，有蘅蕪香，雖盛暑無汗。嘗被禮服，上令啜羹以試之，終如常。《彤史拾遺記》

滄州牧有愛女嬰疾沉困，家人夜入書齋，忽見其對月獨立花陰下，悚然而返。俄病者語曰：

「頃夢至書齋看月，意殊爽適。」知所見乃其生魄也。《如是我聞》

開元中，華山雲臺觀有婢名玉女，年四十五歲，大疾，遍體潰爛。觀中人惡之，送山險處。女食木實，酌水，如是數十年，髮長六七尺，體生緑毛，面如白花。有書生伺而犯之，扃之一室。翌日視之，皤然老嫗矣。《增彙侍兒小名録》

容貌

寶媛箋云：「妙莊嚴之美女。」《珍珠船》

沈雲卿夢羹寒，天上有「無二」字。占者曰：「羹寒，無火也，非美乎？天無二，非人乎？當有美人桑中之喜。」是日果遇美人苗蘊。《元散詩話》

潘炕有妾解愁，負殊色，善爲新聲。《蜀檮杌》

穆素暉短小而豐肌，一尋常女子耳。而《西樓記》以爲艷若神仙。《如是我聞》

曇陽子當暑久暴烈日中，且爲猛雨侵淋，玉色益明瑩，眉目益森秀。《曇陽子傳》

李春燕媚婉絶代，初入宫，年才十五，顧盼舉止，動移上意。《金鳳外傳》

馬氏美艷，善騎射，解于闐、龜兹諸樂，能道番語，武宗絶幸之。《武宗外紀》

崑山顧文康小女名諟，歸蘭陵董侍御。一日，與弟姪輩宴集，小有唱和。顧笑謂侍御從姪阿寧曰：「着紅罽衫，弄虎丘浮圓甎，爲捉搦歌，新婦不如賢從，風日清佳作曲室中語，爾時濯

濯，賢從應亦不如新婦也。」侍御大加撫掌。《閨閣語林》

小東，長沙伎人，以能詩得幸於馬氏。後國人爲郡，窮於京師里。言及長沙宮中事，則必南望，涕泣而後言。《補侍兒小名録》

光宗五歲失太后，問左右以遺像，莫能得。傅懿妃者，與太后同爲東宮淑女，嘗與太后比宮居，自言宫人有相類。雜指其眉睫頰輔，令善形摩者髣髴爲圖。召太后母瀛國大夫人認之，呼老宮婢及素侍太后者來前，使瞻視，或曰是。上爲之雨泣。《彤史拾遺記》

嶬山神女，香木爲軀，綺羅、髮膚悉具。《穀城山房集》

吳越王鑄恭懿夫人銅容二，致於奉國金地二尼寺。《吳越備史》

性情

《丁氏賢惠録》，安定先生文，蘇子美書。丁氏，晉公女弟，封長安縣君。《中吳紀聞》

太祖孫貴妃敏慧端麗，而嫻禮法。高后曰：「古賢女也。」《彤史拾遺記》

商夫人，祁撫軍妻也。以名德重一時，爲當世賢媛之冠。《婦人集》

徐太守夫人謝玉英，性簡遠蕭勝，不嬰世務。太守之官後，盡斥其橐中數千金，買青山庄居之。時於橋上憑欄小立，吟哦竟日，其風致如此。著有《博依小草》，後留心禪理，並詩亦不多作。《閨閣語林》

李香，秣陵教坊女也。俠而慧，略知書，能辨別士大夫賢否。一日，故開府田仰以金三百鎰，邀姬一見。開府向兒事魏閹者，又姬嘗以他事獲罪阮懷寧。至是，喟然曰：「田公寧異阮公乎？」峻却之。《婦人集》

周羽步詩才清俊，作人蕭散，不以世務經懷，傀俄有名士態。《婦人集》

吳蕊仙精繪染，尤好大略。周羽步贈詩云：「嶺上白雲朝入畫，樽前紅燭夜談兵。」蓋實録也。《婦人集》

顧若璞子婦丁如玉，字連璧，慷慨好大略，常論治天下大事，以屯田法壞爲恨。《婦人集》冒褒注

人目河東君風流放誕，是永豐坊底物。《婦人集》

萬妃大媢忌，絶嬪御進幸。偶有進幸者，必藥之，墜其胎，且有從是死者。柏賢妃生悼恭太子，暴卒。即孝景之頂上有寸許無髮，皆藥所中也。《彤史拾遺記》

憲宗吳皇后好歌曲。《彤史拾遺記》

神宗在東宮時，陳后病居別宮，而神宗母李太后斯時尚爲貴妃也。神宗每晨往候后，后喜，強起取經書，指而問之，神宗應聲答，后益喜。貴妃聞后喜，亦喜。神宗既嗣，兩宮同尊，甚親謐。《彤史拾遺記》

太祖嘗怒宮人，馬后亦怒，令付宮正司治罪。上稍解，問后曰：「不自責，付宮正何也？」

后曰：「怒時恐有觭重，付宮正則酌之矣。」上曰：「爾怒何也？」后曰：「妾之怒，所以解陛下怒也。」《彤史拾遺記》

婁江女子燈夕寄答一絶，清怨迢迢，耐人尋味。詩云：「荒樓何處忍吹簫，寂寞燈前涕淚遥。忽看病中書信至，却傷今夜是元宵。」原唱係襄陽年少所作，有一行「清淚了元宵」之句。《西軒集》

王嬌鸞與周廷章有情，誓不相負。後周别娶，鸞聞之大恚，遂自縊。《名媛詩歸》

萬妃進太子羹，太子却之，曰：「疑有毒，不食。」妃恚曰：「是兒數歲即如是，他日魚肉我矣。」《彤史拾遺記》

龔才女自號永愁人，其詩集名《永愁篇》。《梅村集》

闞玉，錢唐人。甲申之歲，生十三年矣。容貌端麗，父母絶珍憐之。弘光時徵選采女，誤爲賣菜傭所紿，竟嫁其子。日令玉職爨喂豕，稍暇令鋤泥蒔灌，足去綀約，頭如蓬葆，面目黄黑，衣服敗污。玉悲甚，仰天痛哭而作歌，未幾死。《婦人集》

蠶織

遂昌王氏嫠居，養蠶滿筐。一日啓筐，則化爲美女數十人，紫衣碧裳，冉冉緣壁淩檐而去。《獪園》

陸夫人在室時，嘗用一紡車，每操作運轉自如。其車自白頭老婢已見之。一夕忽咿啞，有聲自車中出。或移置月明之下，見其宛轉停歇，一如人所爲。衆懼而焚之。《梅谷偶筆》

針綫

曹蘊有《繡鴛鴦》詩。《名媛璣囊》

王朗詞：「學繡青衣閑刺鳳，自把金針，代補翎毛空。」朗，次回女也。《朱鳥逸史》

駱綺蘭《繡床》詩：「規方盈尺似文楸。」《聽秋軒詩集》

繡箱一座，兩邊各分五槅，外用嵌蓋一扇，以暗鎖鍵之。內貯刀針、樣書、零絹等物。《珮環遺韻》

英宗在北，孫后嘗寄禦寒衣裘，手自縫製。《彤史拾遺記》

井臼

有婦人河上蕩桮，多問之，曰：「家有客。」《孫子算經》

上清者，丞相竇參所寵青衣也。參爲陸贄所陷，上清隸名掖庭。後數年，以善應對，能煎茶，數得在帝左右。德宗問所從來，上清以竇參女奴對，流涕訴參之冤。德宗大悟，贄竟受譴，上清特敕爲女道士。《增彙侍兒小名録》

宋高宗宮中有兩劉娘子，一善治饌，宮中呼爲「上食劉娘子」，一喜誦經，宮中呼爲「看經

劉娘子」。《陔餘叢考》

浣衣局所養婦女甚夥，歲用柴炭至十六萬斤，以是時閱選婦女多留浣衣局故也。《武宗外紀》

文俶有《湘君擣素圖》。《啓禎野乘》

海瓊、沉香俱產黎峒，其俗皆女子採香。耳帶金環，首纏珠帕，腰被刺刀，什佰爲群崖間。遇有竊者，即擒殺焉。《嶺南雜記》

鄭妗，故襄王宫人。遭亂，爲沔陽漁人所得。嘗椎髻跣足，釣於黄金湖頭。《婦人集》董以寧《楚遊聞見録》：「張獻忠破襄陽城，盡斮城中婦女纖趾，囊於酒間賭勝。妗之跣足，意或悼此。」

文墨

丁雄飛在燕都，得其婦卜四香手書，書中「念」字俱少一畫，始悟「念」字从人从二心，中去一畫，殊見用意。冒丹書《婦人集補》

張氏有處子小字酥香，見才人所爲歌曲，悉能諷之。《麗情集》

徐后幼時誦書史，一過不忘，人稱女諸生。《彤史拾遺記》

平湖陸氏女，名阿萍，生六歲，其母注曹大家《女誡》七篇授之，十日即能成誦。《梅谷續稿》

漢宣帝時，河内女子壞老屋，得《泰誓》一篇。《論衡》

徐后嘗纂《勸善書》頒行天下。《彤史拾遺記》

興王妃蔣氏，世宗母也，嘗著《女訓》十二篇。《彤史拾遺記》

張一娘，婁東張溥之女，名靜紈。張無子，遺書數萬卷，盡歸一娘。《十三經》、《廿一史》，無不淹貫。文擬《左》、《國》，詩法漢魏，尤喜臨十三行。《婦人集補》

吳扣扣，一名湘逸，儀徵人，冒推官侍兒也。姿性穎異，好讀書。《文選》、《杜詩》，一二遍即能覆誦。年十九夭。陳其年《吳扣扣小傳》

王賓娘，黄岡王真定女。七歲能誦唐詩絶句千首，十歲能屬文，十五博通經史。人以女博士呼之。後因所天不偶，心恒侘傺，詩文諸稿，都不以示人也。《婦人集補》

徐安人能詩，其畦徑都出於杜子美，不類婦女所爲。《中吴紀聞》

潁水劉公戢家集，有《賢媛詩》三卷。一名《雲錦樓詩》，劉搢妻李氏著；一名《紉蘭軒詩》，劉佐臨女著；一名《寶田堂詩》，劉振女著。《朱鳥逸史》

王繡君，名璐卿，通州馬振飛之妻也。閨房唱和詩，以小幅行世。風調綿整，人甚稱之。嘗見其一絶句云：「青草河頭花正妍，緑莎汀畔水連天。輕舟載得春多少，無數飛紅到槳邊。」蓋詠舟中落花者，筆情波媚，與題頗稱。《然脂集》

王繡君姊妹工詩，一時稱爲「二王」。《婦人集》注

清河丁氏《舟泊蕪城》詩：「流離一孤舟，魂黯蕪城路。不見折瓊花，惟聞悲玉樹。」使人

悽惘。《淮南詩城》

宗梅岑母陳夫人有婦德，兼工文詠。然唱隨外不以示人。臨終，取生平所作，盡燎之。《朱鳥逸史》

閨秀則梅市一門甲於海內，編題姓氏約十二家。黄運泰、毛奇齡《越郡詩選》

姜淑齋，膠州宋可發子婦，著有《淑齋詩稿》。《山左詩鈔》

莘田二女皆擅詩名，長曰淑窕，字姒洲；次曰淑畹，字紉佩。紉佩《題杏花雙燕圖》云：「不管春來與春去，雙雙長在杏花中。」《榕城詩話》

雲間章玉筐工才調，著有《澄心堂集》、《望雲集》。姊瑞麟、妹玉璜，並擅詩名。妹迴瀾、妹掌珠，俱以文章顯。《婦人集》

粵中王菊枝工小詩，雋冷殊甚。《婦人集》

錢唐女子陸么鳳，十四而善吟。毛先舒《詩辨坻》

黄皆令詩名噪甚，以輕航載筆，格詣吳越間。嘗僦居西泠段橋頭，凭一小閣，賣詩畫自活。稍給，便不肯作。《婦人集》

陳若蘭著《閨詞》一百首，又有《緑窗閑詠》一帙。《然脂集》

莊樂閑夫人董蘭谷、崔曼亭夫人錢浣青，皆工詩。兩家同居一宅，閨閣韻事，近代罕有。《甌北詩鈔》

薛仙姬回文詩反覆成章，時稱爲「小蘇」。《名媛璣囊》

司峿山有石刻女郎湯文玉《遊山》詩。《婦人集》

任丘旅店有吳門怨婦白抗月號蓮仿題句。《楓香詞》

青陽店有女子題壁者，自署「萬里女郎」。《朱鳥逸史》

長沙女子王素音，爲亂兵所得，題詩古驛。有云：「可憐魂魄無歸處，應向枝頭化杜鵑。」《婦人集》

鄭州驛亭有姑蘇女史芳芸詩，末句云：「銀釭燒盡心還熱，畫鼓金針月已西。」《名媛詩緯》

乙酉澄江之變，黃姓妻秦氏被擄，不屈。過金山，題詩壁上，末云：「蒲團夜坐三更月，懺悔今生未了緣。」明日投崖殞。兵去復甦，遇乳母夫過，攜歸復合。《婦人集》

方順橋店中題詩，後書云：「廣陵十七歲遇難女子張氏淚筆。」《然脂集》

金沙王朗，生而夙悟，詩歌書畫皆工，尤長於詞。《浪淘沙》云：「疏雨滴青蔹，花壓重檐。繡床人倦思懨懨。昨夜春寒眠未足，莫捲湘簾。羅袖護摻摻，怕拂粧奩。獸鑪香倩侍兒添。爲甚雙蛾長蹙翠，自也憎嫌。」《詞苑叢談》王西樵曰：「王朗詞，隻字銷魂，片言驚骨。」

顧文婉自號避秦人，工詞，與王仲英相倡和。《倚聲石集》

吳柏舟詞最富，而長調更工絕。《婦人集》

武林顧若璞，黃少參子婦也。早年稱未亡人，盛有綺才。所著《臥月軒稿》行世，中有舅姑墓誌銘及外行狀。文章詳贍，學者韙之。《然脂集》　陳其年曰：「《臥月軒稿》中多經濟理學大文，率經生所不能爲者。」

龐淑順工古文，嘗作《闢佛説》。《賦魚詩話》

黄皆令《南華館集》賦有《六季風銘贊》，質雅亦班謝之亞。《然脂集》

郭嬪名愛，字善理，鳳陽人。穎悟警敏，有文章名。宣宗聞之，納爲嬪，入宫二十日卒。嬪自知死期，書楚聲以自哀。其詞曰：「修短有數兮，不足較也。生而如夢兮，死則覺也。先吾親而歸兮，獨慙乎予之孝也。心傍徨而不能已兮，是則可悼也。」《彤史拾遺記》

曇陽子許字徐景韶，景韶没，既葬，曇陽子屬些辭百餘言，使保嫗酹而焚之於其墓。《曇陽子傳》

臨海余季女有容德，善詞翰。贅婿水宗道。月餘，宗道愧己不若，辭歸，閉户讀書，久不返。季女賦騷體九首招之，不至。女病且亟，宗道忽夢女謂曰：「妾委脱矣。」旋訃至，宗道悲卒。《名媛彙編》

周明媖，名庚，莆田陳承纘妻也。有尺牘一卷，清遙秀映，允爲玉臺名構。《與仲嫂書》云：「《三國志》經嫂所點定，庚應窮其贊辭，但不解於古人何所厚薄，只覺此心爲劉。」《與外書》云：「林媛《松石圖》，已見歲寒之志。欽其志性，以一絶風之畫首矣。亦不敢展玩，恐風雨悲鳴也。」仲嫂能定《三國志》，林媛能作《松石圖》，新婦俱於此不凡，惜俱逸其姓氏。

《尺牘新鈔》

周明媖詩名《羮繡集》，小札名《十七帖》。《然脂集》

吳柏舟古文尺牘在明媖之上。《婦人集》

唐朝人兄妹共寫《法華經》，楷法甚精。《佩文齋書畫譜》

楊妹子，宋寧宗恭聖皇后妹。其書類寧宗，凡御府馬遠畫，多命題詠。《韻石齋筆談》

孔植納一小姬，姓宋，貌絶婉麗。一日於几上寫「明月」兩字，植問書此云何，笑曰：「願隨明月入君懷，非鮑參軍句乎？」《婦人集補》

曇陽子初不爲書，既書，則八法儼然。古篆則倉頡以至碧落陽冰近七十體，皆受之崔姊，然只一習。獨飛白書至再習，爲崔姊所笑。《曇陽子傳》

金陵姚夫人善丹青。嘗爲董夫人畫一粉箑，煙墨離離，深秀不可言。爲香奩畫手中逸品第一。《閨閣語林》

江西康孝廉夫人工畫竹，最似管夫人。嘗以一扇貽余，緑篠明玕，便覺白日欲翳。《婦人集》

海陵宫婉蘭工畫墨梅，雪葉風枝，翛然有偃蹇瑶臺之思。《然脂集》

唐孝女名素，工花卉。鬻畫養親，至老不嫁。《自怡軒集》

盧丹善畫美人，每作一圖，皆其婦爲之點睛。《婦人集》

吳瑟瑟，字數青，姑蘇人。兄善畫，倩其妹設色，鮮妍遠過其兄。錢位坤《瑟瑟小傳》

邢慈靜善畫觀音大士，莊嚴妙麗，用筆如玉臺膩髮，春日遊絲。《婦人集》

昭惠后能爲小詞，其所用筆曰「點青螺」。《南唐拾遺》

向見倭箋數幅，寫會真詞曲，字法婉逸，如花臨風。其印識爲「采藥女郎」。《婦人集》

幹略

杭州女教場，宋南渡，妃嬪演武於此。《大滌洞天記》

劉節之婦王氏，善騎射。節之從戎，與婦各將一軍。婦號令尤嚴，節之敬憚之。《閨閣語林》

曹三娘體豐肥，有「肉金剛」之號。某公子自負其勇，奮拳撲其乳，三娘一發手，公子跌於地。《畫舫録》

有老嫗挾一嬌弱女子遊，云善拳勇，諸少年卜采與之校，每前輒仆，終莫能近。《梅谷偶筆》

蜀主至成都，後宮迎於七里亭，妃嬪作回鶻隊入宮。《十國宫詞》注

技藝

趙總憐能著棋、寫字、彈琴。《酒邊詞》

長洲湯畹生，名淑英，善弈，工詞。《然脂集》

謝蕙《贈棋妓宋瑤》詞：「纖纖露玉，風雹縱横飛鈿局。」《花庵絶妙詞選》

湘妃廟女子詩：「畫闌紅子鬬樗蒲。」《名媛詩緯》

張楚纕《鬭牌》詩云：「難遺離懷白晝昏，紅牙牌裏強爭論。不因嬌嬾無情緒，輸却金釵不敢言。」《婦人集》

世宗陳皇后，少與諸女擲錢戲，錢四側。《彤史拾遺記》

音樂

董夜來，小字月哥，金陵伎，善琵琶。《名媛璣囊》

張翕有《賞箏妓崔愛》詞。《蜺巖樂府》

劉翹翹謂薛昭曰：「妾有賓金離率之笙，吹之令人反聽。」《增彙侍兒小名録》

海昌彭幼玉有《銀河吹笙》詩，最新警。《婦人集》

隋宮中號袁寶兒爲梅花笛。《煙花録》

閭丘太守後房有懿卿者，善吹笛，東坡作《水龍吟》贈之，而孔毅夫則云：「贈趙彔吹笛侍兒。」《小嫏嬛詞話》

權妃初隨衆女入，上見妃色白而質復穠粹，問其技，出所攜玉琯吹之，窈眇多遠音，上大悦。《彤史拾遺記》

唐明皇宴公遠，公遠於雲中下四女，各十五六，丰姿絶世。一曰陳淑英，一曰蘇麗雲，一曰韓九華，一曰謝長裾。淑英吹落霞之管，麗雲鼓雲華之琴，九華作思玄之舞，長裾歌睇雲之曲。

須臾，飄風忽起，公遠、四女皆不復在矣。《增彙侍兒小名録》

陳鳳姑善清唱。十六入京師，充某相府十番鼓，以自彈琵琶唱《九轉郎兒》得名。《畫舫録》

雙清女班中，喜官、玉官，姊妹也。喜作崔鶯鶯，玉輒爲紅娘。喜作杜麗娘，玉輒爲春香。互相評賞。巧官有男相，爲紗帽小生，自製宫靴，落落大方。金官憑人傲物，班中謂之「鬭蟲」，而以之演《相約》、《相罵》，如出鬼斧神工。徐狗兒文雅羸瘦，飲食甚微，坐戲房如深閨，一出歌臺，居然千金小姐。龐喜作老旦，垂頭如雨中鶴。魚子年十二，作小丑，骨節靈通，伸縮間各得其任。季玉年十一，雲情雨意，小而了了。秀官端正寡情，所作多節烈故事，閑時藏手袖間，丰神自不可一世。康官演《痴訴》、《點香》。申官、酉保姊妹作《雙思凡》，黑子作《紅綃女》，六官作《李三娘》，皆一班之最。《畫舫録》

姓名

程松壽媚事韓平原，市一美女獻之，亦名松壽。平原怪問之，答曰：「欲使賤名常達鈞聽耳。」《增彙侍兒小名録》

陽丘店中有女子題詩壁上，末署「夢兒書」。夢兒，蓋其名也。《朱鳥逸史》

吳孟舉有歌姬四，以「風花雪月」名之。《思綺堂集》

卜曇，字四香，謂：不亂取手香，不淫色體香，不妄語口香，不淫害心香。《婦人集補》

周定王《元宮詞》：「江南名伎號穿針，貢入天家抵萬金。」《蘭雪齋集》

吳時，鐵香爐題名百人，中有金一娘、段二娘、潘三娘、魏四娘、張五娘、孫六娘、金七娘、戴十三娘、丘六十娘。《大安寺志》

《北史》：高歡妃有馮娘、李娘、王娘。《南史》：劉孝綽妹曰劉三娘。《教坊記》：范漢女曰大娘子。昌黎《祭女挐文》稱四小娘子，《祭姪孫女李干妻》稱李氏二十九娘子。東坡《爲子邁求婚啓》云：伏承令子第二小娘子。《金史》：海陵以第二娘子大氏爲貴妃，第三娘子蕭氏爲昭容。是皆以娘爲少女之證。《陔餘叢考》

事爲

劉阿李者，李氏，字小鳳，長干里人。幼鬻耿進士家，耿罹難，小鳳法當入官，蘭陵劉生捐金贖之。鄒祇謨《劉阿李傳》

眉州王通判之侍女曰飛紅，喜謔浪，善應對。與成都申純私，於花下得鸞箋一幀，乃飛紅詞也。《婦人集》

松陵吳銀姊與王生以才藝相昵，後事露，到官，供狀灑灑數千言，頗多致語。有云：「昔淡眉卓女，服縞素而奔相如，漢皇弗禁。紅拂張姬，着紫衣而歸李靖，楊相不追。古有是事，今亦宜然。」《不可不可録》

女子琅玕，德州人，《題旅壁詩序》云：「妾家齊右，歡是吴儂。玉樹其人，紅葉贈我。既見君子，信緑綺之可媒；我思古人，願紅拂以爲友。佳人久嗟薄命，好緣肯俟來生。苦海斯離，多露弗畏。寶馬踏來剛夜半，老崑崙何所用之？彩鸞飛去向天邊，莽叱利從兹逝矣！聊題短句，用示情癡。」《然脂集》

誕育

顏娘泉，女郎多以錢擲泉中祈子。《顏神鎮記》

潮婦求子者，必於韓文公廟，有求無不應者。《楚庭稗珠録》

澄江蔡烈女祠，遠近禱子者輒應。《壯悔堂集》

曇陽子母朱淑人，立生曇陽子，無血。《曇陽子傳》

王氏收生婆，諳婦人生産之理，著《達生編》行世。《畫舫録》

術業

《比丘尼傳》，起晉訖梁，得尼六十五人。《百川書志》

張淑芳，樵家女，賈似道妾。似道敗，削髮爲尼。《西湖志》

宋禁中，帝后及兩宫各有尼並女冠各一人，選年少能法事者充，隨本殿内人居處。每早贊導燒香。《澗泉日記》

東昌尼名果玉，善填詞。《然脂集》

女冠龍隱，俗姓夏氏，華亭人。又有王氏道玄者，亦女冠也，陳留人，詩才皆清綺。《朱鳥逸史》

女道士曹素侯，姑蘇人，大有才思。《婦人集補》

貞女芮泰姑，未嫁夫死，守貞，以磨豆腐爲生，養姑立孤。《甌北詩鈔》

游孝女，字文元，以賣卜拆字養親。《畫舫録》

衣裳

齊武帝時，内人出家，爲異衣，住禪靈寺，猶愛帶之如初。《金樓子》

張定和從征，無以自給。其妻有嫁時衣服，定和將鬻之，妻靳固不與，定和遂棄其妻。《隋書》

曇陽子謁金母，金母賜以黄色天衣一襲。衣如綾錦，而不見針綫跡，服之緊束稱體。《曇陽子傳》

宫衣用紗縠，雜綴諸翦繡，而隱以他色，如罨畫然。《彤史拾遺記》

揚州女衫，以二尺八寸爲長，袖廣尺二，外護袖以錦繡鑲之，冬則貂狐之類。《畫舫録》

耿先生常著碧霞帔。《江淮異人録》

猺女初嫁，垂一繡袋，以祖妣高辛氏女初配槃瓠，著獨力衣，以囊盛槃瓠之足與合，故至今仍其制。《粤東筆記》

裴羽仙，張説妻。説征匈奴，裴寄衣賦詩。《名媛詩緯》

恭懿夫人幼而婉淑，善鼓琴，頗尚黄老學，嘗著道士服。《吴越備史》

憲宗嘗遊幸諸宫，必令妃袴褶爲前驅。《彤史拾遺記》

揚州裙式，以緞裁剪作條，每條繡花兩畔，鑲以金綫，碎逗成裙，謂之「鳳尾」。近則折以細縚，謂之「百折」。其二十四折者爲玉裙，恒服也。《畫舫録》

冠帶

有孺子夜致黄冠一頂，髪紛承之。視冠之梁，有細字云「霰姆追環」，其下云「曇陽子」。霰姆者，偶霰孾也；追環，追所失之環。《曇陽子傳》

上冠舊綴鴉青石，與珠相間。田妃去珠，易以珠胎，而嵌鴉青於其中，望之有光焉。《彤史拾遺記》

小秦淮妓館，冬皆貂覆額，或漁婆勒子。《畫舫録》

諸薄國女子，織作白氎花巾。《後漢》注「外國傳」

揚州鬏勒，有蝴蝶、望月、花藍、折項、羅漢鬏、八面觀音諸義髻。《畫舫録》

十七姐命二婢曼仙、阿絳歌合歡詞，稱意，姐取盒中彩絲二束賜之。《十七姐傳》

襪履

海鹽某氏女，工詩。一日，忽失其在，石塘遺繡履一，中貯絶命詞數章。意其投海，後始知私奔去。《梅谷偶筆》

烏魯木齊參將有佳麗四人，篋中繡履四雙，忽然躍出，滿屋翔舞，如蛺蝶群飛。以杖擊之，乃墮地。《如是我聞》

有富室攜少女詣狂僧求頌，僧曰：「好弓鞋，敢求一隻。」語再四，不得已，遺之。即裂其底，得襯紙，乃佛經也。《遊宦紀聞》

揚州女鞋，以香樟木爲高底，在外者爲外高底，有杏葉、蓮子、荷花諸式；在裏者爲裏高底，謂之「道士冠」。平底謂之「底兒香」。《畫舫録》

粵中婢媵多著紅皮木屐。《粵東筆記》

釵釧

青縣一民家，歲除日，有賣蓮草花者叩門，呼曰：「竚立久矣，何花錢尚不送出耶？」詰問家中，實無人買花，而賣者堅執一垂髫女子持入。正紛擾間，一婦媪急呼曰：「真大怪事，厠中敝帚柄上竟插花數朵也。」取驗，果適所持入。《如是我聞》《獪園》「箒精」同。

延羲僞妃上官氏，首簪數花，自九龍殿搴簾而出，三爲簾所拂，花墜於地，既而遇害。《五國故事》

黃素馨簪髻，頗有風韻。《皇華紀聞》

簪芸香可以鬆髮。《閨閣事宜》

吳中女子取玉蘭花苞剪松鼠以插鬢。《紅蕅莊集》

金母賜曇陽子金鐲二，色紫，磨環鏤梵書十餘如印文，故稱「印鐲」。《曇陽子傳》

長安王氏女與李章武通。李告歸，以交頸鴛鴦絹並贈詩相訂，王答以玉指環並詩。後武久不還，思憶成疾卒。《名媛璣囊》

梳粧

田貴妃善粧攏，每以新飾變宫中儀法。燕見，却首服，别作副髮藏髮間。《彤史拾遺記》

吳女梳頭爲蛺蝶鬟。張英詩：「鬟梳蛺蝶雲千縷。」《續靚粧録》

小秦淮妓館買棹湖上，梳掠與堂客船異，大抵多雙飛燕、到枕鬆之屬。《畫舫録》

柴貞儀《詠羅巾》詩云：「拭去盈盈淚，攜來冉冉香。殷勤纏素手，縷縷似愁腸。」《婦人集》王西樵曰：「貞儀並善丹青，是梁夷素之亞。」

十七姐櫛沐，阿絳分脂剖粉，投碧盆中，灌以香水奉之。《十七姐傳》

方喬偶與紫竹野遇，思之成疾。有道士贈以古鏡，曰：「此鏡一觸至陰，留影不散。子所遇少女，試令照之，即遂意矣。」喬使嫗往售，紫竹顧影不去，遂與私焉。父覺，合爲夫婦。《宮閨小名録》

吳中王生所戀慶兒，甚婉而慧。生之粵，慶兒自寫《却粧春思圖》寄生。比生歸，慶兒已卒。檢脂奩中，有《詠鏡》句云：「試看一片長圓月，曾照三年未死心。」《南野堂筆記》

歛，盛鏡器。《列女傳》：「置鏡歛中。」《急就篇》注

花蕊夫人有百寶鈿奩。《後蜀拾遺》

李良年有《倭奩詞》。《秋錦山房集》

脂粉

粵中婦女以素馨花蒸油取液，爲面脂頭澤，謂能長髮潤肌。《粵東筆記》

紫茉莉，一名胭脂花，可以點唇。子有白粉，可傅面。《草花譜》

占城婦女得大西洋荼蘼露，以香蠟調之，膏髮。客至，則以髮拂拭杯盤之屬，以爲敬。《海槎餘録》

宮室

袁貴妃居翊坤宮。《玉堂薈記》

郭惠妃，郭大舍女。人有相郭氏宅者曰：「宅有女，當大貴。」至妃驗。《彤史拾遺記》

申鐵蟾射獵歸，見二圓物如毬，旋轉如風輪。忽爆然裂，二小婢從中出，稱仙女奉邀，魂即隨之往。至則瓊樓貝闕，一女子色絶代，通詞自媒。鐵蟾固謝，託以不慣居此宅。女子薄怒，揮之出。越月餘，見二物如前，爆出二小婢，仍邀之往。已別搆一宅，幽折窈窱可愛。問此何地？曰：「佛桑。」女子再申前議，意不自持，遂定情。自是恒往，久而女子亦晝至。《如是我聞》

京口有謝公妓堂遺跡。《珍珠船》

秀水縣令之母喜誦佛號，署中建愛日樓。《佐治藥言》

田妃於宫中建一臺，壘石爲洞，蒔花藥。每張幄坐其傍，曰「翫月臺」。《彤史拾遺記》

章玉筐《寄姊》詩：「憶昔同在翠微閣，飛文聯句誇奇作。」《婦人集》

曇陽子築觀於城之西南隅，曰：「吾蜕而龕歸於是。」因署其榜曰「曇陽恬澹觀」。《曇陽子傳》

翠花街市肆韶秀，皆珠翠首飾鋪。《畫舫録》

美人橋在美人峒口。《夢香詞》：「聽鶯宜近美人橋。」《畫舫録》

徐淑則，錢塘人，所居在湖山之間。每當煙霞入户，魚鳥親人，輒復然脂，弄筆墨瀋淋漓。《名媛尺牘》

上官昭容有《長寧公主流杯池》詩。《名媛詩詞選》

崔婆泉，相傳崔婆釀酒飲仙人張虛白處。《滇行紀程》

昭君墓無草木，遠望之，冥濛作黛色。古云「青塚」，良然。墓前石刻「某閼氏之墓」，爲蒙古書。《筠廊偶筆》

花冢在梅花坳，粤妓張喬葬處。《楚庭稗珠録》

床笫

鄭允端有《楮帳》詩。《肅雝集》

史鳳姬有《神雞枕》詩。《彤管新編》

真西山指竹夫人曰：「蘄春縣君祝氏，可封衛國夫人。」《鶴林玉露》

飲食

劉鋹與宫人爲紅雲宴於甘泉苑。後人往往拾得遺釵珠貝，知爲亡國之遺物也。《廣東新語》

唐李咸詩：「稚女學擎茶。」《筠廊偶筆》

段恭妃嘗遣中使持金茶壺私通外家，爲門者所奏。上曰：「此雖妃所有，然大内器物，豈可闖出？」别以百金遺妃，曰：「即妃家貧，以此給賜之。」《彤史拾遺記》

有婦因女病問卜得驗，以糍團獻。《梅谷偶筆》

曇陽子夜坐，真君袖仙果啖之。圓長可二寸，青紫色，輕滑如夕露而特甘，不可名質也。《曇

陽子傳》

女兒橘，幹弱條軟，結子頗大。《橘譜》

楊貴妃嗜涪州荔支。蔡襄《荔支譜》

吳郡薛氏二女，蘭英、蕙英，於樓窗窺見鄭生，悦之。戲以荔子一雙投下，遂薦枕席，曲盡繾綣。《聯芳樓記》

宋仁宗時，后妃皆食錦荔子，以祈子。《荔支故事拾遺》

宏庵宴席，其姬人親剥桐子以侑俎。《夢窗乙稿》

文中子母銅川夫人好藥。《困學紀聞》

器用

花蕊夫人有金裝水晶唾壺。《後蜀拾遺》

張太夫人有蒼玉扇墜，云是曹化淳故物，自明内府竊出。製作樸略，隨其形爲雙螭糾結狀。有血斑數點，色如鎔蠟。以手摩熱嗅之，作沉香氣；如不摩熱，則不香。《如是我聞》

喬知之妹有《詠破簾》詩。《名媛彙編》

宜分公主，姓豆盧氏，天寶四載歸蕃。過虛池驛，題詩於屏風上。《名媛詩緯》

喬姥於長堤賣茶，設矮竹几杌數十，稱爲喬姥茶卓子。《畫舫録》

金鳳長春宮中，每宴，然金龍燭數百枚，光明如晝。《金鳳外傳》

宮中燈多縷金匼匝，雖烜麗而炬不外達。田妃乃刳燈扇。每當炬處去一方，以疏綃幕之炬影，左右徹觀者稱快。《彤史拾遺記》

粤中婦女夜遊，用素馨燈引轎。《海槎録》

曇陽子以琥珀數珠賜比丘隆魁。《曇陽子傳》

舫匾有何奶奶划子船、王奶奶划子船、冷大娘絲瓜架、童奶奶絲瓜架。《畫舫録》

許景樊詩：「南塘女伴木蘭舟。」《蘭雪集》

柳公綽妻韓氏，相國休之曾孫女。每歸覲，不乘金碧輿，祇乘竹兜子。《小學紺珠》

綺羅

昭惠后嘗幸長慶寺，施五色繒百疋爲幡、爲寶勝幢。《金鳳外傳》

伎館穿著，夏則子兒紗，春秋則翡翠織絨之屬。《畫舫録》

珠寶

周淑禧工畫花鳥，好事者爭以餅金購之。《婦人集》

景皇后汪氏出攜甚多，英宗命檢取，得銀二十萬，他物稱是。《彤史拾遺記》

蘭麝

曇陽子夢偶霰嬰焚香，香裊裊，縷煙成篆書「善」字。曇陽子吸之，醒而遂不飯。《曇陽子傳》

茅香，閨房中時燒，少許亦佳。《群芳譜》

花木

善慧仙人欲以五百銀錢雇花獻佛，忽遇瞿夷持花七莖與之，曰：「願生生常爲君妻。」《過見因果經》

桃，令女子艶粧種之，則花艶。《花譜》

謝金蓮，字素秋，妓也。作《紅梨花》詩，趙汝州愛其才，遂娶之。《名媛詩緯》

邵貴妃偶夜坐，自詠所製《紅藥》詩。憲宗過，聞之大喜，遂召幸。《彤史拾遺記》

佛桑花，白者，婦女以爲蔬，謂可潤容。《粤東筆記》

金錢花，番禺士女多以綵絲貫花賣之。《北户録》

人家種南天燭，則婦人多妒。《甕牖閑評》

劉宜賦《庭柏》云：「但保歲寒心，不在遐年壽。」至正間，被擄，罵賊死。《名媛詩詞選》

王兆淑，字仙琬，有《秋柳》詩甚佳。《婦人集補》

補陀落迦山觀音坐後有旃檀紫竹林。《睽車志》

曇陽子所居室，有五色靈芝，產於前榮。《曇陽子傳》

鬱金，芳草也，宮嬪多佩之。《香乘》

當歸花曾入禁苑，賜名「一品妃」。《汪洪度詩集》

禽蟲

黃烈婦，方以仁妻。以仁死，蓄有雙鶴，黃刺鶴頂血飲之，立死。鄉人瘞鶴冢旁，碑曰「鶴冢」。《新安女史》

曇陽子龕化後，有二黃蝶自龕所盤旋，久之始去。《曇陽子傳》

仙佛

金母亦十地菩薩化也，或以爲文殊。《曇陽子傳》

曇陽子夢真君口授一編，曰《法照晤圓靈寶真經》。覺而憶之，且書之曰：「是道經也而禪語。」《曇陽子傳》

宋元豐間，封湘君、湘夫人爲淵德侯。《東還紀程續抄》

湘君、湘夫人，蓋楚俗所祀湘山神夫妻二人。《陔餘叢考》

蠡山武陵娘子祠，云是范蠡妻西施。《東還紀程》

廣州多金花夫人祠。夫人字金花，少爲女巫，溺死湖中，數日不壞，有異香，即有一黃沉女

像浮出，容貌絶類夫人，人取祀之。《粤東筆記》

沅州火神祀凌霄神女。一不虔，則神女立遣火鴉銜火丸置茅屋上，兩翅扇風發火。《滇行紀程》

崔貞姑廟在練塘浦，土人祀爲土穀神。《鴛湖志》

慧感夫人，或以爲大士化身，靈異最著，後加封慧感顯佑善利夫人。《中吴紀聞》

蜀先生甘夫人墓，每夜月明，有數女即出遊，美麗非凡。或著金泥帔子，或著朱白練衫，或著丹繡裲襠。見者輒爲所祟，因塑元君像鎮之。《獪園》

陳友諒姬鄭婉娥死，殯江州琵琶亭側。後有見姬歌《念奴嬌》詞者。《逐鹿記》

干寶《搜神記》載馬勢妻蔣氏事，即今所謂「走無常」也。武清曹氏有傭媪充此役。《如是我聞》

閩嗣王夫人崔氏，雅信佛法，奉福州僧慧稜爲師，自稱曰「練師」。《十國春秋》

方維儀酷精禪藻。《清芬閣集序》

蕭媪年八十餘，日杜門誦佛書。及卒，其體柔如兜羅綿。《弇州山人續稿》

齊武成帝見空中下一美婦人，忽變爲觀世音。《北史》

觀世音有西天七寶蓮花座。《弇州山人續稿》

吴越忠懿王夢白衣人求葺其居，遂建天竺觀音看經院，今之上天竺。《天竺寺志》

徐熙載母程氏虔奉觀音。熙載舟行將覆，呼救得免。既歸，母笑曰：「夜夢一婦人抱汝歸。」果然。《夷堅志》

許回妻孫氏臨産危苦，默禱觀世音，恍惚見白髽婦人抱一金色木龍與之，遂生男。《觀音本紀》